HRD와 학습분석학

조일현

박영story

머리말

학습분석학회(Society for Learning Analytics Research: SoLAR)가 설립되고 캐나다 밴프(Banff)에서 최초의 학술대회(Learning Analytics and Knowledge)가 개최된 2011년 이래로 학습분석학은 눈부신 발전을 이뤄왔다. 연구 및 적용 대상은 정규교육, 그 중에서도 대학교육 위주였다. 대규모 학습자가 디지털 플랫폼을 활용하여 전 세계에 걸쳐 자유롭게 학습할 수 있는 MOOC는 학습분석학이 적용되어 그 효과를 발휘하고 빅 데이터를 확보하기에 적합한 교수학습 환경이었다. 디지털 기반 학습 환경이 확대될수록, 학습자가 남겨 놓은 디지털 페로몬[1]을 읽고 해석하여 학습자를 촉진하고 교수학습 환경을 개선하려는 체계적 방법과 이론적 체계를 수립하는 학습분석학의 역할도 커질 수밖에 없었다.

최근 학습분석학의 새로운 도약을 촉진하는 기술적 및 사회경제적 조건이

1) "디지털 페로몬"이라는 용어는 대규모 디지털 교수학습 환경에서의 학습자의 자율적 행동과 활동이 남겨 놓은 흔적 또는 발자국으로서 학습분석학을 통해 가공–분석–공유함으로써 다른 학습자를 위한 맞춤형 처방을 생태계적으로 만들어 주는 유기적 데이터를 의미한다.
페로몬은 일반적으로 동물들이 서로에게 정보를 전달하기 위해 사용하는 화학물질을 가리킨다. 비슷하게 "디지털 페로몬"은 사용자들이 디지털 환경에서 남긴 행동의 흔적, 예를 들어 클릭, 스크롤, 마우스 움직임 등을 추적하고 분석하여 사용자의 행동, 관심사, 학습 패턴 등에 대한 정보를 얻는 데 사용될 수 있는 시계열적 추적자(tracer)이다.
이러한 디지털 페로몬의 개념은 학습분석학에서 중요하다. 디지털 학습 환경에서 학습자들의 활동과 행동을 추적하고 분석함으로써, HRD는 학습자의 학습 진행 상황, 이해도, 문제점 등을 실시간으로 파악하고 개인화된 학습 경험을 제공하는 데 활용할 수 있다.

빠르게 형성되고 있다. 4차 산업혁명의 본격적 개화이다. 4차 산업혁명은 디지털, 바이오, 그리고 피지컬 세계의 융복합화를 기술적 특징으로 한다. 이러한 기술적 조건은 학습분석학의 영역을 사이버 세계에서 실제 세계, 그리고 학습자 개인의 신체 활동까지로 확장시키고 있다. 디지털은 사이버 세계를 벗어나 피지컬 세계, 그리고 인간의 신체 내부로까지 그 영역을 확장해 들어오고 있다. 사이버-피지컬 연동 기술은 빅데이터 수집 범위의 확장을 수반하게 된다. 데이터의 양적 확대 및 질적 다양화는 이를 기계적으로 학습하는 인공지능의 성능을 획기적으로 개선하고 있다.

이러한 기술적 변화를 계기로 4차 산업혁명 시대의 사회경제적 조건들에서 조응하는 변화가 나타나고 있다. 그 대표적인 예는 디지털 플랫폼 경제 생태계(digital platform economy ecosystem)이다. 디지털 플랫폼 경제 생태계는 디지털 기술을 기반으로 하는 플랫폼을 중심으로 한 경제 시스템을 의미한다. 이러한 플랫폼들은 사용자, 제공자, 생산자 간의 상호작용을 가능하게 하며, 종종 대규모의 네트워크 효과를 발생시킨다. 디지털 플랫폼 경제는 이제 모든 산업 분야에서 제품 및 서비스의 유통 방식, 그리고 고용 구조를 재구성하고 있다.

디지털 플랫폼은 사용자의 행동과 선호에 대한 대량의 데이터를 수집하고 분석한다. 이 데이터는 제품 개발, 마케팅, 개인화된 서비스 제공 등에 사용된다. 디지털 플랫폼은 전통적인 비즈니스 모델을 재구성하며, 플랫폼 운영자와 사용자 간에 직접적인 소유권이 없는 공유 경제와 같은 새로운 형태의 경제 활동을 가능하게 한다.

4차 산업혁명 시대를 맞아 HRD는 혁신을 위한 노력에 박차를 가하고 있다. 혁신의 키워드는 디지털 트랜스포메이션이다. 디지털 트랜스포메이션을 통한 HRD 혁신 방향은 크게 두 가지이다. 첫째, HRD의 교육적 역할과 방법이 디지털 기반으로 바뀐다는 기능적 혁신이다. 여기에서 '디지털 기반'은 '디지털 only'가 아니라 '디지털로 증강된 피지컬'까지를 포함한다. 디지털은 빠르고 넓고 얕다. 피지컬은 느리되 맥락적이며 깊다. 디지털 트랜스포메이션의 역동성은 디지털 위에서 그리고 디지털을 통해서, 사이버 교육과 전통적 교육이 각각의 장점을 살리면서 이음새 없이, 매끄럽게 이어지는 HRD의 기능 혁신을 다그치고 있다.

둘째, 디지털 트랜스포메이션은 HRD 활동이 조직의 성과, 나아가 시장 환경과 구조적 결합(structural coupling)을 이룬다는 전략적 진화로까지 확장되는 길을 연다. Training for Impact, 성과 중심 HRD, ROI 등 과거부터 HRD가 추구해 왔으나 완성하지 못했던 전략적 목표는, 디지털 트랜스포메이션을 통해 지금이라도 손을 내밀면 잡을 수 있는 가시권 안으로 들어오고 있다. 일과 학습, 개인과 집단, 부서와 부서, 기업과 시장이 사이버-피지컬 시스템으로 연동되고, 각각의 활동이 빅 데이터로 기록되고 공유되는 시대를 맞아 HRD는 디지털 트랜스포메이션을 통해 경영자의 전략적 파트너로서 뿐 아니라, 국가 사회가 필요로 하는 인재를 수요하면서 동시에 공급하는 주체로서 거듭날 절호의 기회를 얻게 되었다.

학습분석학은 4차 산업혁명 시대를 맞아 기업 HRD의 디지털 트랜스포메이션을 위해 지렛대의 역할을 할 수 있다. 학습분석학의 탄생지는 형식교육이라는 닫힌 환경이었다. 그러나 학습분석학의 성장과 도약은 HRD라는 열린 생태계를 필요로 한다. 분석 데이터의 양과 질, 인터벤션의 신속성과 수용성, 그리고 증거기반 의사결정 문화 측면에서 HRD가 학습분석학에게 풍요로운 자양분을 얻을 수 있다. 그 반대 급부로 학습분석학은 디지털 트랜스포메이션을 추구하는 HRD이 절실히 필요로 하는 방법론, 이론, 그리고 참조틀을 제공한다. 4차 산업혁명 생태계에서 HRD와 학습분석학은 시너지를 발휘하며 공진화할 수 있는 잠재력을 갖고 있다.

이 책의 목적은 HRD 전문가 또는 예비 전문가인 대학(원)생에게 학습분석학의 개념과 유형, 현황과 미래 트렌드를 제시함으로써 HRD와 학습분석학 간의 잠재적 시너지를 일깨우는 것이다. 또 하나의 목적은 인간의 학습과 수행의 개선이라는 공동 목표를 가진 HRD와 교육공학 간 협력을 위한 대화의 시작이다. 교육공학은 디지털 교수학습 환경 설계, 그리고 학습분석학과의 시스템적 연계를 연구해 온 학문 분야로서 HRD의 디지털 트랜스포메이션 혁신에 기여할 수 있다.

책은 프롤로그와 에필로그를 제외하고 총 6개의 장으로 구성되어 있다.

1장 "학습분석학의 유형"에서는 학습분석학의 정의와 특성에 대해 논의한다. 응용 융합학문인 학습분석학의 다면성을 이해하기 위해 분석의 단위(개인, 네트워크), 발달 단계(기술(記述), 설명, 예측, 처방 분석학)로 나누어 살펴본다.

2장 "데이터 기반 접근과 이론 기반 접근"에서는 학습분석학에 접근하는 두 가지 관점에 대해 논의한다. 빅 데이터 시대를 맞아 더 이상 이론은 불필요하게 되었다는 주장의 의미를 되새기고, 이 두 가지 접근 각각의 특성, 그리고 두 가지를 결합함으로써 기대되는 효과에 대해 논의한다. 단순히 예측만을 위한 비즈니스 인텔리전스와 달리, 인간을 대상으로, 인간의 판단에 의해 이뤄지는 처방을 위한 학습분석학은, 로고스뿐 아니라 파토스와 에토스를 갖추어 학습자가 스스로 변화를 결심하도록 설득할 수 있어야 한다. 이를 위해서는 개인별로 그가 납득할 수 있는 증거와 이론 두 가지 모두가 필요로 한다는 점을 강조하였다.

3장 "데이터"에서는 원시데이터, 로그, 변수, 요인, 특징, 프록시, 구인, 개념 등 관련 용어에 대해 각각의 차이를 위주로 설명하였다. 이어 데이터의 유형을 간섭적-비간섭적, 피검자 생산-검사자 생산, 인공적-유기적, 인간수집-기계수집 등으로 나누고 각각의 특징을 대비하여 제시하였다. 추가로 측정심리학의 최신 연구 트렌드인 텔레메트리(원격측정, telemetry)에 대해 다룬다. 이어 연구 질문을 정의하는 작업에서 분석 결과를 소통하는 활동까지 데이터를 처리하는 절차를 7-단계 모형을, 사례를 곁들여 제시하였다.

4장 "전통적 분석"에서는 학습분석학 연구에서 가장 먼저 시작되었고 앞으로도 주류의 자리를 내어주지 않을 예측 분석과 분류 분석에 대해 다룬다. 모수 분석과 비모수 분석, 그리고 관련 예시도 곁들여 제시하였다. 전통적 학습분석학 인간 행동의 미래는 과거의 연속체라는 인과론 위에 세워진 방대한 구조물이다. 통계학, 그리고 인공지능 기법의 눈부신 발전은 전망하는 주체적 인간의 눈을 자신의 등 뒤에 남겨진 그림자에로만 향하게 하였다는 한계를 드러냈다.

5장은 "네트워크 분석"이다. 전통적 학습분석학이 예측과 분류하려는 단위는 개인이었다. 최근 네트워크를 분석하려는 새로운 트렌드가 학습분석학에 나타나고 있다. 세계-내-존재인 인간의 본질은 타인과 결성하는 네트워크 속에서 드러난다. 형식교육에서는 협력학습 맥락에서 주로 사용되지만, HRD에서는 여기에서 한 걸음 더 나아가 조직 행동, 집단 역학, 집단 지성 등으로까지 네트워크 분석의 필요성이 확대된다. 노드와 링크, 주요 네트워크 분석 지표의 의미와 용도, 분석 소프트웨어 등을 소개하였다.

6장 "멀티모달 학습분석학"에서는 아이트래킹, 표정 인식, 제스처 인식, 심리생리 분석으로 확장하여 다루었다. 앞서 말했듯, 4차 산업혁명의 세계는 디지털, 피지컬, 그리고 바이오가 서로 연결된 복잡계이다. 멀티모달 학습분석학은 디지털 세계에 국한되던 전통적 학습분석학이 피지컬과 바이오 세계로 영역을 확장하면서 새롭게 펼쳐지기 시작한 첨단 학습분석학 분야이다. 멀티모달 분석의 절차를 모델링하고 특징을 제시하였다. 멀티모달 분석은 학습분석학의 관점을 학습자가 남긴 행동 데이터로부터 학습자의 신체, 나아가 그의 피부 안쪽으로 옮기고 있다.

책을 마무리하는 "에필로그"에서는 4차 산업혁명과 학습분석학의 미래에 대한 논의를 담았다. 노동하는 인간의 미래는 낙관도 비관도 허용하지 않는, 성찰과 실천으로 전망하는 HRDer에 의해 지금, 여기에서 만들어지고 있다는 점을 강조하고자 했다. HRD 전문가와 교육공학과의 협력, 현대 테크놀로지의 본질 깊은 곳에 음험하게 숨어있는 위험성을 드러내 보이고자 했다. 그리고 말미에 인간-기계 협력 학습·수행 모델에서 인간성을 옹호하는 HRDer의 직업적 윤리성에 대한 촉구로 졸저를 마무리하였다.

차례

프롤로그

Chapter 01
학습분석학의 정의와 특징

Chapter 02
데이터 기반 접근 vs 이론 기반 접근

Chapter 03
데이터

Chapter 04
전통적 분석

Chapter 05
네트워크 분석

Chapter 06

멀티모달 학습분석학

에필로그

프롤로그

4차 산업혁명과 경제사회적 환경 변화

4차 산업혁명은 디지털 및 물리적·생물학적 기술의 통합으로 인해 글로벌 사회경제적 풍경에 깊은 변화를 가져오는 변혁적인 시기이다. 이러한 변화는 산업, 정부, 그리고 개인에게 큰 영향을 미치며 우리가 살고, 일하고, 소통하는 방식을 혁신적으로 변화시킨다.

4차 산업혁명의 가장 중요한 영향 중 하나는 고용과 직업 이동에 미치는 영향이다. 기술이 발전함에 따라 많은 전통적인 직업, 특히 노동집약적인 직업이 자동화되어 기계에 의해 대체되고 있다. 이로 인해 광범위한 직업 이동, 실업 및 소득 불평등이 증가할 우려가 있다. 그러나 동시에 데이터 분석, 인공 지능 및 로봇 공학 분야와 같은 분야에서 새로운 일자리 기회를 창출한다.[1] 위기는 기회와 함께 다가온다.

직업 시장을 변화시키는 것 외에도, 4차 산업혁명은 생산성과 효율성을 높여 다양한 산업에서 경제적 성장을 이끌어 낼 것으로 예상된다. 기업이 새로운 기술을 적용함으로써 비용을 절감하고 프로세스를 개선하며 더욱 빠르게 혁신할 수 있다. 이는 경쟁력을 제고하고 경제적 번영을 증대시킬 수 있는 절호의 기회가 된다.

4차 산업혁명의 또 다른 중요한 측면은 교육에 미치는 영향과 심해지고 있는 기술 역량 격차이다. 첨단 기술에 대한 숙련 노동력 수요가 증가함에 따라 이 격차를 메우는 것이 긴요하다. 교육 체계는 개인이 미래 직업에 대비할 수 있도록 적응해야 한다. 이것은 평생 학습을 장려하고, 자기주도학습을 촉진하고, 디지털 문해력을 키우는 것을 포함한다.

4차 산업혁명은 더 많은 사람들이 인터넷과 디지털 자원에 접근할 수 있도록 정보의 민주화를 이루었다. 그러나 개발도상국의 많은 개인들은 여전히 디지

1) Kenney, M., & Zysman, J. (2016). The rise of the platform economy. Issues in science and technology, 32(3), 61.

털 인프라와 자원에 대한 접근이 허용되지 않고 있다. 이러한 격차를 해소하는 것은 4차 산업혁명의 혜택이 공정하게 분배되도록 하는 데 필요한 조건이다.

디지털 기술에 대한 의존도가 증가함에 따라 개인 정보 보호와 사이버 보안에 대한 우려가 커졌다. 정부와 조직은 이러한 문제를 해결하기 위해 강력한 데이터 보호 정책을 시행하고, 사이버 보안 조치에 투자하여 개인과 기업을 사이버 위협으로부터 보호해야 한다.

마지막으로, 4차 산업혁명은 기후 변화와 자원 부족과 같은 글로벌 환경 문제에 대한 대처 방안을 제시할 수 있는 가능성을 가지고 있다. 스마트 기술은 자원 효율성을 향상시키고 폐기물을 줄이며 지속 가능한 생산 방식을 가능하게 한다. 그러나 기술이 책임 있게 사용되지 않으면 기존 문제를 악화시키는 위험도 존재한다.

결론적으로, 4차 산업혁명은 전 세계 사회경제 영역에 중요한 영향을 미친다. 성장, 혁신 및 개선을 위한 많은 기회를 제공하면서도, 공정하게 나누어지는 혜택을 늘리고 부정적 영향을 최소화하기 위한 대처 방안이 반드시 필요하다. 우리가 이러한 도전에 대처하고 4차 산업혁명의 잠재력을 활용하여 더욱 포용적이고 지속 가능한 세상을 창출할 수 있는지는 우리 모두의 노력에 달려있다.

형식교육의 대응과 그 한계

형식교육은 4차 산업혁명과 이에 따른 사회경제적 영향을 다루는 문제와 도전에 직면하고 있다. 그러나 전통적인 교육 시스템의 엄격함은 이러한 변화에 빠르게 대처할 수 있는 능력을 제한한다.

형식교육이 변화하는 일자리 시장과 기술적 능력 차이를 대처하기 위해 새롭고 관련성 높은 과목과 교육방법을 도입하는 것이 주요한 방식 중 하나이다. 많은 초중등 학교와 대학교에서 데이터 과학, 인공 지능 및 로봇 과학과 같은 분야의 강의를 제공하여 학습자들이 미래의 일자리에 대비할 수 있도록 하고 있다. 일부 교육 기관은 문제해결 능력과 창의성, 협업과 같은 소프트 스킬을 촉진하기 위해 노력하고 있다. 이러한 능력은 변화하는 일자리 시장에서 점점 더 중요해지고 있다는 사실에 누구도 의문을 제기하지 않는다.[2)]

그러나 형식교육의 엄격한 구조는 4차 산업혁명이 빠르게 변화하는 환경에 적응하는 데 충분히 효과적이지 않을 수 있다. 전통적인 교육 시스템은 표준화된 시험을 중점적으로 다루는 경향이 있으며, 이는 종종 암기와 지식 습득을 강조하기 때문에 문제 해결 능력을 충분히 발전시키지 못할 수 있다. 이러한 접근 방식은 학습자들이 직면할 동적이고 문제 해결에 중점을 둔 업무를 충분히 대비하지 못할 수 있어 문제가 된다.[3)]

형식교육의 또 다른 한계는 변화의 방향이 아니라 그 느린 속도이다. 교육 기관은 종종 커리큘럼을 업데이트하고 새로운 기술적 발전에 적응하는 데 몇 년이나 걸리며, 기술적 역량의 격차를 더욱 커지게 만든다. 기술이 급격히 발전하고 새로운 발전이 계속 등장하는 분야에서는 변화의 지체는 특히 더 문제가 된다.

예를 들어 인공 지능 분야에서는 새로운 알고리즘과 응용 프로그램이 빠르게 개발되고 있다. 그러나 형식교육 프로그램은 이러한 발전을 추적하여 교육과정에 통합하는 데 몇 년이나 걸릴 수 있다. 결과적으로 학습자들은 현재의 취업 시장에서 성공하기 위해 필요한 기술과 지식을 습득하지 못하고 졸업하게 되어, 높은 경쟁력을 요구하는 분야에서 불이익을 당할 수 있다.

또한 형식교육의 느린 변화 속도로 인해 국가 인적자원개발 메커니즘의 혁신이 제한 받을 수도 있다. 학습자들이 자신의 전공 분야에서 최신 지식 및 흥미로운 발전에 노출되지 않을 때 학습 몰입이 저하되고 자발적 동기가 떨어져 관련 분야에서의 추가 교육이나 직업 추구에 관심이 없어질 수 있다.

이러한 한계를 극복하기 위해서 교육 기관은 보다 민첩하고 적응성 있는 학습 방법을 채택해야 한다. 형식교육은 보다 유연하고 적응성 있는 방향으로 발전해야 한다. 이를 위해 교육 기관은 기술을 강의실에 통합함으로써 디지털 도구를

---

2) Schwab, K. (2017). The fourth industrial revolution. Currency.

3) World Economic Forum. (2016). New vision for education: Fostering social and emotional learning through technology. Geneva: World Economic Forum.

활용할 수 있다. 디지털 도구를 활용하여 개인 맞춤형 학습 경험을 만들어 학습자들이 자신의 속도에 맞춰 학습하며 개별적인 요구에 집중할 수 있도록 하는 것이다. 이러한 접근 방식은 학습자들이 빠르게 변화하는 취업 시장에서 성공하기 위해 필요한 기술을 개발하는 데 기여할 수 있다.[4)]

형식교육은 평생 학습 능력을 우선적으로 발전시켜야 한다. 제4차 산업 혁명이 진행됨에 따라 개인은 경력을 쌓는 동안 지속적으로 새로운 기술을 습득하고 적응해야 할 것이다. 성장 마인드셋을 촉진하고 학습자들이 효과적으로 학습하는 방법을 가르치는 것은 제4차 산업 혁명의 도전과 기회를 잘 극복하는 데 도움이 될 수 있다.

마지막으로, 형식교육은 산업과 고용주와 더 강한 연대를 형성해야 한다. 교육 기관은 기업 및 조직과 협력하여 교육과정을 적시에 현장 적용이 가능하도록 유지하고 미래 직무에 대비할 수 있는 교육 과정을 제공할 수 있다. 이러한 협력은 인턴십과 견습 프로그램을 통해 학습자들이 실제 경험을 쌓을 수 있는 기회를 제공하므로, 이는 학습자들이 취업 준비를 더욱 잘 할 수 있도록 돕는다.

HRD의 우월적 대응 환경

기업 HRD 환경은 4차 산업혁명 시대에서 확대된 인적자원개발 역할과 책임을 떠맡는 데 있어서 몇 가지 이점을 가지고 있다. 이러한 이점 중 일부는 학교에 비해 첨단화된 기술적 근무 환경, 자기 조절 및 자기 동기 부여된 전문성을 가진 성인 학습자, 그리고 4차 산업혁명의 요구에 효과적으로 대응하는 민첩하고 적응성 있는 의사결정 시스템에 기인하고 있다.

첫째, HRD 환경은 최신 혁신과 테크놀로지를 따라가는 것을 가능하게 하는 고급 기술적 환경을 보유하고 있다. 이는 직장인들의 요구와 산업의 요구에 직접적으로 관련된 교육 및 개발 프로그램을 제공할 수 있게 해준다. 반면, 공식적인

4) Burns, T., Fitzpatick, M., & Lavinson, R. (2016). Trends shaping education 2016. OECD Publishing.

교육 기관은 자원 제한, 관료적인 장애물, 또는 변화에 대한 저항과 같은 문제에 직면하여 새로운 기술과 접근 방식을 적용하는 능력이 제한될 수 있다.

둘째, HRD 환경은 자기조절적이고 자발적 학습 동기를 가진 성인 학습자들을 대상으로 한다. HRD의 대상인 전문 성인 학습자들은 일반적으로 자신의 직업 목표와 그 목표를 달성하기 위해 발전시켜야 할 구체적인 역량이 무엇인지에 대한 명확한 이해를 가지고 있다. 이러한 내재적 동기는 HRD의 교육 대상자들로 하여금 교육 및 개발 기회에 보다 수용적이며, 학습 여정의 주체적인 책임을 감당하려는 경향을 나타낸다. 이는 형식적인 교육 환경과 대조적이다. 형식적인 교육 환경에서는 학습자들이 자신의 연구가 미래의 직업과 얼마나 밀접하게 연관되는지를 인식하지 못할 수 있다.

세 번째로, HRD 환경은 더 민첩하고 적응성 있는 시스템을 갖추고 있어 4차 산업혁명의 끊임없는 변화에 빠르게 대응할 수 있다. 새로운 기술과 트렌드가 나타날 때마다 새로운 필요 인적자원 역량을 규명하고 목표가 분명한 교육 프로그램을 설계하며 제공하는 것이 가능하다. 이러한 민첩성은 4차 산업혁명 시대에서 빠르고 예측할 수 없는 변화에 대응하기 위해 중요하다. 반면에, 형식교육 기관은 종종 더 경직적인 구조와 교육과정을 갖고 있어 산업의 변화에 빠르게 대응하기 어려울 수 있다. 형식교육의 미션은 본래 개인의 자기 실현, 시민성, 양육, 사회적 밈(meme)의 세대 간 전수에 있다. 따라서 변화에 과민하게 반응하여 안정성과 예측 가능성이 손상되어서는 안 된다는 점을 이해할 필요가 있다.

HRD 환경은 고도의 기술적 환경, 스스로 조절하고 동기를 부여하는 성인 학습자, 그리고 민첩하고 적응성 있는 시스템을 갖추고 있어 4차 산업혁명 시대에서 확장된 역할과 책임을 맡을 준비가 되어 있다. 이러한 이점을 활용함으로써 HRD 전문가들은 형식교육의 본질적 보수성과 급격하게 변화하는 사회적 요구사항 사이의 간극을 줄이는 역할을 수행함으로써, 개인과 조직, 나아가 국가 사회가 4차 산업혁명 시대에서 성장할 수 있도록 지원할 수 있다.

HRD의 사회적 역할

4차 산업혁명 시대에서 기업 조직 내 전통적인 HRD의 역할과 책임은 급변하는 현실에 대응하기 위해 사회 전반에 걸친 인적자원개발로 그 범위가 확장되어야 한다.

먼저, HRD는 4차 산업혁명 시대에서 요구되는 필수 기술과 역량을 미리 파악하여 적극적인 대응이 필요하다. 산업 동향과 기술적인 발전을 밀접하게 모니터링함으로써, HRD 전문가들은 노동 인력의 변화하는 요구사항을 더 잘 이해하고, 이에 대응하는 맞춤형 훈련 프로그램을 개발할 수 있다. 이를 통해, 형식교육에서 가르치는 기술과 직장 시장에서 요구하는 실제 기술 요구사항 간의 간극을 좁히는 데 도움이 된다.5)

둘째, HRD는 조직 내 지속적인 학습 문화를 조성해야 한다. 4차 산업혁명은 직원들이 계속해서 새로운 기술을 습득하고 발전시켜야 함을 요구한다. HRD 전문가들은 온라인 코스, 워크숍, 세미나 등 다양한 학습 자원에 접근할 수 있도록 지원하고, 성장 마인드셋을 유도하며 개인 및 직업적 발전에 헌신적인 직원들을 인식해야 한다.6)

세 번째로, HRD는 대학과 더욱 긴밀하게 협력하여 졸업생이 진입하는 직장에서 원활한 학습전이를 보장해야 한다. 대학교와 파트너십을 맺음으로써 HRD 전문가들은 산업의 요구와 더욱 일치하는 교육과정을 구성하는 데 효과적이다.7) 이러한 협력은 인턴십, 견습, 멘토링 프로그램을 통해 학습자들이 실제 경험을 쌓을 수 있는 기회를 제공함으로써 학습자들이 4차 산업혁명의 도전에 더욱 잘 대처할 수 있도록 도와줄 수 있다.8)

---

5) Salas, E., Tannenbaum, S. I., Kraiger, K., & Smith-Jentsch, K. A. (2012). The science of training and development in organizations: What matters in practice. Psychological science in the public interest, 13(2), 74-101.

6) Agarwal, R., & Selen, W. (2009). Dynamic capability building in service value networks for achieving service innovation. Decision sciences, 40(3), 431-475.

7) Lombardi, D. R., & Laybourn, P. (2012). Redefining industrial symbiosis: Crossing academic-practitioner boundaries. Journal of Industrial Ecology, 16(1), 28-37.

네 번째로, HRD는 인재 채용 및 관리에 더욱 중요한 역할을 해야 한다. 이를 위해서는 4차 산업혁명 환경에서 적응하고 성장할 잠재력을 가진 인재를 발굴하기 위해 고급 분석 및 평가 도구를 활용해야 한다. 또한 HRD 전문가들은 새로 입사한 직원들이 조직과 문화에 더욱 빠르게 적응할 수 있도록 강력한 온보딩 프로그램을 개발해야 한다.

마지막으로, HRD는 직장 내 다양성과 포용성을 우선적으로 추진해야 한다. 4차 산업혁명은 창의적 문제 해결과 혁신적 사고가 필요한데, 이는 다양한 배경, 경험 및 관점을 가진 사람들이 모여 진행될 때 가능하다. HRD 전문가들은 직장 내 다양하고 포용적인 분위기 조성을 촉진함으로써 조직 내 노동력의 독특한 재능과 통찰력을 살려 4차 산업혁명 시대의 혁신과 경쟁력을 촉진할 수 있다.

HRD의 전략성과 시민성

제4차 산업혁명 시대에는 HRD가 개인, 기업 및 사회 전반의 미래를 결정하는 데 중요한 역할을 맡게 된다. HRD 전문가들이 역할과 책임을 확대함으로써, 기업의 전략적 경쟁력을 향상시키는 동시에 사회 시민성을 촉진할 수 있다.

제4차 산업혁명은 독특한 도전과 기회를 제공하므로, HRD가 기술 개발, 지속적인 학습 및 혁신을 우선적으로 다뤄야 한다. 조직 내 직원들에게 투자함으로써, 기업은 적응성, 탄력성 및 창의성 등 빠르게 변화하는 제4차 산업혁명 환경에서 필수적인 능력을 기르는 문화를 육성할 수 있다. 결과적으로, HRD는 기업이 경쟁에서 앞서 나갈 수 있도록 전략적 지렛대 역할을 한다.

그러나 HRD 전문가들의 책임은 자신이 소속된 개별 기업뿐만 아니라 사회 전반에 걸쳐 있다. 제4차 산업혁명 시대에는 HRD가 사회 시민성을 촉진하는 역할도 인식해야 한다. 이를 위해서, 기술 장벽을 해소하는 방안을 모색하는 등 여

8) Choy, S., & Delahaye, B. (2011). Partnerships between universities and workplaces: some challenges for work-integrated learning. Studies in Continuing Education, 33(2), 157-172.

러 가지 방법으로 경험 불균형을 해소할 수 있으며, 이는 기업뿐만 아니라 전반적인 경제 성장과 사회 복지에도 이바지한다. HRD가 직무와 관련성이 높고 고품질의 교육 프로그램을 제공함으로써, 제4차 산업혁명의 일원으로 참여하기 위해 필요한 역량을 갖춘 인적자원을 사회에 공급할 수 있다.[9)]

4차 산업혁명 시대에는 포용성과 다양성 역시 중요하다. HRD 전문가는 포용적인 학습 환경을 조성하고 다양성을 촉진하여 다른 배경을 가진 사람들이 독특한 경험과 관점을 기여할 수 있도록 해야 한다. 이러한 접근 방식은 더욱 혁신적이고 탄탄한 사회를 구축하며, 4차 산업혁명의 도전과 기회에 대비할 수 있도록 한다.

협력은 사회적 시민성을 촉진하는 데에도 중요한 역할을 한다. HRD는 기관, 교육 기관 및 다른 이해 관계자 간의 협력을 촉진하여 최선의 실천 방법, 지식 및 자원을 공유해야 한다.[10)] 이러한 협력은 4차 산업혁명의 도전과 기회에 대한 집단적인 진전을 이끌며, 다양한 이해 관계자 간의 시너지를 창출할 수 있다.[11)]

마지막으로, HRD 전문가는 조직 및 종업원들이 신기술의 윤리적 영향을 이해하고 이를 구현하고 사용하는 데 필요한 책임을 갖도록 보장해야 한다. HRD는 기술의 윤리적이고 책임적인 사용을 촉진함으로써 의도치 않은 결과를 예방하고 보다 책임적이고 지속 가능한 4차 산업혁명 환경에 기여할 수 있다.

학습분석학의 역할

4차 산업혁명은 기업과 사회 전반에 대한 다양한 도전 과제를 불러일으켰지

9) Garavan, T. N., McGuire, D., & O'Donnell, D. (2004). Exploring human resource development: A levels of analysis approach. Human Resource Development Review, 3(4), 417－441.

10) Ananiadoui, K., & Claro, M. (2009). 21st century skills and competences for new millennium learners in OECD countries.

11) Van den Bossche, P., Gijselaers, W. H., Segers, M., & Kirschner, P. A. (2006). Social and cognitive factors driving teamwork in collaborative learning environments: Team learning beliefs and behaviors. Small group research, 37(5), 490－521.

만, 기술 자체가 이러한 문제들에 대한 해결책을 제공할 수 있는 것도 사실이다. 기술은 문제이자 스스로 그 솔루션이다. 이를 대표하는 한 예가 학습분석학(learning analytics)이다. 학습분석학을 전략적으로 활용함으로써 HRD 전문가들은 4차 산업혁명의 도전 과제에 대한 대처 능력을 확장할 수 있다.

학습분석학은 학습 과정에 대한 유용한 통찰력을 제공하며, HRD 전문가들은 이를 활용하여 훈련 프로그램을 개인화하고 효과성을 높일 수 있다. 대량의 데이터를 분석함으로써 학습분석학은 개인 학습자를 위한 최적의 학습 경험을 찾아내는 패턴과 추세를 파악할 수 있다. 이를 통해 HRD 전문가들은 직원들이 4차 산업혁명의 환경에서 필요한 기술을 습득할 수 있도록 맞춤형 교육과 개발 계획을 효과적으로 수립할 수 있다.

훈련 프로그램을 개인화하는 것 외에도, 학습분석학은 지속적인 학습을 가능케 하며, 기업이 급변하는 4차 산업혁명 환경에 더 빠르게 적응할 수 있도록 돕는다. 실시간 피드백과 추천을 제공함으로써 학습분석학은 직원들이 자신의 강점과 약점을 파악할 수 있도록 도와주며, 이를 통해 개인이 더욱 발전할 필요가 있는 영역에 집중할 수 있게 된다. 이러한 문화는 조직 내에서 평생 학습과 적응성을 촉진한다.

학습분석학은 HRD에서 자원 할당의 효율성을 향상시키는 데에 기여할 수도 있다. HRD 전문가들은 어떤 교육 방법과 개입이 가장 효과적인지 파악함으로써 자원을 더 전략적으로 할당할 수 있으며, 이는 직원 개발에 대한 투자가 최대한의 수익을 창출하도록 보장한다. 이는 조직의 경쟁력을 향상시키는 데뿐만 아니라, 기술 역량의 불균형 해소, 직장 내 포용과 다양성 증진과 같은 사회적 이니셔티브에 대한 투자도 더욱 효율적으로 할 수 있도록 한다.

나아가 학습분석학은 HRD 전문가들이 테크놀로지의 윤리적이고 책임 있는 사용을 촉진하는 데에도 도움을 줄 수 있다. 테크놀로지가 직원과 직장에 미치는 영향을 모니터링함으로써, 학습분석학은 HRD 전문가들이 잠재적인 윤리적 문제를 사전에 파악하고 이를 해결할 수 있도록 돕는다. 이는 조직이 4차 산업혁명의 복잡성을 극복하면서도 책임 있는 혁신과 지속 가능한 성장에 초점을 두는 데 도움이 된다.

학습분석학을 통해 테크놀로지의 힘을 활용함으로써, HRD 전문가들은 빠르게 변화하는 기술 환경에서 조직과 사회가 모두 번영할 수 있는 미래를 만들어 갈 수 있다. 학습분석학은 개별 학습자의 학습 경험을 개선하는 데 유용한 정보를 제공하는 것뿐만 아니라, HRD 시스템 자체의 진화와 HRD 모델 및 이론의 발전에도 기여한다.

학습분석학을 통한 증거 기반 인적자원개발 교수학습시스템을 활용함으로써 전문가들은 4차 산업혁명의 고유한 도전에 대처하는 데 가장 적합한 학습 전략과 테크놀로지를 더 잘 선택할 수 있다. 이를 통해 업무 환경의 변화에 대응할 수 있는 동적이고 반응성 있는 학습 환경을 구축할 수 있다.

또한 학습분석학은 인적자원개발 전문가들이 미래에 필요한 기술과 경향을 규명하여 예방적인 교육 프로그램을 설계할 수 있도록 도와준다. 최신 동향을 파악함으로써 인적자원개발은 개인이 4차 산업혁명 환경에서 필요한 역량을 습득할 수 있도록 지원하고 조직이 급격한 기술적 변화에 직면해도 경쟁력을 유지할 수 있도록 해준다.

학습분석학을 통해 인적자원개발 전문가들 간의 협업과 지식 공유가 가능해지며, 4차 산업혁명의 도전에 대처하기 위해 전 세계적인 실무자들의 커뮤니티가 형성된다. 인적자원개발 전문가들은 서로의 통찰력과 경험을 모으며, 복잡한 문제에 대한 혁신적인 해결책을 개발하고 교육 프로그램의 설계와 제공에서 최고의 실천 방법을 공유할 수 있다.

Chapter

01

학습분석학의 정의와 특징

정의

학습분석학(Learning Analytics)은 2011년 첫 LAK(Learning Analytics & Knowledge) 학회 학술대회에서 정의된 대로 "학습자와 그들의 환경에 대한 데이터의 측정, 수집, 분석 및 보고를 통해 학습과 학습 환경을 이해하고 최적화하기 위한 것"이다. 이 일반적인 정의는 분야가 성장함에 따라 다양한 파생 정의가 나왔음에도 여전히 유효한 표준으로서 학습분석학의 본질을 담아내고 있다.

이 정의에 나타난 학습분석학의 특성은 크게 세 가지이다. 이 정의에 따르면 학습분석학은 첫째, 학습자와 학습 맥락에 관한 기록으로서 방대한 빅 데이터를 분석의 대상으로 한다. 둘째, 분석의 목적은 학습 환경의 최적화, 즉 교수설계적 처방에 있다. 셋째, 데이터의 생성 원천은 학습자와 그 맥락이다. 이 정의에 명시적으로 제시되지 않았으나 학습분석학의 대상이 되는 학습 환경은 디지털 학습 환경을 기반으로 한다. 분석의 대상이 되는 데이터도 주로 컴퓨터에 의해 디지털로 자동 기록된 것을 의미한다.

실제로 학습분석학이 적용되는 맥락은 천차만별이다. 따라서 학습분석학을 정의하는 것은 복잡한 작업이며 다양한 해석을 요구 받고 있다. 정의를 표준화하기 위한 여러 시도가 있었음에도 불구하고, 학습분석학의 의미는 여전히 모호하다.[1] "학습분석학은 학습에 대한 분석이다"와 같은 문자 그대로의 정의는 용어의 의미를 명확히 하지 않고, 대신 두 가지 논란이 있는 용어에 축자적 초점을 맞춘다.[2]

"학습"이란 용어는 서로 다른 학문 분야의 개인들이 각자 해석할 수 있을 정도로 다양한 의미를 갖고 있다. 학습은 개인적인 인지적 과정으로 생각되기도 하고, 특정 문화적 실천에 참여하는 것으로 생각되기도 한다. 이와 같은 다양한

1) van Leeuwen, A., Teasley, S. D., Wise, A., Lang, C., Siemens, G., Gašević, D., & Merceron, A. (2022). Teacher and student facing analytics.

2) Greller, W., & Drachsler, H. (2012). Translating learning into numbers: A generic framework for learning analytics. Journal of Educational Technology & Society, 15(3), 42–57.

해석들 때문에, 학습분석학 연구와 머신 러닝 연구를 구별하는 것조차 애매모호해질 수 있다. 용어와 개념은 모든 학문의 초석으로서 역할을 한다. 그러나 사회가 발전할수록 우리에게는 각자의 초석을 마련하고 그 위에 각자의 이론을 세워나감으로써 학문의 생태적 다양성을 증가시키는 진화적 압력하에 놓이게 된다는 점을 받아들여야 한다.

반면 "분석학(analytics)"이란 용어는 양적 분석의 정확성과 명확성을 연상시킨다. 그러나 그 본래 의미는 이러한 개념들이 믿기 어려울 정도로 오래되고, 명료하기보다 모호하고 복잡하다. 심지어 학습분석학 분야 전문가들 사이에서도 "분석(analysis)"과 "분석학(analytics)"의 차이에 대해서도 명확하게 구분하지 않고 사용하는 편이다.

나는 두 가지 개념을 구분하여 사용한다. "Analysis"와 "Analytics"는 비슷한 의미를 가지고 있지만, 사용 목적과 범위에서 그 차이가 드러난다. Analysis (분석)은 주어진 데이터, 정보, 문제, 현상 등을 조사하여 개별 요소들을 식별하고, 이들 간의 관계와 원인을 이해하는 "과정"과 "활동"을 의미한다. 분석은 모든 학문과 산업 분야에서 중요한 역할을 하며, 일반적으로 데이터를 처리하고 이해하는 데 사용되는 방법론을 포함한다. 수학, 과학, 경제학, 철학, 교육공학, 학습분석학 등 다양한 분야에서 분석이 이루어진다.[3]

반면, Analytics(분석학)은 데이터를 수집, 처리, 분석 및 해석하는 "분석 과정과 활동에 대한 응용학문 또는 테크놀로지[4]"를 의미한다. Eeconomic이 economics로, statistic이 statistics로 복수화되면서 학문의 명칭이 되듯이,[5] analysis(분석)를 연구하는 학문은 analytics(분석학)가 된다.

분석학의 목적은 의사 결정, 전략 개발, 문제 해결, 예측, 최적화 등을 지원

---

3) 조일현, 박연정, 김정현. (2019). 학습 분석학의 이해. 박영스토리.

4) 테크놀로지는 도구를 만드는 암묵지인 '테크네'와 언어, 논리성을 뜻하는 '로고스'의 합성어로서 유용한 인공물을 만들기 위한 지식의 체계, 즉 응용학문을 말한다. 이 점에서 분석학은 테크놀로지의 일종이라 할 수 있다.

5) Backhouse, R. E. (2010). The puzzle of modern economics: science or ideology?. Cambridge University Press.

하기 위한 인사이트를 추출하는 것이다. 일반적으로 통계, 컴퓨터 과학, 수학, 그리고 도메인 전문 지식, 예컨대 HRD 관련 지식의 결합을 필요로 한다. 빅 데이터, 기계 학습 및 인공지능과 같은 최신 기술은 분석학을 더욱 발전시키고 있다.

학습분석학은 학습을 도메인 전문 지식으로 하는 교육공학, HRD가 "학습"을 위해 교육 목표를 설정하고 데이터를 정의하고 수집 방법과 절차를 설계하고 모아진 데이터를 분석(analysis)하고 결과를 해석하고 처방을 제시하고 결과를 보고하는 전체 과정을 체계적으로 연구한다. Analytics의 전체 요소 중 일부가 데이터를 처리하는 analysis 활동이다. 데이터 정제, 분석결과의 해석, 인사이트 도출, 인터벤션개발 및 적용은 analytics의 나머지 영역들이다.

두 용어의 복잡성을 고려할 때, 학습분석학을 정의하는 작업은 쉬운 일이 아니다. 학습분석학의 본질을 포착하는 의미 있는 포괄적인 정의를 찾는 것은 불가능하거나, 가능하더라고 도전을 요구하는 난제이다.[6] 학습분석학에 대해 서로 다른 정의가 존재하지만, 학습 과정과 결과에 대한 인사이트를 얻기 위해 데이터, 알고리즘 및 통계 방법을 사용한다는 것 정도면 이 책에서 의도하는 논의를 진행하기 위한 일반적인 합의로서 충분하다.

학습분석학의 목적은 인적자원개발 전문가와 학습자에게 근거 있는 피드백을 제공하여 학습과 수행 성과를 개선하는 것이다. 이 목적을 달성하기 위해, 학습분석학은 기계학습, 데이터 마이닝 및 예측 모델링과 같은 다양한 기술을 사용한다. 또한 로그 데이터, 소셜 네트워크 데이터, 텍스트 데이터, 멀미모달 데이터는 물론이고, 설문조사, 퀴즈 점수, 시험 점수, 인구학적 데이터 등 다양한 유형의 데이터를 함께 활용하는 것을 주저하지 않는다. 정보량을 늘려 인사이트를 얻는 데 도움이 된다면 데이터의 소스와 형태는 배제의 대상이 되지 않는다. 이러한 데이터를 분석하여 학습분석학은 인적자원개발 전문가가 학습 환경을 최적화하고 학습 경험을 맞춤화하는 데 도움이 되는 패턴, 추세 및 관계를 파악할 수 있다.

---

6) van Leeuwen, A., Teasley, S.D. Wise, A., Lang, C., Siemens, G., Gašević, D., & Merceron, A. (2022). Teacher and student facing analytics.

학습분석과 유사 개념 간의 관계

지난 몇 년간 학습분석학은 빅 데이터, 데이터마이닝, 비즈니스 인텔리전스 등 저간의 분석학(analytics)과 상호작용하면서 발전해 왔다. 따라서 이들 유관 개념과의 유사성을 비교하고 차이점을 대비함으로써 학습분석학의 윤곽이 좀 더 명확해질 것이다.

분석 대상 데이터로서 '빅 데이터'

학습분석학은 그 분석 자료로 디지털 데이터를 활용한다. 이 데이터 중 일부는 소위 '빅 데이터'이지만, 때로는 '큰 데이터'이다. 요즘 키워드가 되고 있는 '빅 데이터(big data)'와 과거에도 존재하던 '큰 데이터'와 유사한 점은 그 '크기'에 있다. 그러나 다른 점은 그 데이터 수집 단계에서의 비간섭성 및 자동성, 관리 단계에서의 비구조성, 그리고 분석 단계에서의 기계의존성 및 신속성이다. 이러한 특성은 '큰 데이터'의 간섭성, 수동성, 구조성, 지연성에 각각 대비된다. 예컨대, 전국 서베이를 통해 수집되어 변수별로 체계적으로 관리되고 있는 노동패널 데이터나, 수능 성적 데이터는 '큰 데이터'이지만 '빅 데이터'의 정의적 속성을 갖고 있지는 않다. 반면, 50명의 학생이 6시간 동안 모바일 디바이스로 동영상 콘텐츠를 학습하는 모든 상호작용 행위 로그데이터, 이 행위 시점과 동시에 웨어러블 기기로 자동 수집된 시공간(spatio-temporal) 및 생리신호(심박, 시선, 피부전도성 등) 데이터는 '큰 데이터'는 아닐지 모르지만, 빅 데이터에 가깝다. 표본 크기(N)는 작지만, 장기간에 걸쳐 생성되는 데이터는 빅 데이터로서의 정량적, 정성적 조건을 충족시키기 때문이다.

학습분석학은 분석 데이터로서 및 그 처리 기법으로서 빅 데이터 분야의 성과를 차용하지만, 인구학적 정보, 개인 성적 이력 등 전통적 교수학습 데이터베이스도 함께 활용한다. 데이터 크기도 하나의 수업 단위로부터 전 세계에 걸친 MOOC에 이르기까지 다양하다. 데이터의 크기는 그 자체로서 작은 데이터와는 질적으로 다른 분석 효과를 가져다 준다. 소위 양-질 전환의 원리가 데이터 크기에서도 나타난다. 그럼에도 불구하고, IoT, cloud computing 시대인 오늘날, 교육공학도에게 던져진 학습분석학의 도전 과제는 디지털 학습 상황에서 학습자의 인지적-정의적-사회적 심리 상태를 이해하고, 성과를 예측하여, 이를 기반으로 신속하게 처방을 제시할 수 있는가, 즉 학습자 모델링과 처방 모델링을 얼마나 효과적으로 개발하는가에 달려 있다.

분석 기법으로서의 데이터마이닝

학습분석학은 교수학습적 의사결정의 질을 높이기 위해 추론통계 기법과 함께 데이터마이닝 기법을 혼용한다. 이 지점에서 데이터마이닝과 통계분석의 차이점을 살펴볼 필요가 있다. 요컨대, 통계분석은 연역적-가설주도적이고 데이터마이닝은 귀납적-자료주도적이란 점에서 방법론적으로 다르고, 계량적 분석을 통해 데이터로부터 정보를 얻으려 한다는 점에서 목적론적으로 유사하다.

우리가 연구방법론 수업이나 논문 작성 과정에서 접하는 분석 방법은 거의 대부분 추론 통계, 그 중에서도 모집단(population)의 특정한 수학적 분포를 가정하는 모수 통계(parametric statistics) 기법이다. 추론의 논리로 볼 때, 통계학은 가설주도적 접근법을 사용한다. 예를 하나 들어보자. 논문을 쓸 때 우리는 선행 연구 분석을 통해 (영)가설을 먼저 수립한다. 이 가설은 변수 선정 및 분석 모형 결정, 통계 분석 기법의 선택, 결론의 제시 등, 이후에 이루어지는 모든 연구 단계별 의사결정의 기준이 된다. 가설과 무관한 변수가 모형에 포함된다거나, 가설에서 다루지 않은 분석 결과가 연구 결과를 논의할 때 부각된다면, 연구 결과에 대한 해석이 영가설의 기각 또는 채택을 넘어 그 범위가 확장되었다면, 그 논문은 저널에 게재될 수 없고, 학위 취득용 논문이라면 저자의 졸업이 미루어질 수도 있다. 이 점에서 통계 분석 접근은 가설주도적(hypothesis-driven), 연역적, 결정론적(deterministic)이다. ANOVA, 회귀분석, 구조방정식모델링 등이 여기 속한다.

반면, 데이터마이닝은 자료주도적(data-driven)이다. 가설주도적 접근과는 반대로, 사전에 어떤 선험적 판단도 하지 않은 상태에서, 단지 데이터를 그 특성에 따라 선별, 분류 및 연관시키는 반복적인 과정을 통해 무질서해 보이는 데이터로부터, 그 이면에 놓여 있던 모종의 구조적 관계가 서서히 드러난다고 본다. 이 드러난(disclosed) 구조는 추론 통계적 의미에서 결정론적이지 않기 때문에, 반복적 탐색이 가능하고, 심지어 권고된다.

데이터마이닝의 이러한 비결정론적 접근법은, 표본으로부터 얻은 결과를 모집단으로 추론하지 못한다는 점에서 그동안 비과학적–자의적이라는 비판을 받아왔다. 따라서 최근까지 주류의 연구 방법이 될 수 없었다. 빅 데이터의 등장은 데이터마이닝의 이러한 문제점을 해결하는 데 획기적으로 기여했다. 모집단을 전수 조사한 빅 데이터를 활용하는 경우, 표본으로부터 얻은 작은 데이터로 모집단을 추정할 필요가 근본적으로 사라진다. 표집 오차, 알파와 베타 등 추론 오류도 걱정할 필요가 없다. 또한 표집과 추론 사이의 시간적 괴리 문제도 상당 부분 해소된다. 로그데이터 등 빅 데이터는 자동으로 생성–분석되기 때문이다. 의사결정의 타이밍이 점차 중요해지는 오늘날, 이러한 시간적–표집적 오류 개선 효과는 교수학습적 처방 효과성을 극적으로 개선할 수 있을 것이다.

학습분석학은 그 분석 대상으로서 빅 데이터와 큰 데이터를 차별하지 않듯이, 분석 방법으로서 데이터마이닝과 추론 통계를 통합적으로 활용하는 데 주저하지 않는다. 로그데이터와 학생기록부 데이터를 결합하면 보다 훌륭한 분석 결과를 얻을 수 있기 때문이다.

학습을 위한 처방 설계학으로서의 학습분석학

학습분석학의 정체성은 '학습을 위한 처방 설계'라는 목적론적 충분조건에 있다. 데이터 유형 및 분석 기법은 방법론적 필요조건으로서 다른 분야로부터 얼마든지 차용할 수 있다. 즉, 빅 데이터와 데이터마이닝 없이 학습분석학을 수행하기 어렵지만, 이러한 기법만으로 학습분석학의 본질이 완성될 수 없다는 점을 강조하고자 한다. ADDIE 모형에서 분석을 강조하지만, Design & Development로 문서화, 형상화되지 않는다면 아무런 효과가 없는 것과 마찬가지이다. 여기에서 우리는 유사한 데이터 분석 기법을 활용하지만, 경영 성과 개선을 목적으로 삼는 비즈니스 인텔리전스를 학습분석학에 대비시켜 볼 필요가 있다.

비즈니스 인텔리전스는 기업이라는 조직의 성과 창출을 위해 사람(고객, 소비자 등)을 수단으로 여긴다. 데이터 분석을 통해 매출 기여도가 낮은 고객을 식별해 내긴 하지만, 그 목적은 기업의 경영 성과 제고에 있다. 비즈니스 인텔리전스는 분석 결과를, 고객 개인의 유익(가처분 소득의 증가 등)이나 삶의 질 향상을 위해 체계적으로 활용하는 데 사용하지 않는다. 학습분석학의 목적이자 존재 이유는 학습자의 단기적 학습 성과(성적, 만족도 등)뿐 아니라, 장기적 역량 성과(자기주도적 학습 능력, 문제해결 역량 등)를 개선하기 위해 존재한다. 학교의 경영 성과, 교육 당국의 정책 효과 제고는 부차적인 목적일 뿐이다. 목적이 서로 다르다 보니, 처방을 위한 의사결정의 기준, 처방 전략의 선택에 있어서도 학습분석학은 비즈니스 인텔리전스와 구분된다. 예컨대, 동일한 학습자 데이터를 활용하는 경우라도, 결정을 위해 활용될 것이되, 학습자 개인의 역량 개선을 목적으로 한다면 학습분석학을 활용하여 개인별 교수학습 지원 전략의 결정에 활용될 것이다.

분석의 단위(Unit of analysis)

학습분석학은 학습과 성과에 관한 데이터를 수집, 분석, 이해하고 개선하기 위한 방법론이다. 학습분석학은 개인의 학습 및 성과를 측정하고 개선하는 데 사용되는 개인 단위 학습분석학과 그룹 또는 조직 전체의 학습 및 성과를 분석하고 개선하는 데 사용되는 집단 단위 학습분석학으로 구분할 수 있다.

학습분석학 연구의 초기 단계는 개인 학습자의 성장과 발전에 기여한 핵심 분야 몇 가지를 포함하고 있다. 이러한 연구 방향은 학습분석학의 기반을 형성하고 개인의 학습 및 성과 향상에 대한 인사이트를 제공한다.

초기 연구 방향 중 하나는 학습자의 성과 측정이었다. 성과측정의 목적은 학습자의 지식, 기술, 태도를 검토하여 학습 과정에서의 진전을 평가하는 것이었다. 예를 들어, 기업 인적자원개발 분야에서는 성과 평가나 기술 평가를 통해 직원 역량을 평가하여 개선할 부분을 파악하고 직원의 전문가적 성장을 이끌어 낼 수 있다.

초기 학습분석학 연구에서 중요한 영역 중 다른 하나는 학습 행동과 전략을 분석하는 것이었다. 이 연구는 학습자가 어떻게 공부하고 학습 결과를 향상시키기 위해 어떤 전략을 사용하는지 이해하기 위해 진행되었다. 기업 HRD 분야에서는 이러한 행동을 분석하여 직원의 학습 행동과 선호도에 대한 패턴을 규명할 수 있다. 이러한 행동을 이해함으로써, HRD 전문가는 직원의 선호 학습 방식에 맞춘 훈련 프로그램을 만들어 전반적인 학습 결과를 개선할 수 있다.

또 다른 중요한 초기 학습분석학 연구 방향은 학습 자료와 콘텐츠의 평가였다. 목표는 학습자가 사용하는 콘텐츠의 효과성을 평가하고 개선 방안을 찾는 것이었다. 예를 들어, 기업 분야에서 HRD 전문가는 e－러닝 모듈이나 교육 매뉴얼과 같은 교육 자료를 평가하여 직원에게 적절하고 흥미롭고 효과적인 교육 경험을 제공하기 위해 훈련 콘텐츠를 개선할 수 있다. 이 평가 과정은 조직이 교육 콘텐츠를 개선하여 더 나은 학습 경험과 개선된 직원 성과를 이끌어 내도록 돕는다.

마지막으로, 초기 학습분석학 연구는 개인의 선호도, 필요성 및 능력을 고려하여 맞춤형 학습 경험을 제공하려는 것을 목표로 하였다. 이 접근법은 각 학습자의 고유 요구 사항을 고려하는 맞춤형 학습 경험을 제공하려는 것을 목표로 하였다. 기업 HRD의 경우, 이는 직무 역할, 기술 수준 및 학습 선호도를 고려하여 사원들에게 맞춤형 교육 계획을 작성하는 것을 의미할 수 있다. 맞춤형 학습 경험을 제공함으로써, 인적자원개발 전문가들은 사원의 참여도를 높이고 전반적인 학습 성과를 향상시킬 수 있다.

시간이 지남에 따라 학습분석학은 학습자 간의 상호작용 및 협업뿐만 아니라 전체 조직의 학습 및 성과를 고려하는 집단 수준의 분석을 포함하게 되었다. 이러한 발전으로 학습분석학은 개인 및 조직 학습 및 성과를 동시에 이해하고 개선할 수 있는 포괄적인 방법론이 되었다. 기업 HRD의 맥락에서, 이러한 확장된 초점은 조직 내 지속적인 학습 및 개선의 문화를 조성하여, 직원 개인과 조직 전체 모두에게 이점을 제공할 수 있다.

개인 단위

전통적으로 학습분석학은 주로 개인 수준에 초점을 맞추고 학습자와 콘텐츠 간 상호작용을 분석하는 것이었다. 개인 학습 과정을 검토함으로써, 학습분석학은 학습자의 내부 상황 변화와 학습 경험의 효과를 이해하고자 노력했다. 이러한 개인 중심적 접근 방식은 기업 인적자원개발 프로그램에서도 중요한 역할을 한다.

예를 들어 기업 환경에서 HRD 부서는 종종 학습분석학을 사용하여 직원들의 교육 자료 및 자원과의 상호작용을 분석한다. 직원들이 콘텐츠와 어떻게 상호작용하는지를 철저히 모니터링함으로써, HRD 전문가들은 개인이 고민하거나 뛰어난 부분을 파악할 수 있다. 이 정보는 교육 프로그램을 맞춤화하여 직원들이 역할을 성공적으로 수행할 수 있도록 지원하는 데 사용된다.

또 다른 예는 새로 입사한 사원을 대상으로 한 온보딩 프로그램의 효과를 평가하는 데 학습분석학을 사용하는 것이다. 새로운 직원의 입사 지원 자료와 회사 문화에 어떻게 상호작용하고 수용하는지를 검토함으로써, HRD 팀은 조기 전력화 경험을 최적화하기 위해 데이터 기반 의사결정을 내릴 수 있다. 이는 학습 자료 또는 제공 방법을 수정하거나 멘토십 프로그램을 통합하거나 새로운 직원을 지원하기 위한 추가 자원을 제공하는 것을 포함할 수 있다.

학습분석학은 개인의 학습 경험을 분석함으로써 직원들의 강점과 약점을 파악하여 전문 개발 계획을 수립하는 데에도 사용된다. HRD 부서는 개별 직원들의 학습 경험을 분석하여 특정 기술이나 지식의 빈틈을 파악할 수 있으며, 이를 바탕으로 특정 교육 프로그램을 개발하거나 워크숍, 웨비나 참석 또는 자격증 취득 등의 추가 학습 기회를 제안할 수 있다.

마지막으로 학습분석학은 조직 내 리더십 개발 계획의 영향을 평가하는 데에도 사용된다. 리더십 교육 프로그램에 참여하는 직원들의 학습 경험과 진행 상황을 추적함으로써 HRD 전문가들은 이러한 계획의 효과를 평가하고 개선할 부분을 파악할 수 있다. 이는 교육 콘텐츠나 전달 방식의 수정 또는 리더십 지원을 위한 추가 자원 제공 등으로 이어질 수 있다.

개별 수준 학습분석학의 핵심적인 측면 중 하나는 학습자의 학습 행동에 대한 데이터 수집이다. 예를 들어 과제에 소요된 시간, 강의자료와의 상호작용, 토론 참여 등을 수집한다. 이 데이터는 학습 관리 시스템, 온라인 플랫폼 등을 통해 수집된다. 기업 인적자원개발 분야에서는 이러한 데이터 수집을 통해 개별 직원의 가장 효과적인 교육 방법을 규명할 수 있으며, 조직은 개별 요구에 맞게 직원의 전문성 개발 프로그램을 조정할 수 있다.

목표 설정은 개인의 필요에 맞게 정렬된 특정 학습 목표를 규명하도록 학습자를 격려하는 학습분석학의 또 다른 중요한 구성 요소이다. 기업 HRD에서 이 프로세스는 직원이 기술 개발이나 성과 개선을 위해 개인적인 목표를 설정할 수 있도록 하여 직원과 그들의 매니저 모두가 추적하고 모니터링할 수 있다.

시간 관리는 개인 수준의 학습분석학에서 중요한 역할을 하며 학습자들이 일정을 최적화하고 충분한 학습 시간을 할애할 수 있도록 한다. 예를 들어 기업 HRD 환경에서 직원은 학습분석학 인사이트를 활용하여 기술 개발을 위해 더 효율적으로 시간을 할당하고 건강한 일-생활 균형을 유지할 수 있다.

학습 자원의 활용은 학습자가 가장 효과적인 자원과 전략, 예를 들어 교재, 비디오 또는 온라인 튜토리얼을 규명하는 데 도움이 되는 학습분석학의 또 다른 측면이다. 기업 HRD의 맥락에서 이것은 직원들이 개인적인 필요에 가장 적합한 자원에 집중하여 더 효율적인 학습과 기술 습득을 이끌어내도록 할 수 있다.

피드백과 성찰은 지속적인 개선을 위해 필수적이며, 개인화된 피드백과 개선 제안을 제공함으로써 학습분석학은 이를 용이하게 할 수 있다. 기업 HRD 맥락에서는, 이는 퍼포먼스 평가, 기술 평가, 그리고 매니저나 멘토와의 정기적인 체크인을 포함할 수 있으며, 이를 통해 직원이 자기 인식을 발전시키고 필요에 따라 전략을 조정할 수 있도록 지원한다.

동기와 몰입은 학습자의 성공에 영향을 미치는 중요한 요소이며, 개인 수준의 학습분석학은 이러한 요인들을 규명하는 데 도움이 된다. 이는 관심사, 목표, 그리고 개인적인 어려움과 같은 것들을 포함한다. 기업 HRD에서는 이러한 정보를 활용하여 동기를 촉진하고 긍정적인 학습 환경을 조성하는 개입을 설계할 수 있으며, 이는 결국 더 나은 퍼포먼스와 증가된 직무 만족도로 이어진다.

개인의 요구, 강점, 약점을 기반으로 개인화된 학습 경험을 제공하는 적응형 학습 시스템은 학습분석학을 통해 개발될 수 있다. 기업 환경에서 이러한 시스템은 각 직원에게 맞는 학습 활동의 속도, 내용, 난이도를 조정하여 더 효과적이고 흥미로운 학습 경험을 제공한다.[7)]

마지막으로, 협업과 사회적 학습은 학습 과정에서 새롭게 중요성이 부각되는 부면으로서, 학습분석학은 학습자가 협업과 동료 상호작용 기회를 파악하는 데 도움을 줄 수 있다. 기업 HRD 맥락에서는 그룹 프로젝트, 팀 빌딩 훈련, 멘토십 프로그램 등 협업과 사회적 학습을 촉진하는 학습 활동을 만드는 것이 포함된다.

결론적으로, 개별 수준의 학습분석학은 맞춤형 피드백을 제공하고 개선이 필요한 영역을 규명하며 효과적인 학습 전략을 유도함으로써 기업 HRD에서 학습 경험을 크게 개선시킬 수 있다. 개별적인 요구와 특성에 초점을 맞추는 학습분석학은 직원들이 목표를 달성하고 잠재력을 최대한 발휘할 수 있도록 지원함으로써, 결국 조직 전체적인 성공에 기여할 수 있다.

집단 단위

집단 수준 학습분석학은 그룹, 조직 또는 팀에서 학습과 성과를 평가하고 향상시키는 중요한 도구이다. 이는 개인 간 상호작용, 협력 및 지식 공유와 같은 조직 내 사회적 요인을 고려한다. 학습분석학의 주요 목표는 조직 문화, 구조, 리더십 및 의사소통과 같은 요소를 고려하여 학습과 성과를 최적화하는 전략을 개발하는 것이다.

집단 단위 학습분석학의 중요한 측면 중 하나는 조직 문화이다. 건강한 학습 문화는 조직 전체의 학습과 성과를 개선하는 데 큰 역할을 한다. 예를 들어

7) Khine, M. S. (2020). Learning Analytics and Adaptive Instructional Design Strategies. International Journal of Learning, 6(4), 225–229.

기업 인적자원개발 분야에서 학습 문화를 육성하는 기업은 직원들이 교육 프로그램에 적극적으로 참여하고 지식을 공유하며 피드백을 받아 개선하는 것을 더 많이 볼 수 있다. 이러한 문화는 직원들이 혁신하고 성장할 수 있도록 도와 최종적으로 전반적인 성과를 향상시킬 수 있다.

조직 구조도 학습과 성과를 분석하고 개선하는 데 중요한 역할을 한다. 효과적인 구조는 직원 간 협력과 의사소통을 촉진하여 학습 환경과 성과 결과에 긍정적인 영향을 미친다. 예를 들어, 잘 구성된 조직에서는 직원들이 자신의 기술과 전문성을 개발하기 위해 필요한 자원과 지원을 쉽게 얻을 수 있으며 이는 더 나은 성과로 이어진다. 반면 비효율적인 구조는 학습과 지식 공유에 장애를 일으켜 직원 성장과 생산성을 저해할 수 있다.

리더십은 조직 내 학습과 성과에 큰 영향을 미친다. 효과적인 리더는 직원 학습을 지원하고 지식 공유를 장려하며 성과를 향상시키는 전략 개발에 기여한다. 기업 HRD 컨텍스트에서 학습 기회를 적극적으로 장려하고 건설적인 피드백을 제공하며 직원의 성과를 인정하는 리더는 보다 매력적인 학습 환경을 조성할 수 있다. 결과적으로, 직원들은 개인 및 전문적인 발전에 더욱 동기부여되고, 이는 최종적으로 퍼포먼스 향상으로 이어진다.

커뮤니케이션은 조직 내 학습의 효율성과 효과성을 향상시키는 또 다른 중요한 구성 요소이다. 효과적인 커뮤니케이션은 지식 공유와 협력을 촉진하며 조직 내 학습 환경을 보다 일관성 있고 생산적으로 만든다. 예를 들어, 개방적이고 투명한 커뮤니케이션을 가치로 하는 회사에서는 직원들이 자신의 인사이트, 경험 및 최선의 실천 방법을 공유할 가능성이 더 높아져 더욱 일관된 생산적인 학습 환경을 조성할 수 있다. 이러한 정보 공유는 더 나은 의사결정, 향상된 문제해결 능력 및 증가한 혁신성으로 이어질 수 있다.

집단 단위 분석은 특히 기업 인적자원개발 분야에서 조직 내 존재하는 복잡한 관계와 상호작용을 검토하는 강력한 도구이다. 사회 구조, 권력 분배, 영향력, 정보 전달 및 협력과 같은 측면을 조명함으로써 네트워크 분석은 조직 성공을 이끄는 역학을 보다 깊이 이해할 수 있게 해준다.

집단 단위 분석이 기업 HRD에서 적용될 수 있는 한 가지 예는 조직 내에서 커뮤니케이션 흐름을 파악하는 것이다. 직원 간에 정보가 어떻게 공유되는지를 매핑하여 HRD 전문가는 효과적인 커뮤니케이션에 장애물이나 병목현상이 있는지 파악할 수 있다. 예를 들어, 조직은 특정 부서나 팀이 정보 흐름에서 격리되어 협업과 의사결정에 제약을 받을 수 있다는 사실을 발견할 수 있다. 이러한 문제를 파악함으로써 HRD 전문가는 대상 지역에 맞는 개입을 시행하여 커뮤니케이션을 강화하고 기능적인 협업을 촉진할 수 있다.

또 다른 예는 조직 내에서 비공식적인 지도자나 영향력을 가진 인물을 규명하는 것이다. 집단 단위 분석을 통해 공식적인 지도자 직위를 가지지 않더라도 동료들에게 상당한 영향력을 끼치는 개인을 발견할 수 있다. 이러한 비공식적인 지도자는 직원 몰입을 촉진하고 정보를 전달하며 조직 문화를 조성하는 데 결정적인 역할을 수행할 수 있다. 이러한 개인의 영향력을 인식하고 활용함으로써 HRD 전문가는 조직의 효율성을 향상시키고 변화 관리 프로세스를 원활하게 할 수 있다.

집단 단위 학습분석학은 조직 내 잠재적인 인재를 규명하는 데에도 도움이 될 수 있다. 직원 간의 관계를 분석함으로써 HRD 전문가는 전통적인 업적 평가로는 파악하기 어려운 숨은 기술 또는 전문 지식을 발견할 수 있다. 예를 들어, 동료에게 지속적인 지원과 안내를 제공하는 직원은 강한 리더십 역량이나 유용한 도메인 특정 지식을 가지고 있을 수 있다. 이러한 잠재적인 인재를 발견하고 육성함으로써 조직은 내부 성장과 발전을 촉진하여 최종적으로 경쟁 우위를 향상시킬 수 있다.

또한 집단 단위 학습분석학은 조직 내 협업과 지식 공유 문화를 육성하는 데 중요한 역할을 할 수 있다. 직원들 간의 협업 패턴을 조사함으로써, HRD 전문가는 지식 공유가 미흡한 영역을 규명하고, 멘토십 프로그램을 시행하거나, 크로스 기능 팀을 구성하거나, 협업 도구와 플랫폼 사용을 장려하는 등의 타깃을 명확히 설정한 개입을 설계할 수 있다.

결론적으로, 집단 단위 학습분석학은 조직의 성공에 깔린 복잡한 관계와 상호작용에 대한 소중한 통찰력을 제공한다. 사회적 구조, 권력 분포, 영향력, 정보 전달, 협업과 같은 요인들을 검토함으로써, HRD 전문가는 의사소통을 강화하고 인재 개발을 촉진하며, 협업과 지식 공유 문화를 육성하는 대상별 맞춤형 전략을 개발할 수 있다. 이를 통해 집단 단위 학습분석학은 조직의 성장과 발전을 주도하는 강력한 도구로 작용한다. 기업 HRD 환경에서 이러한 요인들을 신중히 평가함으로써, 회사는 직원 성장, 혁신, 향상된 성과를 유도하는 더욱 성공적이고 생산적인 조직을 창출할 수 있다.

개인과 집단 통합

개인 및 집단 단위의 학습분석학은 서로 보완적이며 종합적인 학습 및 성과 개선 전략을 만드는 데 함께 사용될 수 있다. 두 접근법을 통합함으로써 조직은 직원의 개인적인 학습 및 성과뿐만 아니라 전체 조직의 학습 및 성과에 대한 통찰력을 얻을 수 있다. 개인 및 집단 수준 학습의 역학을 이해하는 것은 모든 직원의 필요에 부합하고 지속적인 성장과 발전의 문화를 유지하는 효과적인 학습 생태계를 만드는 데 필수적이다.

사회적 실체인 조직 내 집단은 사회학, 심리학, 경제학 등 다양한 학문 분야에서 광범위하게 연구되었다.[8] 이러한 분야는 개인의 특성에만 초점을 맞추는 것이 아니라 개인 간의 관계와 상호작용이 행동, 학습 및 성과를 형성하는 데 중요하다는 점을 강조한다. 개인 수준 학습분석학만큼이나 중요한 집단 수준 학습분석학은 직원 간의 연결 및 이러한 연결이 그들의 학습 및 성과에 미치는 영향을 탐구한다.

기업 인적자원개발 맥락에서 개인 수준 및 집단 수준 학습분석학을 결합하면 조직에 유용한 통찰력을 제공할 수 있다. 예를 들어, 개인 수준 분석은 각 직원의 구체적인 학습 요구를 규명하여 맞춤형 교육 및 개발 프로그램을 제공하는 데 도움이 된다. 이러한 타기팅 접근 방식은 직원이 기술을 향상시키고 조직의

8) Wasserman, S. (1994). Advances in social network analysis: Research in the social and behavioral sciences. Sage.

성공에 기여할 수 있도록 필요한 지원을 받을 수 있도록 보장한다.

반면에, 집단 수준의 분석은 직원들 간의 협력과 지식 공유 패턴을 파악하여 내부 커뮤니케이션과 협업 네트워크의 강점과 약점을 파악하는 데 도움을 준다. 이러한 집단 역학을 이해함으로써 조직은 팀워크를 촉진하고 긍정적인 학습 문화를 유지하며 전반적인 조직 성과를 개선하는 데 도움이 되는 개입 전략을 디자인할 수 있다.

예를 들어 영업팀의 성과를 향상시키고자 하는 회사를 생각해보면, 개인 수준의 학습분석학을 사용하여 각 영업 직원의 강점과 약점을 평가함으로써 회사는 대상화된 교육과 지원을 제공할 수 있다. 한편, 집단 단위의 분석은 팀 내의 커뮤니케이션 패턴을 드러내어 누가 서로 잘 작업하는지, 병목 현상이나 협력 기회를 놓치는 지점이 어디에 있는지를 보여준다.

개인 단위 학습분석학은 HRD의 영역 중 개인개발(ID)에, 집단 단위 학습분석학은 조직개발(OD)에 직접적으로 기여할 수 있다.

개인 및 집단 단위의 학습분석학을 모두 사용함으로써 회사는 개인적인 발전과 팀 역학 모두를 다루는 포괄적인 전략을 만들어내어, 결국 향상된 성과와 더욱 효과적인 팀과 조직을 이끌어낼 수 있다.

학습분석학 발달 단계

학습분석학은 기업 인적자원개발에서 강력한 도구로써 직원 학습 경험을 향상시키고 전반적인 조직 성과를 향상시키는 데에 사용될 수 있다. 학습분석학의 발전 단계는 기술 분석학(descriptive analytics), 설명 분석학(explanatory analytics), 예측 분석학(predictive analytics), 그리고 처방 분석학(prescriptive analytics) 등 크게 네 가지 주요 발달 단계로 분류할 수 있다.

기술 분석학(descriptive analytics)은 말 그대로 현상을 기술(記述)하고 묘사하여 학습과 성과의 현재 상태를 탐색적으로 이해하기 위한 목적으로 초기 단계에 유용하다. 기업 HRD 분야에서 기술 분석학은 직원 성과, 학습 행동 및 교육 몰입과 관련된 데이터를 수집하고 분석하여 사용된다. 이 단계는 기존의 학습 환경을 촬영하여 HRD 전문가가 추세, 패턴 및 주목이 필요한 영역을 파악할 수 있도록 한다. 기술 통계표, 그래프, 시각화 등 기법을 주로 사용한다. 예를 들어, 회사는 기술 분석학을 사용하여 특정 교육 프로그램에 대한 직원 참여를 추적하거나 다양한 학습 자원의 효과를 평가할 수 있다.

두 번째 단계로, 설명 분석학은 학습 및 성과에 영향을 미치는 다양한 요인들 간의 인과 관계를 설명하는 데 중점을 둔다. 이 단계는 관찰된 현상에 기여하는 근본적인 원인과 주도 요인을 파악하는 것을 목표로 한다. 기업 HRD 환경에서는 설명 분석학을 통해 직원 동기, 교육 콘텐츠, 학습 전략과 같은 요인들이 학습 결과와 전반적인 성과에 어떤 영향을 미치는지 이해할 수 있다. 이러한 관계를 발견함으로써 HRD 전문가들은 학습 경험을 향상시키고 지속적인 개발 문화를 유지하기 위한 정보화된 결정을 내릴 수 있다. 설명 분석학의 예시로는 직원들의 학습 활동에 대한 몰입과 이에 이어지는 직무 성과 사이의 상관관계를 분석하는 것이 있다.

세 번째 단계인 예측 분석학은 준거 변수(criterion variable, Y)를 예측 변수(prediction variable 또는 predictor, X)를 사용하여 예측하는 것이다. 이 단계의 목표는 과거 데이터와 규명된 패턴을 기반으로 미래의 학습 및 성과 결과를 예측하는 것이다. 기업 HRD 내에서는 예측 분석학을 활용하여 직원의 성과, 기술 개발 및 잠재적인 문제를 예측할 수 있다. 이러한 인사이트는 HRD 전문가들이 잠재적인 문제를 예방하고 대상 지원을 제공하여 최종적으로 전반적인 조직 성과를 높이는 데 도움이 된다. 예를 들어, 회사는 예측 분석학을 사용하여 필수 교육 프로그램을 완료하지 못할 위험이 있는 직원을 규명하고 그들의 학습 여정을 지원하기 위한 선제적 조치를 취할 수 있다.

마지막으로, 처방 분석학은 기업의 인적자원개발을 바람직한 상태로 이끄는 대상 지향적인 조치를 제시하는 마지막 단계이다. 이전 단계에서 얻은 인사이트를 활용하여 학습 경험과 결과를 개선하기 위한 초점 대상(focal subject), 즉 학습자 지향적인 조치를 취하는 것을 목표로 한다. 기업 인적자원개발의 맥락에서는 개인 맞춤형 학습 계획을 설계하거나 교육 콘텐츠를 개선하거나 집중도와 동기 부여를 향상시키기 위한 전략을 구현하는 것이 포함될 수 있다. 처방 분석학을 활용하여 조직은 학습 환경을 적극적으로 조정하고 지속적인 개선을 추진할 수 있다. 예를 들어, 기업은 직무 역량, 학습 선호도 및 직업 포부에 기초하여 직원들을 대상으로 개인 맞춤형 학습 경로를 권장하기 위해 처방 분석학을 활용한다.

기술(記述) 분석학

기술 분석학은 기업 HRD 분야에서 매우 중요한 초기 단계로, 학습과 성과의 현재 상태에 대한 종합적인 이해를 제공하여 기존 학습 환경에 대한 스냅샷을 만드는 탐색적 활동이다. 이 단계는 직원의 성과, 학습 행동 및 교육 참여와 관련된 데이터를 수집하고 분석하여 트렌드, 패턴 및 주의가 필요한 영역을 규명한다.

기술 분석학의 주요 목표는 학습 및 개발 측면에서 조직의 현재 상황에 대한 개요를 제공하는 것이다. 이를 통해 HRD 전문가들은 학습 경험 및 전반적인 직원 성과를 개선하기 위해 설계 및 실행 개입에 대한 정보를 기반으로 결정을 내릴 수 있다.

HRD에서 기술 분석학의 주요 사용 중 하나는 교육 프로그램에 대한 직원 참여를 추적하는 것이다. 직원들이 이러한 프로그램을 어떻게 활용하는지 모니터링함으로써, HRD 전문가들은 학습 기회를 적극적으로 활용하는 직원과 추가적인 지원 또는 격려가 필요한 직원을 규명할 수 있다. 이 정보는 또한 교육 계획의 전반적인 효과를 평가하고 필요한 조정을 하여 성공을 촉진할 수 있다.

기술 분석학의 또 다른 중요한 사용 방법은 다양한 학습 자원의 효과를 평가하는 것이다. 직원들의 다른 자원과의 상호작용에 대한 수집 데이터를 분석하여, HRD 전문가들은 직장인들에게 가치 있고 매력적인 교육 자원이 무엇인지 판단할 수 있다. 이 정보는 그들이 가장 좋은 학습 도구에 액세스할 수 있도록 우선순위를 정하고 자원을 더 효과적으로 할당하는 데 사용될 수 있다.

기술 분석학에서 사용되는 분석 방법은 일반적으로 과거 데이터인 강의 수

강 완료율, 시험 성적, 교육 프로그램 참여 수준 등을 수집하고 분석한다. 이러한 데이터는 그래프, 차트, 표를 사용하여 학습 및 조직 내 퍼포먼스의 현재 상황을 명확하게 나타낼 수 있다.

설명 분석학

설명 분석학은 기업 인적자원개발 맥락에서 학습과 퍼포먼스 데이터를 분석하는 과정에서 중요한 단계 중 하나이다. 이 단계의 주요 목적은 직원 동기, 교육 콘텐츠, 학습 전략과 같은 다양한 요인들이 학습과 퍼포먼스에 미치는 인과관계를 이해하는 것이다. 이러한 요인들과 그들의 상호 연결성을 조사함으로써 HRD 전문가들은 유용한 통찰력을 얻어 정보에 기반한 의사결정을 내리고 전반적인 학습 경험을 개선할 수 있다.

설명 분석학의 주요 목적 중 하나는 관찰된 현상에 기여하는 근본적인 원인과 부수적인 요인을 파악하는 것이다. 이러한 깊은 이해는 조직이 개선이 필요한 영역을 정확히 파악할 수 있도록 도와준다. 직원 퍼포먼스에 영향을 미치는 요인들을 파악함으로써 HRD 전문가들은 특정 관심 분야를 대상으로 맞춤형 처방을 개발할 수 있다.

또한 설명 분석학은 다양한 학습 전략과 교육 콘텐츠의 효과성을 평가하는 데 유용한다. 다양한 교육 프로그램에서 수집한 데이터를 분석함으로써 HRD 전문가들은 학습을 촉진하고 퍼포먼스를 향상시키는 데 필요한 방법을 평가할 수 있다. 이 정보를 기반으로 기존 프로그램을 개선하거나 직원들의 특정 요구에 부합하는 새로운 프로그램을 개발할 수 있다.

설명 분석학은 통계 모델링, 기계학습 및 데이터 시각화 기술을 포함한 다양한 분석 방법을 사용하여 HRD 전문가들이 변수 간의 복잡한 관계를 파악하고 즉각적으로 파악하기 어려울 수 있는 추세와 패턴을 규명할 수 있도록 지원한다. 특히, 데이터 시각화 기술은 이러한 정보를 쉽게 이해할 수 있는 형식으로 제공하여 의사결정자가 핵심 인사이트를 빠르게 파악할 수 있도록 도움을 줄 수 있다.

요인들이 학습과 성과에 미치는 영향을 보다 깊이 이해할 수 있도록 하는 설명 분석학은 기업 인적자원개발에 중요한 역할을 한다. 인과 관계를 파악하는 데 초점을 맞춘 이 분석 단계는 HRD 전문가들이 정보에 기반한 결정을 내리고 지속적인 개발 문화를 촉진하는 대상적인 개입을 개발하는 데 도움을 준다. 다양한 분석 방법과 기술을 활용함으로써 조직은 유익한 인사이트를 얻어 정보에 기반한 결정을 내리고 효과적인 학습 환경을 조성하는 데 기여할 수 있다.

예측 분석학

예측 분석학은 과거 데이터를 분석하고 패턴을 파악하여 미래의 학습 및 성과 결과를 예측하는 것을 중심으로 하기 때문에 학습분석학에서 중요한 역할을 한다. 기업 인적자원개발에서도 이 측면은 전체 성과에 직접적인 영향을 미치기 때문에 중요한 역할을 한다.

기업 인적자원개발에서 예측 분석학을 적용하는 주요 목적은 직원의 성과, 기술 개발 및 잠재적인 문제를 규명하고 선제적으로 조치를 하기 위함이다. 직원의 행동을 분석하여 과거 데이터를 검토하고 패턴을 파악함으로써, HRD 전문가들은 미래의 직원 퍼포먼스에 대한 보다 깊은 이해를 얻을 수 있다. 이러한 지식은 조직이 잠재적인 문제에 대처하고 직원에게 목표에 맞는 지원을 제공하여 성장과 발전을 과학적으로 추진하고 커뮤니케이션하는 데 기여한다.

예측 분석학은 기업 인적자원개발의 맥락에서 많은 이점을 제공한다. 첫째로, HRD 전문가들은 역량 격차로 인해 개선이 필요한 영역을 정확하게 파악하여 집중적인 교육 프로그램 및 인터벤션을 개발할 수 있다. 또한, 예측 분석학은 리더십 포지션 또는 다른 중요한 역할에 적합한 잠재력 있는 직원을 규명하는 데 사용할 수 있다. 예측 분석학은 직원 이직을 예측하는 데에도 사용될 수 있으며, 이는 조직이 가치 있는 인력을 유지하기 위해 예방적인 조치를 취할 수 있도록 돕는다.

인사 분야에서 가치 있는 통찰력과 예측을 도출하기 위해 다양한 분석 방법이 활용될 수 있다. 일반적인 기법 중 하나는 회귀 분석이다. 회귀 분석을 사용하여 인사 담당자는 특정 교육 프로그램이 직원 성과에 미치는 영향이나 직원

이탈에 기여하는 요인과 같은 서로 다른 변수 간의 관계를 파악할 수 있다.

시계열 분석은 다른 예측 분석 방법으로서 점차 그 가치가 커지고 있다. 시간에 따라 수집된 데이터 포인트를 분석함으로써 인사 담당자는 직원 만족도나 이직률과 같은 다양한 인사 지표에서 추세 및 계절성 패턴을 파악할 수 있다. 이 정보는 인력 계획에 활용되어 미래의 필요성을 예측하는 데 사용될 수 있다.

기계학습 알고리즘과 인공 지능(AI) 모델은 대규모 데이터를 처리하고 새로운 정보에 적응하는 능력 때문에 예측 분석학에서 점점 더 많이 사용되고 있다. 이러한 방법은 인사 담당자가 보다 정확한 예측을 생성하고 채용 프로세스의 일부를 자동화하는 데 도움이 될 수 있다. 예를 들어 채용 후보자를 선별하거나 회사를 떠날 위험이 있는 직원을 규명하는 등의 결정 과정을 자동화할 수 있다.

결론적으로, 예측 분석학은 기업 인적자원개발 분야에서 매우 중요한 도구이다. 이의 주요 목적은 과거 데이터를 분석하고 정교한 분석 기술을 활용하여 미래 직원 성과, 기술 개발 및 잠재적인 문제를 예측하는 것이다. 예측 분석학은 HRD 전문가들에게 데이터 기반 인사이트에 기반한 더욱 정보화된 결정을 내릴 수 있는 분석 방법을 제공한다. 회귀 분석, 시계열 분석, 기계학습 알고리즘 및 AI 모델과 같은 기술을 활용함으로써 HR 부서는 정보적 가치가 있는 추세와 인과적 관계를 파악하여 미래 의사결정 프로세스에 반영할 수 있다. 결과적으로, 조직은 자원 할당을 최적화하고 직원의 참여를 향상시키며 미래 계획에 대비할 수 있다.

처방 분석학

처방 분석학은 학습분석학의 최종 단계로, 기업의 인적자원개발 담당자에게 바람직한 상태를 위한 지도와 권고를 제공하는 것을 목적으로 한다. 이 접근 방식은 이전 학습분석학 단계에서 얻은 통찰과 데이터를 활용하여, 학습 경험과 결과를 개선할 수 있는 대상적인 조치를 제안한다. 처방 분석학은 조직이 학습 환경을 적극적으로 조정하여 지속적인 개선을 이루고 더욱 효과적이고 효율적인 업무 인력을 육성할 수 있도록 돕는다.

처방 분석학의 주요 목표는 학습 환경에서 특정 개선 영역에 대한 개입을 설계하고 구현하는 것이다. 이를 위해 데이터를 분석하고 패턴을 규명하여 학습자가 목표를 보다 효율적으로 달성할 수 있도록 학습자 지향적인 조치를 탐색한다. 예를 들어, 처방 분석학은 맞춤형 학습 계획을 디자인하거나, 훈련 콘텐츠를 개선하거나, 직원들의 몰입과 동기를 높이기 위한 전략을 시행하는 데 활용될 수 있다.

처방 분석학은 기계학습 알고리즘, 예측 모델링, 데이터 시각화 도구 등을 활용하여 개선할 영역을 파악하고 정교한 처방과 인터벤션을 설계하는 다양한 분석적 방법을 사용한다. 이러한 방법을 통해 대규모 데이터 세트에서 패턴과 통찰력을 규명하여 학습자의 요구를 지원하고 목표 달성을 위한 데이터 기반의 결정을 내리는 데 도움을 준다.

기업의 인사개발 분야에서 처방 분석학은 교육 및 개발 프로그램을 최적화하고 직원의 성과를 촉진하기 위해 활용될 수 있다. HRD 전문가들은 특정 개선 영역에 대한 개입을 설계함으로써 더욱 개인화되고 효과적인 학습 환경을 만들어 직원의 참여도, 만족도, 수료율을 개선할 수 있다.

처방 분석학은 결과를 단순히 예측하는 것이 아니라, 현재 상황을 개선하고 미래를 긍정적인 방향으로 이끌어 가기 위해 의도적으로 개입하는 것을 목표로 하는 전략적 접근 방식이다. 처방 분석학을 포함한 학습분석학의 핵심이자 궁극적 목표는 미래의 예측을 고정된 것으로 보지 않고, 의도적인 개입을 통해 미래를 바꿀 수 있다는 점이다. 이러한 의지적 활동은 현실적인 목표와 계획을 수립하고, 필요한 조치를 취하여 예측된 결과를 긍정적으로 바꾸는 데 도움이 된다. 이를 통해, 학습분석학은 미래의 불확실성을 줄이고, 더 나은 결과를 이루기 위해 노력하는 전략적 접근 방식이 된다. 아이러니하게도, 학습분석학의 예측 분석학은 처방 분석학의 성공을 통해 "긍정적 방향으로의 오류로 판명되는 것"을 목표로 한다.

데이터 수집 환경

테크놀로지 기반 학습과 사이버물리 시스템의 맥락에서 데이터 수집의 모달리티는 두 학습 환경 간의 근본적인 차이 때문에 다르다. 테크놀로지 기반 학습은 전적으로 사이버 공간에서 이루어지는 학습 모드를 의미하며, 사이버물리 시스템[9]은 사이버와 물리 공간을 결합한 융합학습 모드를 나타낸다.

테크놀로지 기반 학습 환경에서 데이터 수집의 주요 목적은 학습자의 디지털 자료 상호작용과 온라인 행동을 추적하는 것이다. 이는 일반적으로 디지털 플랫폼과 소프트웨어 시스템을 통해 달성되며, 특정 작업에 소요된 시간, 퍼포먼스 지표 및 몰입 수준과 같은 다양한 지표를 수집한다. 이러한 데이터를 분석함으로써 교수자는 학습자의 장단점을 파악하여 학습 경험을 최적화하고 더 나은 학습 결과를 이끌어 낼 수 있다.

반면, 사이버물리 학습 환경에서 데이터 수집은 학습자가 물리적 개체, 장비 및 다른 실제 시스템과 상호작용하는 것에 중점을 둔다. 이는 센서 및 기타 물리적 장치를 통해 학습자의 도구, 기계 및 장비 사용, 그리고 다른 학습자 및 교수자와의 상호작용을 추적하여 달성된다. 이러한 데이터를 수집함으로써 교수자는 가상 및 물리 공간에서의 학습자의 퍼포먼스와 몰입 수준에 대한 보다 포괄적인 이해를 얻을 수 있다.

e러닝 및 사이버물리 시스템에서 수집된 데이터의 활용은 다양하다. e러닝

9) 사이버물리시스템(Cyber-Physical Systems, CPS)은 컴퓨터 시스템과 물리 시스템이 상호작용하는 복합 시스템이다. 이러한 시스템은 실시간 정보를 수집, 처리, 분석하고, 물리적인 프로세스에 영향을 주는 결정을 내리기 위해 그 정보를 사용한다. 사이버물리시스템은 컴퓨터 과학, 인공지능, 제어 이론, 센서 네트워크, 인터넷 등 다양한 기술을 활용한다.
사이버물리시스템의 목적은 물리적 세계와 디지털 세계 간의 연결을 통해 자동화, 효율성, 안정성, 그리고 생산성을 향상시키는 것이다. 다양한 산업 분야에서 사이버물리시스템이 활용되고 있으며, 스마트 그리드, 로보틱스, 자율 주행 자동차, 의료 기기, 스마트 빌딩, 스마트 시티 등의 분야에서 중요한 역할을 하고 있다.
사이버물리시스템은 또한 산업 혁명의 한 축을 담당하고 있는 사물인터넷(Internet of Things, IoT) 기술과 밀접한 관련이 있다. IoT는 물리적 세계의 사물들이 인터넷에 연결되어 상호작용하고 정보를 주고받는 기술이다. IoT 기술과 결합하여 사이버물리시스템은 더욱 발전하고, 산업과 일상생활에 깊은 영향을 미치고 있다.

환경에서는 데이터를 활용하여 맞춤형 피드백 제공, 개선이 필요한 영역 규명 및 효과적인 학습 전략을 유도하여 학습 경험을 최적화할 수 있다. 사이버물리 시스템에서는 데이터를 활용하여 장비 및 도구 등 물리적 자원의 사용을 최적화하고, 협력과 사회적 학습을 촉진하는 학습 활동을 디자인할 수 있다.

e러닝 환경에서 사용되는 분석 방법은 대개 데이터 마이닝 및 기계학습 기법을 포함하며, 학습자의 행동 패턴을 규명하고 미래의 성과를 예측하는 데 사용된다. 사이버물리 시스템에서 데이터 분석은 통계 분석 및 기계학습 기법과 함께 시뮬레이션 및 기타 모델링 도구의 사용을 조합하여 이루어질 수 있다. 회사에서 사이버물리 시스템(CPS)의 채택이 증가함에 따라, 실용적이고 맥락에 맞는 분석 기술이 비간섭적 분석학으로 빠르게 확장되고 있다.

결론적으로, e러닝 및 사이버물리 시스템에서 데이터 수집의 모달리티는 학습 환경의 고유한 특성으로 인해 근본적으로 다르다. e러닝 환경은 디지털 상호작용에 초점을 두는 반면, 사이버물리 학습 생태계는 디지털 및 물리적 상호작용을 모두 포함한다. 이러한 환경에서 수집된 데이터는 학습자의 성과 및 몰입 수준에 대한 유용한 통찰력을 제공하여 교수자가 학습 경험을 최적화하고 더 나은 학습 결과를 도출할 수 있도록 도와준다.

비간섭적 분석학(non-interruptive analytics)은 인간 자원 개발(HRD)과 같은 맥락에서 사용되는 분석 기법 중 하나이다. CPS(Cyber-Physical System) 기반 HRD 맥락에서 비간섭적 분석학은 학습자나 교육자의 활동에 직접 개입하지 않고 데이터를 수집하고 분석하는 방식을 의미한다. 이 방식은 실시간으로 학습 환경에서 발생하는 데이터를 수집하여 학습자의 성과, 진전 및 직무 적용성과를 평가하고 개선하는 데 사용될 수 있다.

비간섭적 분석학의 주요 장점은 학습자의 자연스러운 상호작용을 방해하지 않으면서 데이터를 수집하고 분석할 수 있다는 것이다. 이를 통해 HRD 전문가들은 학습자들의 행동, 성과 및 동기를 이해하고 적절한 피드백과 지원을 제공할 수 있다. 이러한 접근 방식은 학습자들의 학습경험과 성과를 개선하는 데 도움이 될 수 있으며, 교육 및 훈련 프로그램의 효과성을 증가시킬 수 있다.

사이버물리 시스템은 물리적 시스템과 사이버 시스템을 결합하여 센서, 네트워크, 소프트웨어 및 실시간 데이터 수집 및 분석을 활용하여 효과적인 의사결정을 지원한다.[10)]

사이버물리 시스템의 주요 목적은 실시간으로 데이터를 수집하고 분석하여 성능을 최적화하는 것이다. 이러한 데이터 수집은 문제가 발생하기 전에 문제를 규명하고 예측하여 위험을 완화하고 다운타임을 줄이는 데 도움이 된다. 또한, 사이버물리 시스템은 반복적인 작업 및 프로세스의 자동화를 가능하게 하여 직원들이 복잡하고 고부가가치 활동에 집중할 수 있도록 돕는다.

사이버물리 시스템의 분석 기술에서의 활용은 제조, 운송 및 물류와 같이 실시간 모니터링 및 의사결정이 필요한 산업에서 특히 유용하다. 예를 들어, 사이버물리 시스템은 재고 수준, 발송 추적 및 배송 시간에 대한 실시간 데이터를 제공하여 기업이 운영을 최적화하는 데 도움이 될 수 있다.

사이버물리 시스템 기반 분석에서 사용되는 분석 방법에는 기계학습, 인공지능, 예측 분석학이 포함된다. 이러한 방법들은 대량의 데이터를 분석하여 패턴과 추세를 파악하고, 미래 결과를 예측하며, 비즈니스 운영에 대한 인사이트를 제공하는 데에 이용된다.

결론적으로, 사이버물리 시스템의 보급은 기업들이 운영을 최적화하는 데에 도움이 되는 실용적이고 비간섭적인 분석을 개발하는 기초를 제공한다. 사이버물리 시스템은 물리적 및 사이버 시스템을 결합하여 실시간 데이터를 수집하고 분석함으로써 효과적인 의사결정과 위험 감소를 가능하게 한다. 기계학습 및 예측 분석학과 같은 분석 방법은 대량의 데이터에서 가치 있는 인사이트를 추출하여 기업이 패턴과 추세를 파악하고 미래 결과를 예측하는 데에 도움을 줄 수 있다.

---

10) Wang, J., Ma, Y., Zhang, L., Gao, R. X., & Wu, D. (2018). Deep learning for smart manufacturing: Methods and applications. Journal of Manufacturing Systems, 48, 144–156.

Chapter

02

데이터 기반 접근 vs 이론 기반 접근

빅 데이터는 교육을 비롯한 여러 분야에서 새로운 연구 기회를 열어주었다. 연구자들은 이제 다양한 출처에서 대량의 데이터에 액세스하여 학습 과정과 결과에 대한 통찰력을 얻을 수 있다. 빅 데이터를 분석하는 두 가지 주요 연구 접근 방법은 데이터 기반 접근과 이론 기반 접근이다.

데이터 기반 접근은 대규모 데이터 세트에서 패턴과 관계를 추출하기 위해 통계 및 기계학습 기술을 사용하는 것에 초점을 맞춘다. 이 접근 방식은 탐색적인 성격을 가지고 있으며, 연구자들이 사전에 예상하지 못한 패턴을 발견할 수 있도록 한다. 데이터 기반 접근은 학습자들의 행동과 성적에서 추세, 상관관계 및 패턴을 규명함으로써 효과적인 학습 전략 및 개선할 수 있는 영역을 파악하는 데 유용한 통찰력을 제공한다.

데이터 기반 과학에 대한 논의의 철학적 기원은 과학 철학자 Carnap에게서 찾을 수 있다. Carnap는 현상의 온톨로지적 정량화 과정에서 경험적 증거의 사용에 대해 논의하였다. 그는 과학 이론이 관측 가능한 데이터에 기초해야 하며, 이 데이터를 사용하여 현상에 대한 우리의 이해를 시험하고 정제할 수 있다고 주장한다. 정량화 과정에 경험적 증거를 통합함으로써 과학자들은 그들의 이론이 논리적으로 일관되는 동시에 경험적으로도 적절함을 보장할 수 있다.[1] 그의 이러한 주장은 "(심리적인 것이든, 사회적인 것이든) 무엇인가가 존재한다면 그것은 고유한 양으로써만 존재 가능하다"는 문구로 요약될 수 있다.[2] 그의 주장에 따르면 빅 데이터 분석학으로, 물론 제대로 수집·분석되었을 경우에 한하여, 현상의 실체를 밝혀낼 수 있다.

반면, 이론 기반 접근은 확립된 이론적 틀과 모델에 기초한다. 이론 기반 접근은 인과 관계를 규명하고 학습의 기본 메커니즘에 대한 보다 깊은 이해를 제공한다. 이 접근 방식은 학습 결과에 기여하는 요인을 규명하고 학습자들이 서로 다른 개입에 어떻게 반응할지 예측하는 데 특히 유용하다.

1) Carnap, R. (2012). An introduction to the philosophy of science. Courier Corporation.
2) Carnap, R. (1950). Empiricism, semantics, and ontology. Revue internationale de philosophie, 20–40.

데이터 중심과 이론 중심의 연구 접근 방식은 각각 다른 강점을 가지고 있지만, 이를 결합하면 보다 포괄적이고 견고한 인사이트를 얻을 수 있다. 예를 들어, 이론 기반 접근은 데이터를 분석하고 가설을 도출하는 데에 프레임워크를 제공할 수 있으며, 데이터 기반 접근은 이러한 가설을 검증하는 역할을 맡는다.[3] 이러한 접근 방식을 결합하면 학습 과정에서 다양한 변수 간의 복잡한 관계에 대한 더욱 세부적인 이해를 얻을 수 있다.

또한, 데이터 중심과 이론 중심의 연구 접근 방식은 질적 연구와 같이 인식론적 배경이 서로 다른 연구 방법과도 결합하여 사용할 수 있다. 질적 연구는 학습자의 주관적 경험에 대한 풍부한 인사이트를 제공하여 연구자들이 학습 과정에 대한 전반적인 이해를 얻을 수 있도록 돕는다.

결론적으로, 데이터 중심과 이론 중심의 연구 접근 방식은 대용량 데이터를 활용하여 고유한 연구 기회를 제공한다. 데이터 기반 접근은 패턴과 상관 관계를 파악하는 데 도움이 되며, 이론 기반 접근은 학습의 근본적인 매커니즘에 대한 보다 심층적인 이해를 돕는다. 이러한 접근 방식을 결합하면 보다 견고하고 포괄적인 인사이트를 얻을 수 있으며, 교수자, 교수설계자, HRD 전문가 및 정책 결정자들이 학습 결과를 개선하기 위해 필요한 중요한 정보를 제공한다.

데이터 기반 접근

최근 들어 분석 가능한 데이터의 양과 다양성이 지속적으로 증가하면서, 데이터 기반 접근이 점점 더 중요해지고 있다. 이 연구 방식은 대규모 데이터 세트를 활용하여 전통적인 방법으로는 발견하기 어려웠던 패턴, 관계, 추세를 파악하는 것을 의미한다. 빅 데이터의 힘을 활용함으로써 데이터 기반 접근은 새로운 발견과 인사이트를 이끌어 내고, 의사결정을 개선하며, 제품과 서비스를 맞춤화하고, 미래 예측을 가능케 한다.

3) Kitchin, R. (2014). Big Data, new epistemologies and paradigm shifts. Big data & society, 1(1), 2053951714528481.

데이터 기반 접근의 주요 목표 중 하나는 새로운 패턴과 관계를 발견하는 것이다. 대규모 데이터 세트를 분석함으로써, 연구자들은 이전에는 알려지지 않았던 변수 간 연결성이나 추세를 파악할 수 있다. 이는 새로운 인사이트와 발견을 이끌어내어 새로운 가설과 이론 개발에 기여할 수 있다. 데이터 기반 접근의 기저에는 그동안 인류 문명 빌전을 이끌어 온 과학적 이론의 시대는 빅 데이터 시대를 맞아 종언을 고할 것이라는 Anderson의 도발적 주장[4)]의 논거가 깔려 있다.

데이터 기반 접근의 또 다른 중요한 목표는 의사결정 개선이다. 데이터 기반 의사결정은 기존의 직관적인 의사결정 방식과는 달리, 데이터에 기반하여 합리적이고 객관적인 결정을 내리는 것을 목표로 한다. 대규모 데이터 세트에 포함된 정보를 활용함으로써, 조직은 자원 할당, 제품 개발, 그리고 기타 핵심 분야에서 더 나은 의사결정을 할 수 있다. 이는 효율성 향상, 개선된 결과 및 고객의 요구와 선호도에 대한 더 나은 이해에 도달할 수 있다.

개인화와 맞춤화는 데이터 기반 접근이 큰 영향을 미칠 수 있는 또 다른 분야이다. 특정 그룹 또는 개인 내부의 패턴과 선호도를 분석하여 기관은 고객 또는 사용자의 요구를 더 잘 충족시킬 수 있는 콘텐츠, 상호작용 및 학습경험을 제공할 수 있다. 이는 학습자의 만족도, 동기 및 몰입도를 증가시킬 수 있다. 예를 들어, HRD는 학습자의 학습 이력, 검색 기록, 브라우징 패턴 등을 분석하여 개인의 취향과 관심사를 파악하고, 이를 바탕으로 맞춤형 콘텐츠를 추천할 수 있다. 이는 학습자의 몰입도를 높이고, 서비스 이용 경험을 개선하는 데 도움이 된다.

예측은 데이터 기반 접근을 적용할 수 있는 핵심 분야이다. 과거 데이터의 패턴과 추세를 규명하여 연구자는 높은 정확도로 미래 결과를 예측할 수 있는 모델을 개발할 수 있다. 이는 특히 저성과 학습자의 조기 규명에서 유용할 수 있으며 미래 학습활동과 성과를 예측하여 개인 및 기관이 보다 정보화된 결정을 내릴 수 있도록 도와준다. 기업이 미래 학습 동향을 예측하여 HRD 전략을 수립하는 데도 활용된다. 예를 들어, 콘텐츠 홍보 전략을 수립할 때 예측 모델을 사

4) Anderson, C. (2008). The end of theory: The data deluge makes the scientific method obsolete. Wired magazine, 16(7), 16–07.

용하여 잠재학습자의 선호 패턴과 선호도를 예측하고, 이를 바탕으로 콘텐츠 개발 및 마케팅 전략을 수립할 수 있다.

분석 방법 측면에서 데이터 기반 접근은 데이터 수집, 정제, 분석 및 시각화에 대한 다양한 기술과 도구에 의존한다. 이는 통계적 방법, 기계학습 알고리즘, 데이터 마이닝 및 자연어 처리 등이 포함될 수 있다. 통계적 방법은 데이터 분석에서 가장 기본적이면서도 중요한 방법 중 하나이다. 이를 통해 데이터의 분포, 상관관계, 예측 등을 분석할 수 있다. 기계학습 알고리즘은 데이터에서 패턴을 자동으로 학습하여 예측 모델을 만드는 데 활용된다. 이를 통해 데이터에서 인사이트를 발견하고, 미래 결과를 예측할 수 있다. 데이터 마이닝은 대규모 데이터 세트에서 유의미한 패턴을 발견하고, 이를 통해 인사이트를 도출하는 기술이다. 이를 통해 데이터에서 숨겨진 정보를 발견하고, 이를 바탕으로 보다 신뢰할 수 있는 의사결정을 내릴 수 있다. 자연어 처리는 텍스트 데이터에서 유의미한 정보를 추출하고, 이를 바탕으로 분류, 예측, 요약 등 다양한 작업을 수행하는 기술이다. 이를 통해 대량의 텍스트 데이터에서 인사이트를 도출할 수 있다.

데이터 기반 접근

데이터 기반 접근은 해당 분야의 문제 해결과 지식 기반에 기여할 수 있는 방식으로 복잡한 데이터 세트에서 인사이트를 추출하는 강력한 방법론이다.

이를 위해 연구자는 구체적인 연구 문제를 가장 먼저 정해야 한다. 앞으로도 강조할 것이지만 문제를 느끼고 만들고 정의하는 작업은 인간의 몫이다. 문제는 모종의 결핍, 또는 바람을 가진 욕망의 주체만이 느낄 수 있고 해결하고 싶어하고 그렇지 못할 때 고통을 느끼는, 인간이 스스로 만들어낸 피조물이다. 욕망이 없는 어떤 통계 기법, 인공지능도 스스로 문제를 만들지 못한다. 그들의 존재이유는 솔루션을 보다 그럴듯하게, 보다 많이, 보다 빠르게 인간에게 제안하는데 있다.[5] 선택은, 그리고 그 귀결에 대한 책임은 인간의 몫으로 남는다. 따라서 학

5) Popper, K. (1959). The Logic of Scientific Discovery, reprinted (2004) by Routledge. New York.

습분석학이든 교수체제설계이든 HRD이든, 연구자이든 설계자이든 개발자이든, 모든 체제적 접근의 첫 단계는 문제를 느끼고 이를 정교화하고 이해 관계자와 커뮤니케이션하는 일이다.

이후 데이터 수집, 처리, 분석 및 결과 해석을 위한 구조적인 절차를 따르는 것이 필요하다. 구조적 절차의 첫 번째 단계인 데이터 전처리 단계에서는 원시 데이터(raw data)의 노이즈 제거, 결측치 처리, 데이터 정규화 등을 수행하여 데이터를 정리하고 가공한다. 이후 데이터 통합, 집계, 시각화 등의 방법을 사용하여 데이터를 유의미하게 표현한다. 이 과정의 목적은 데이터를 분석 알고리즘이나 모델이 효과적으로 분석할 수 있는 형식으로 만드는 것이다.

데이터 처리 및 준비가 완료되면, 두 번째 단계에서는 통계 기법, 기계학습 알고리즘 또는 기타 분석 방법을 사용하여 중요한 관계와 동향을 규명하기 위해 데이터를 분석하고 모델링한다. 이 단계의 목적은 연구 문제에 대한 인사이트를 제공하는 데이터의 패턴과 상관관계를 발견하는 것이다. 분석 결과를 시각화하여 전문가와 비전문가 모두가 이해하기 쉽도록 커뮤니케이션한다. 시각화를 통해 데이터의 패턴과 관계를 더욱 직관적으로 파악할 수 있으며, 이를 바탕으로 의사결정을 내리는 데 도움이 된다. 나는 분석을 시작할 때 일단 여러 종류의 산포도(scatterplot)를 그린 다음 두서없이 들여다본다. 수십 가지의 다양한 산포도를 큰 종이에 출력한 후 연구소 바닥에 가득 펼쳐 놓고 동료교수, 대학원생들과 밟고 다니며 숨겨진 패턴에 대해 브레인스토밍했던 적도 있다. 이때 얻은 직관이 인사이트를 제공한 경우도 많았다. R[6]은 다양하고 영리한 시각화 기능을 갖고

Gadamer, H. G. (1975). Truth and Method, revised second edition, trans. J Weinsheimer & DG Marshall, Bloomsbury Academic, London, original work published.

6) R은 데이터 분석 및 통계 분야에서 많이 사용되는 프로그래밍 언어이며, R 패키지는 이러한 분야에서 데이터 분석을 수행할 때 사용되는 도구와 라이브러리를 제공한다. R 패키지는 다양한 분야에서 사용되며, 통계 분석, 기계학습, 데이터 시각화, 자연어 처리, 금융 분석 등 다양한 분야에서 사용된다. R 패키지는 수많은 라이브러리와 함수를 제공하며, 이를 통해 사용자는 복잡한 분석을 쉽게 수행할 수 있다. R 패키지는 R의 장점인 오픈 소스, 무료 및 커뮤니티 기반 개발을 지원한다는 점이다. 이를 통해 사용자는 새로운 기능 및 개선된 기능을 빠르게 공유하고, 커뮤니티의 지식과 경험을 활용할 수 있다.
R은 데이터 시각화 분야에서 강력한 기능을 제공하는 다양한 패키지들을 보유하고 있다.

있어 이런 작업에 유용하다.

마지막으로, 연구자는 분석 중에 규명된 패턴과 관계를 해석하여 해결책과 인사이트를 도출한다. 이 과정은 발견된 결과를 기존 지식과 연결하거나 결과의 실용적인 영향을 평가하거나 추가적인 연구를 제안하는 것이다. 이 단계의 목적은 데이터로부터 얻은 인사이트를 의사결정에 활용하거나 새로운 이론을 개발하거나 특정 현상에 대한 이해를 개선하는 것이다.

결론적으로, 데이터 기반 접근은 구체적인 문제를 해결하고 해당 분야의 지식 기반에 기여하는 방식으로 복잡한 데이터 세트에서 인사이트를 추출하는 강력한 방법론이다. 연구 문제를 규명하고 데이터 수집, 처리, 분석 및 결과 해석에 대한 구조적인 절차를 따르면 연구자는 의사결정에 유용한 인사이트를 얻을 수 있으며, 이해를 개선하고 혁신을 주도할 수 있다.

반복 분석(iterative analysis)

반복 분석은 새로운 정보와 통찰력이 발견됨에 따라 분석 방법을 조정하고 개선할 수 있는 데이터 주도 연구의 중요한 구성 요소이다.[7] 연구 질문, 데이터 출처 및 분석 기술을 지속적으로 개선함으로써, 연구자는 강력한 이론적 기반이

이를 통해 사용자는 데이터의 패턴 및 트렌드를 시각적으로 파악하고, 다양한 그래프 및 차트를 생성하여 데이터의 특성을 더욱 잘 이해할 수 있다. R의 대표적인 시각화 패키지로는 “ggplot2”, “lattice”, “plotly”, “ggvis”, “Shiny” 등이 있다.
“ggplot2”: Grammar of Graphics를 기반으로 한 고급 시각화 패키지로, 데이터의 분포와 패턴을 파악하기 위한 그래프 및 차트를 다양하게 생성할 수 있다. 예를 들어, 막대 그래프, 점 그래프, 상자 그림, 히스토그램 등을 생성할 수 있다.
“lattice”: 다중 변수의 분포와 상관 관계를 파악하기 위한 그래프 및 차트를 생성할 수 있는 패키지이다. 예를 들어, 산점도 행렬, 병렬 좌표계 그래프, 히트맵 등을 생성할 수 있다.
“plotly”: 대화형 그래프 및 차트를 생성하는 패키지이다. RStudio에서 제공하는 “ggplotly” 함수를 사용하여 ggplot2에서 생성한 그래프를 대화형 그래프로 변환할 수 있다.
“ggvis”: ggplot2의 개선된 버전으로, 데이터 시각화를 위한 인터랙션 기능이 추가되어 있다. 예를 들어, 마우스 호버링, 클릭 등의 인터랙션 기능을 추가할 수 있다.
“Shiny”: 웹 애플리케이션을 생성하는 패키지로, R을 사용하여 데이터를 시각화하고, 이를 웹 브라우저에서 인터랙티브하게 제공할 수 있다.
이 외에도 다양한 시각화 패키지들이 있으며, 사용자의 목적에 따라 선택하여 활용할 수 있다.

7) Lakatos, I. (1978). Science and pseudoscience. Philosophical papers, 1, 1–7.

없어도 대용량 데이터에서 가치 있는 통찰력을 도출할 수 있다.

반복 분석은 데이터 수집, 분석 및 개선의 주기적인 과정을 포함한다. 초기 연구 질문이 수립되고, 다양한 출처에서 데이터가 수집된다. 그런 다음 분석 기술을 사용하여 데이터를 분석하고, 통찰을 얻는다. 이러한 통찰은 연구 주기의 이후 반복에서 사용되는 연구 질문과 분석 방법을 개선하는 데 사용된다.

반복 분석의 장점 중 하나는 초기 연구 질문에서 나타나지 않았을 수도 있는 예상치 못한 통찰력을 발견할 수 있다는 것이다. 반복적으로 데이터를 수집하고 분석함으로써, 연구자는 처음에는 명백하지 않았던 패턴과 관계를 규명할 수 있다.

또한 반복적인 연구는 데이터로부터 도출된 가설과 이론을 검증하고 개선할 수 있는 기회를 제공한다. 연구자들은 인사이트를 도출하면서 새로운 가설과 이론을 개발할 수 있으며, 이를 추가적인 데이터 수집과 분석을 통해 검증할 수 있다.

반복 분석을 수행함으로써 얻을 수 있는 또 다른 이점은 다양한 데이터 소스와 분석 방법을 탐색할 수 있다는 것이다. 동일한 데이터 세트에 대해 다른 분석 기법을 테스트함으로써 연구자들은 인사이트를 생성하는 가장 효과적인 방법이 무엇인지 규명할 수 있다. 마찬가지로, 다양한 소스에서 데이터를 수집함으로써 연구자들은 단일 데이터 소스에서는 발견할 수 없는 패턴과 관계를 규명할 수 있다.

반복 분석은 데이터로부터 인사이트를 도출하는 강력한 접근 방법이다. 연구 문제, 데이터 소스, 분석 기법을 지속적으로 개선함으로써, 연구자들은 예상치 못한 인사이트를 발견하고 가설과 이론을 검증하며, 다양한 데이터 소스와 분석 방법을 탐색할 수 있다. 이러한 접근 방식은 강력한 이론적 기반이 부족한 경우에 가치 있는 인사이트를 생성할 수 있게 해준다.

데이터 분석을 위해 사전에 절차와 방법을 정하고 시작하지만, 분석 과정에서 새로운 아이디어가 늘 생겨나기 때문에 항상, 그리고 자주 반복 분석을 하게 된다.

나는 데이터 전처리 작업을 '데이터를 주무른다'라고 표현한다. 마치 진흙을 주물러 그릇의 형상을 빚어 가듯, 그 과정에서 눈과 머리뿐 아니라 손으로 느껴지는 흙의 감촉이 새로운 아이디어를 만들어 내듯, 데이터는 자주 주물러야 유용하고 우아한 정보로 빚어낼 수 있다. 나는 탁월한 분석가는 통계학이나 컴퓨터공학의 지식인이라기보다 데이터를 주물러 창의적 작품을 만들어가는 장인에 가깝다고 생각한다. 데이터 접근은 알고리즘과 컴퓨팅 파워로 계산되는 것이 아니라, 장인의 손맛과 암묵지에 의해 빚어진다.

데이터 접근의 한계

데이터 기반 접근은 기존 이론적 구조에 맞지 않을 수 있는 예상치 못한 상관관계와 연관성을 포함하여 흥미로운, 즉 예상을 보기 좋게 뒤집어 놓는, 결과물을 제공할 수 있다는 잠재력이 있다.[8] 그러나 이는 이론적 구조가 충분하지 않은 경우, 복잡하고 신기한 현상, 편향 및 혼란 요인, 그리고 다양한 해석을 포함하는 잡담으로 흩어져 버리고 만다.[9]

이론적 구조를 안내할 수 있는 포괄적인 이론적 구조가 없는 첨단 분야나 연구가 제한적인 경우, 데이터 기반 접근은 새로운 이론이나 가설의 개발에 도움이 되는 새로운 패턴과 관계를 규명하는 데 도움이 될 수 있다.[10] 대용량 데이터를 생성하는 환경 및 과정의 복잡성은 기본적인 메커니즘 또는 인과 관계를 규명하는 것을 어렵게 만들 수 있다.[11] 또한 일부 연구 문제의 신기함(novelty)은 기존 이론이 관찰된 패턴과 연관성을 충분히 포착하지 못할 수 있다는 것을 의미한다.

---

8) Bentley, R. A., O'Brien, M. J., & Brock, W. A. (2014). Mapping collective behavior in the big-data era. Behavioral and Brain Sciences, 37(1), 63-76.

9) Davenport, T. (2014). How strategists use "big data" to support internal business decisions, discovery and production. Strategy & leadership, 42(4), 45-50.

10) Blei, D. M., & Smyth, P. (2017). Science and data science. Proceedings of the National Academy of Sciences, 114(33), 8689-8692.

11) Dhar, V. (2013). Data science and prediction. Communications of the ACM, 56(12), 64-73.

특히 탐색적으로 수행되는 데이터 기반 접근은 편향(bias) 및 혼란 요인(confounding factor)에 민감하게 반응하여 명확한 이론적 설명이 없는 가짜 상관관계(spurious correlation) 또는 유사연관성을 유발할 수 있다. 가짜 상관관계란 두 변수 간에 상관관계가 있는 것처럼 통계적으로는 분석되지만, 실제로는 서로 관련이 없는 경우를 말한다. 이러한 상황은 우연에 의해 발생하거나, 또는 제3의 변수, 즉 혼란 요인에 의해 영향을 받는 경우가 있다. 예를 들어, 한 지역의 아이스크림 판매량과 범죄 발생률이 상관관계가 있는 것으로 나타날 수 있다. 그러나 실제로는 이 둘 간에 직접적인 원인–결과 관계가 없을 수 있으며, 이러한 상관관계는 두 변수를 각각 영향을 끼치는 제3의 변수(예를 들어, 짜증을 유발하는 무더운 날씨)에 의해 영향을 받는 것일 수 있다. 가짜 상관관계를 피하기 위해서는 두 변수 간의 원인–결과 관계를 명확히 이해하고, 혼란 요인을 고려하여 분석해야 한다. 이를 통해 실제로 상호작용하는 변수를 식별하고, 잘못된 결론을 내리는 것을 방지할 수 있다.

데이터 기반 접근에서 규명된 패턴과 관계에 대해 때로 여러 가지 해석이 가능한 경우가 있다. 이는 데이터의 복잡성과 다양성으로 인해 발생하며, 이러한 다양한 해석의 창발은 분석의 결과에 대한 이해를 깊이 있게 하기 위해서 필요한 요소이기도 하다.[12)] 또한, 데이터 기반 접근에서는 분석 결과가 기존의 이론적 구조와 일치하지 않을 수도 있다. 이는 분석에서 고려하지 않았던 변수나 다른 외부 요인들이 결과에 영향을 끼칠 수 있기 때문이다. 따라서, 데이터 기반 접근에서는 분석 결과를 단순히 수치나 그래프로 해석하는 것이 아니라, 다양한 해석 가능성을 고려하고 분석 결과를 정확하게 이해하고 해석하기 위해 노력해야 한다. 이를 위해 분석의 목적과 관련된 이론적 구조와 분석 결과를 비교하고, 다른 외부 요인들을 고려하는 것이 중요하다.

이러한 도전과 난관에도 불구하고, 데이터 기반 접근은 특히 첨단 또는 미개척 분야에서 지식을 발전시키는 데 유용할 수 있다. 연구자는 흥미롭고 예기치

12) Kellert, S. H., Longino, H. E., & Waters, C. K. (2006). Scientific Pluralism. University of Minnesota Press.

않은 결과를 규명함으로써 새로운 가설을 도출하고, 추가 연구를 자극함으로써 새로운 이론의 개발 또는 기존 이론의 개선을 이끌어 낼 수 있다. 또한 데이터 기반 접근과 이론 기반 접근의 통합은 조사 대상 현상에 대한 보다 견고하고 포괄적인 이해를 제공함으로써 이러한 도전 중 일부를 해결하는 데 도움이 될 수 있다.

결론적으로, 데이터 기반 접근은 기존 이론적 프레임워크에 도전하는 흥미로운 결과물을 생산할 수 있다. 이는 현상의 복잡성과 참신성, 그리고 편견과 다중 해석 가능성으로 인해 도전을 제기하지만, 데이터 기반 접근은 특히 첨단 또는 미개척 분야에서 지식을 발전시키는 데 유용한 도구이다. 데이터 기반 접근과 이론 기반 접근을 통합함으로써, 조사 대상 현상에 대한 보다 포괄적인 이해를 얻을 수 있다.

이론 기반 접근

이론의 역할

이론은 연구에서 결정적인 역할을 하며, 연구 문제의 선택, 연구 설계 및 연구 결과의 해석을 지도하는 데 필수적인 프레임워크로 작용한다. 이론은 연구자가 연구하는 현상에 대한 보다 깊은 이해를 개발하고 연구의 다른 측면 간에 연결을 만드는 데 도움이 된다. 우리는 세상을 "각자의 프레임워크를 통해" 바라본다. 연구자나 전문 분석가는 관심 현상을 "이론의 눈을 통해" 바라보는 사람들이다.

"본다"를 나타내는 영어 단어로 "gaze", "look", 그리고 "observe"가 있다. "gaze"는 눈으로 뭔가를 주목하거나 살피는 것을 의미한다. 일반적으로 "gaze"는 긴 시간 동안 지속되는 시선을 뜻한다. "Gaze"는 종종 애정, 감정, 사랑 등의 느낌을 나타낼 때 사용된다. 예시로는 She gazed lovingly into his eyes(그녀는 그의 눈동자를 사랑스럽게 바라보았다)가 있다.

"Look"는 짧은 시간 동안 뭔가를 살피거나 관찰하는 것을 의미한다. "Look"

는 일반적으로 한눈에 보이는 사물이나 상황을 살피는 것을 뜻하며, 감정이나 애정과 같은 것은 나타내지 않는다. 예시로는 He looked at his watch to see the time(그는 시간을 알기 위해 시계를 보았다)을 들 수 있다.

"Observe"는 관찰하거나 살피는 것을 의미한다. 조심스럽게 지켜보며 자세히 관찰하는 것을 의미하며, 과학적 연구나 실험 등에서 많이 하는 "봄"이다. 예시로는 The scientist observed the behavior of the monkeys(과학자는 원숭이들의 행동을 관찰했다)를 들 수 있다. 인간은 늘 모종의 이론 – 대부분 자신의 경험이 만들어낸 자아류의 이론이지만 – 을 통해 observe한다. 분석학자는 도메인 이론을 통해 데이터를 observe한다.

연구에서 이론의 주요 기능 중 하나는 변수 간의 관계를 이해하기 위한 개념적 프레임워크를 제공하는 것이다. 이론은 연구자가 연구 문제와 관련성이 가장 높은 변수를 규명하고 그 변수들 간의 관계에 대한 가설을 개발하는 데 도움을 준다. 이렇게 하면 연구에 대한 명확한 방향이 제공되며 연구자가 체계적으로 가설을 검증할 수 있다.

이론은 명확하고 일관된 연구 설계를 개발하는 데 도움이 된다. 변수 간의 관계를 이해하기 위한 프레임워크를 제공함으로써, 이론은 연구자가 연구 문제와 가설에 일치하는 적절한 연구 방법과 측정 방법을 선택하는 데 도움이 된다. 이렇게 하면 연구가 방법론적으로 타당하며 수집된 데이터가 연구 문제와 관련이 있다.

이론은 데이터 분석 결과를 해석하는 데 결정적인 역할을 한다. 이론은 데이터의 의미와 중요성을 이해하고 연구의 다른 측면들 간의 의미 있는 연결을 도와주는 프레임워크를 제공한다. 이는 연구 변수 간의 관계에 대한 결론을 도출하고 연구 결과가 미래 연구와 실무에 미치는 함의를 파악하는 것을 가능하게 한다.

또한 이론은 시간이 지남에 따라 지식을 구축하고 개선하는 데 기여한다. 이론은 가설 검증, 개선 및 수정 과정을 통해 발전하며, 새로운 증거가 나타나면 기존 이론은 반박되고 새로운 이론으로 진화하게 된다. 경험적 증거로 지지되는 이론은 과학 커뮤니티에서 더욱 받아들여지고, 미래 연구를 가이드하는 데 기여한다.

이론은 학습 행동, 퍼포먼스 결과 및 환경 요인 간의 관계를 이해하는 데 필요한 개념적 틀을 제공하기 때문에 학습분석학의 설계를 위해서도 필수적이다. 학습분석학에서 이론은 데이터 소스의 선택, 메트릭(metric 지표)의 개발 및 데이터 해석을 안내하는 중요한 역할을 한다. 설계란 현재 존재하지 않는 가상의 인공물을 설계자의 머릿속에 선취하고, 이를 이리저리 조작하고 변형하고 시뮬레이션 테스트하면서 변형시켜 가는 문제 해결 과정이다.[13] 이 과정에서 이론은 가상의 인공물을 최초로 형상화하는 데 기여하는 정신 모형(mental model)이 된다. 행동주의, 인지주의, 구성주의 이론은 이를 장착한 설계자의 머릿속에 처음부터 각각 다른 인공물의 거푸집을 형성한다. 전문가일수록 오랜 시간에 걸쳐 견고하게 만들어진 생각의 거푸집을 벗어나 설계를 하기란 쉽지 않다는 사실에 대한 경각심을 유지해야 한다.

이론이 학습분석학에서 주요 역할 중 하나는 학습 행동과 퍼포먼스 결과 간의 관계를 이해하는 데 필요한 프레임워크를 제공하는 것이다. 예를 들어, 자기조절 학습 이론은 학습자들의 동기부여, 목표 설정 및 학습 전략을 포착하는 데이터 소스와 메트릭을 선택하는 데 도움이 된다. 이를 통해 수집된 데이터가 연구 질문과 관련이 있고 학습자들의 학습을 지원하는 개입 방안을 개발하는 데 사용될 수 있다.

또한 이론은 유효하고 신뢰할 수 있으며 의미 있는 메트릭을 개발하는 데 도움이 된다. 예를 들어, 인지 부하 이론은 학습자들의 정신적 노력과 주의력 자원을 포착하는 메트릭을 개발하는 데 필수적이다. 이를 통해 수집된 데이터는 개인 차이에 민감하며 학습자들의 특정 요구 사항을 해결하는 맞춤형 개입 방안을 개발하는 데 사용될 수 있다.

---

13) Simon, H. A. (1969). The Sciences of tie Artificial. Cambridge. Massachusetts: MIT.
Schon, D. A. (1984). The reflective practitioner: How professionals think in action (Vol. 5126). Basic books.

더 나아가 이론은 학습분석학 데이터의 해석에 중요한 역할을 하며, 연구자와 실무자들이 학습자들의 학습을 지원하는 방법에 대한 근거 기반 결정을 내릴 수 있게 돕는다. 예를 들어, 동기부여에 관한 이론은 학습분석학 데이터의 패턴을 해석하는 데 도움이 되고, 학습자들이 특정 학습 환경에서 소외되거나 어려움을 겪는 이유에 대한 통찰력을 제공할 수 있다. 이를 통해 개별 학습자의 필요에 맞춰진 개입을 개발하고 보다 효과적인 학습 행동을 촉진할 수 있다.

또한, 이론은 윤리적이고 투명하며 학습자들의 개인정보를 존중하는 학습분석학 시스템의 설계 및 구현을 지원할 수 있다. 예를 들어, 개인정보 보호 이론은 학습자들의 개인 정보를 보호하면서 학습 지원을 위해 학습분석학 데이터를 사용할 수 있도록 데이터 관리 정책 및 절차를 개발하는 데 도움이 될 수 있다.

데이터-이론 상호작용

데이터에서 이론으로

빅 데이터는 디지털 기기, 소셜 미디어, 온라인 거래를 포함한 다양한 소스로부터 생성되는 대량의 구조화되거나 구조화되지 않은 데이터를 말한다. 이러한 소스에서 생성되는 막대한 양의 데이터는 전통적인 데이터 분석 기법을 사용하여 분석하기 어렵다. 반면에 도메인 이론은 특정 도메인 또는 연구 분야에 대한 개념적 틀을 만드는 과정을 의미한다. 이 프레임워크는 도메인 내의 핵심 개념, 원칙, 관계를 이해하고, 해당 분야의 연구와 실무를 안내하는 데 사용된다.

빅 데이터와 도메인 이론의 통합은 다양한 소스에서 생성된 대량의 데이터를 사용하여 특정 도메인에 대한 이해를 풍부하게 하는 것을 말한다. 이러한 데이터를 체계적으로 분석하고 도메인 특화된 지식과 전문성을 적용함으로써, 분야 내 연구, 실무, 의사결정에 활용할 수 있는 패턴, 추세, 통찰력을 발견할 수 있다. 예를 들어, 인적자원개발 분야에서 빅 데이터 분석은 테크놀로지 기반 HRD 플랫폼에서 학습자의 학습 행동과 몰입을 추적하고 분석하는 데 사용될 수 있다. 이 데이터는 그 다음 몰입과 학습에 대한 도메인 특화된 이론을 개발하는 데 사용될 수 있을 뿐 아니라 해당 분야의 테크놀로지 기반 HRD 프로그램 및 강좌 설계와 제공에 활용된다.

빅 데이터란 디지털 기기, 소셜 미디어, 온라인 거래 등 다양한 출처에서 생성되는 대규모의 구조화 및 비구조화 데이터를 의미한다. 이러한 출처에서 생성되는 방대한 양의 데이터는 전통적인 데이터 분석 기법을 사용하여 다루기 어렵다.[14] 한편, 도메인 이론은 특정 도메인이나 학문 분야에 대한 개념적 틀을 만드는 과정을 말한다. 이러한 틀은 도메인 내의 핵심 개념, 원칙, 관계를 이해하고, 해당 분야의 연구와 실무를 안내하는 데 사용된다.

HRD는 개인개발(ID), 조직개발(OD), 수행관리(PM), 경력개발(CD) 등 다양한 도메인 지식을 필요로 하는 응용·실천 학문이다.

기본적인 HRD 이론에 대한 이해를 갖추는 것은 학습분석학을 통해 빅 데이터로부터 납득가능한 결론을 도출하고 실행 가능한 인사이트를 얻는 데 필수적인 전제 조건이다.

빅 데이터와 도메인 이론의 통합은 다양한 출처에서 생성된 대량의 데이터를 특정 도메인에 대한 이해를 풍부하게 하는 데 사용하는 것을 의미한다. 이러한 데이터를 체계적으로 분석하고 도메인 특화된 지식과 전문성을 적용함으로써, 해당 분야의 연구, 실무, 의사결정에 활용할 수 있는 패턴, 추세, 인사이트를 확인할 수 있다. 예를 들어, 인적자원개발 분야에서 빅 데이터 분석은 테크놀로지 기반 HRD 플랫폼에서 학습자들의 학습 행동과 몰입을 추적하고 분석하는 데 사용될 수 있다. 이러한 데이터를 통해 몰입과 학습에 관한 도메인 특화된 이론을 개발할 수 있으며, 이는 해당 분야의 e-러닝 프로그램 및 과정의 설계와 개발에 활용된다. 마찬가지로 빅 데이터 분석은 다양한 산업과 부문에서의 인적자원개발 및 교육 프로그램을 추적하고 분석하는 데 활용될 수 있다. 이 데이터는 인적자원개발의 패턴과 추세를 파악하고, 도메인 특화된 인적자원개발 및 교육 이론의 발전을 지원하며, 인적자원개발 분야에서 더 효과적인 교육 프로그램의

14) Davenport, T. (2014). Big data at work: dispelling the myths, uncovering the opportunities. Harvard Business Review Press.

설계와 전달을 촉진한다. 두 경우 모두, 빅 데이터와 도메인 이론의 통합을 통해 특정 도메인에 대한 보다 포괄적이고 실질적인 이해를 가능케 하고, 인적자원개발 분야에서 더 효과적이고 영향력 있는 연구, 실무, 의사결정을 설득력 있게 이끌어 낼 수 있다.

데이터에서 도메인 이론까지의 여정은 데이터 기반 접근으로 시작되며, 이는 개념 간의 관계를 나타내는 패턴을 발견하는 데 초점을 맞춘다. 이러한 패턴은 다양한 방식으로 더 자세히 조사할 수 있는 기회를 제공함으로써 연구자들이 조사 대상 현상에 더 깊이 파고듦으로써 도메인 내 지식의 발전에 기여할 수 있다. 데이터 기반 및 이론 기반 접근 방식을 통합함으로써 연구자들은 복잡한 연구 질문에 대해 더 견고하고 세밀한 탐구를 시작할 수 있으며, 이를 통해 혁신과 학제 간 협력을 촉진한다.

빅 데이터에서 도메인 이론으로 이어지는 이 경로를 따라, 연구자들은 데이터 기반 접근의 힘을 활용하여 도메인 이론의 발전을 풍요롭게 하고 매력적으로 설명할 수 있다. 패턴 규명, 분석, 해석의 반복적 과정을 통해 연구자들은 조사 대상 현상에 대한 보다 포괄적인 이해를 얻을 수 있다. 데이터 기반 및 이론 기반 접근법 사이의 시너지는 연구 과정을 강화하는 것뿐만 아니라, 혁신과 다학제적 협업을 촉진하며, 다양한 학문 분야에서의 돌파구를 찾고 새로운 발견을 이루어내는 길을 연다.

이론에서 데이터로

연구의 발전은 이론 기반 접근에서 데이터 기반 접근으로의 변화를 강조하며, 이는 도메인 이론의 중요성을 강조한다. 기존 이론적 틀과 지식을 활용함으로써, 연구자들은 데이터 기반 접근 과정에서 집중해야 할 관련 요인 및 요인 간 관계를 더 효과적으로 찾아낼 수 있다. 이론 중심의 통찰력과 데이터 기반 접근을 결합함으로써 더 의미 있고 견고한 결과를 얻을 수 있다.

도메인 이론은 데이터 기반 접근 맥락에서 목적에 따라 다양한 기능을 제공한다. 도메인 이론의 핵심 기능 중 하나는 특징 선택을 안내하는 것이다. 도메인 이론은 데이터를 분석할 때 고려해야 할 가장 관련된 변수 또는 특징에 대해 연구자들에게 정보를 제공할 수 있다. 이론적으로 중요한 이러한 특징에 집중함으로써, 연구자들은 데이터의 차원을 줄이고 분석의 효율성과 해석 가능성을 높일 수 있다.

또 다른 도메인 이론의 중요한 역할은 가설 생성에 있다. 도메인 이론은 데이터 기반 접근 과정에서 조사할 구체적인 가설이나 연구 질문을 세우는 데 연구자들에게 도움을 줄 수 있다. 이러한 가설은 적절한 분석 기법의 선택을 안내하고, 데이터에서 발견된 패턴이나 관계를 해석하는 맥락을 제공할 수 있다.

도메인 이론은 모델 해석에서도 중요하다. 연구자들이 머신러닝이나 통계 모델을 사용하여 데이터를 분석할 때, 도메인 이론은 결과를 해석하는 이론적 기반이 될 수 있다. 요인 간의 근본적인 관계를 이해함으로써, 연구자들은 모델이 찾아낸 패턴을 이해하고 이를 더 넓은 이론적 맥락에 연결할 수 있도록 돕는다.

결국 도메인 이론은 학습분석학 적용 과정에서 데이터의 검증과 분석모델의 개선에 기여할 수 있다. 연구자들은 도메인 이론을 사용하여 데이터 기반 접근 결과의 발견을 관찰된 패턴과 이론에서 예측된 관계를 비교함으로써 검증할 수 있다. 데이터 기반 결과가 이론적 기대와 다를 경우, 연구자들은 새로운 경험적 증거를 바탕으로 이론을 재평가하고 개선할 수 있다.

이론 기반에서 데이터 기반 접근 접근법으로 전환함으로써, 연구자들은 두 가지 방법론의 강점을 활용하여 분석 중인 현상에 대한 더 깊은 이해를 얻을 수 있다. 도메인 이론은 데이터의 패턴을 찾는 검색에서 소중한 가이드 역할을 할 수 있으며, 연구자들이 가장 관련 있는 요소와 관계에 초점을 맞추고 의미 있는 가설을 생성하고 결과를 해석하고, 경험적 증거를 기반으로 기존 이론을 검증하거나 개선하는 데 도움이 된다.

데이터와 이론의 연동

데이터 기반 및 이론 기반 접근 접근법의 통합은 데이터 분석, 도메인 특정 지식 및 과학적 방법론에 대한 전문 지식이 필요한 복잡한 프로세스이다. 이 통합을 특징짓는 두 가지 주요 경로는 "패턴에서 이론으로"와 "이론에서 데이터 요구 사항으로"이다. 이러한 경로의 복잡성과 다학제적 성격으로 인해 한 사람이 필요한 모든 지식과 기술을 갖추기가 어려울 수 있다. 따라서, 다양한 전문 분야의 연구자들 간 협력은 복잡한 연구 질문을 효과적으로 다루기 위해 매우 유익하다.

"패턴에서 이론으로" 경로는 데이터에서 패턴을 추출하고, 이를 기존 도메인 이론의 맥락에서 해석하고, 관찰된 패턴을 기반으로 이론을 개발하거나 개선하는 것을 포함한다. 이 경로를 성공적으로 수행하려면 연구자들은 머신러닝과 통계 모델링과 같은 데이터 분석 기법에 대한 전문 지식과 관련 도메인 이론에 대한 깊은 이해가 필요하다. 이를 통해 분석가는 결과를 효과적으로 해석하고 의미 있는 관련성을 찾아낼 수 있게 된다.

반면에 "이론에서 데이터 요구 사항까지"의 경로는 도메인 이론을 사용하여 데이터 수집 및 분석 과정을 안내하는 것을 포함한다. 이 경우, 연구자들은 이론에서 관련 개념과 관계를 규명하고, 이러한 개념을 측정 가능한 변수로 전환하며, 관계를 연구하기 위한 적절한 데이터 소스와 분석 기법을 결정해야 한다. 이를 수행하려면 연구 설계, 측정, 데이터 분석뿐만 아니라 관련 도메인 이론에 대한 지식이 필요하다.

이러한 경로를 성공적으로 탐색하기 위해 필요한 다양한 기술의 조합이 필요하다는 점을 감안할 때, 서로 다른 전문 분야의 연구자들 사이에서 협력을 촉진하는 것이 중요하다. 협력을 촉진하는 한 가지 방법은 도메인 전문가, 데이터 과학자, 연구 설계 및 방법론 전문가를 포함하는 다학제 팀을 구성하는 것이다. 이러한 팀은 연구 과정에 대한 보다 포괄적인 접근을 할 수 있으며, 각 팀원이 자신의 독특한 기술과 지식으로 팀에 기여할 수 있다.

또 다른 접근 방식은 연구자들이 도메인 특화 이론, 데이터 분석 기법 및 연구 방법론과 같은 여러 영역에서 지식과 기술을 습득하도록 서로를 격려하는 것이다. 이렇게 하면 데이터 기반 및 이론 기반 접근 접근법을 통합하는 데 있어서 도전 과제를 해결할 수 있는, 다방면적으로 성숙한 학습분석가가 될 수 있다. 또한, 리소스, 도구 및 모범 사례를 공유하기 위한 플랫폼 및 커뮤니티를 구축함으로써 연구자들 간의 협력과 지식 교환을 촉진할 수 있다. 이를 통해 서로로부터 배우고 다른 사람들의 전문 지식을 바탕으로 발전해 간다.

기계학습 방법의 활용

빅 데이터에서 도메인 이론으로의 여정과 지도 학습, 비지도 학습, 강화 학습과 같은 다양한 기계학습 유형 간의 연결점은 패턴 규명, 분석 및 해석 과정에서 사용되는 방법론에 있다.

지도 학습(supervised learning)은 가장 일반적인 기계학습 유형 중 하나로, 레이블[15)]이 지정된 데이터를 사용하여 모델을 훈련시키는 것을 말한다. 데이터 기반 접근의 맥락에서 지도 학습은 빅 데이터에서 패턴과 관계를 분석하는 데 사용될 수 있으며, 기존 도메인 이론에 기반하여 결과를 예측하는 모델을 훈련시키는 데 사용된다. 모델의 예측 결과와 실제 결과를 비교함으로써 연구자들은 이론을 개선하고 확장할 수 있으며, 조사 대상 현상에 대한 이해를 향상시킬 수 있다. 예를 들어, 학습분석학에서 학습자의 학습 성과를 예측하려는 경우, 레이블은 학습자의 학습 성과에 해당하는 점수, 학점 등이 될 수 있다. 이 레이블을 사용하여 기계학습 모델은 학습자의 특성, 활동, 행동 등과 성과 사이의 패턴과 관계를 학습하게 된다. 레이블은 지도 학습에 주로 사용되는데, 이는 알고리즘이 레이블을 포함하는 학습 데이터를 기반으로 학습하고, 새로운 데이터에 대한 예측을 수행하는 기계학습 방법이다.

---

15) 애널리틱스에서 '레이블'은 지도 학습(supervised learning)의 일부분으로 데이터 포인트나 샘플에 할당된 출력 값 또는 타깃 값을 나타낸다. 레이블은 학습 과정에서 알고리즘에게 데이터와 관련된 정답을 제공하는 역할을 한다.
예를 들어, 스팸 메일 필터 알고리즘을 훈련시키는 경우 이메일을 '스팸' 또는 '정상'으로 분류해야 한다. 이 경우 '스팸'과 '정상'은 각 이메일 샘플에 할당된 레이블이며, 알고리즘은 이러한 레이블을 사용하여 스팸 메일과 정상 메일 사이의 패턴을 학습한다. 이렇게 학습된 알고리즘은 새로운 메일이 들어오면 스팸 여부를 판단하는 데 사용될 수 있다.
지도 학습 알고리즘은 학습 데이터 세트에 있는 입력 데이터와 관련된 레이블을 사용하여 훈련된다. 학습이 완료되면 알고리즘은 레이블이 없는 새로운 데이터에 대해 예측을 수행할 수 있다. 이렇게 예측된 결과는 실제 결과와 비교되어 알고리즘의 성능을 평가할 수 있다.

반면에 비지도 학습(unsupervised learning)에서는 레이블이 사용되지 않으며, 알고리즘은 데이터 자체의 구조와 패턴을 탐색한다.[16] 비지도 학습은 레이블이 지정된 데이터에 의존하지 않는다. 대신 클러스터링, 차원 축소, 또는 기타 기술을 사용하여 데이터 내의 패턴과 구조를 규명한다. 일단 적당한 데이터들을 모아 섞은 후 "분류하라"고 명령하면 결과를 뽑아준다. 데이터 기반 접근 맥락에서 비지도 학습은 기존 이론에 의해 잘 지원되지 않는 새로운 패턴과 관계를 발견하는 탐색적 연구에 특히 유용하다. 예를 들어 성적, 로그인 시간 규칙성[17]을 통해 새로운 가설과 이론의 개발을 촉진하거나, 추가 조사가 필요한 잠재적인 허위 관계를 규명하는 데 도움이 될 수 있다.

강화 학습(reinforcement learning)은 환경과 상호작용하며 보상 또는 페널티 형태의 피드백을 받아 의사결정을 학습하는 에이전트를 특징으로 하는 기계학습의 한 유형이다. 강화 학습과 빅 데이터에서 도메인 이론으로의 경로 사이의 연결점은 피드백을 기반으로 이론을 정제하는 반복적인 과정에 있다. 연구자들이 패턴과 관계를 검토하면서 현상을 더 잘 설명하기 위해 이론을 조정할 수 있다. 강화 학습의 시행착오 학습과 유사한 이 반복적인 과정을 통해 시간이 지남에 따라 도메인 이론의 진화가 이뤄진다.

지도 학습은 레이블이 지정된 데이터를 기반으로 특정 결과를 예측하는 기술이다. 학습분석학 시스템의 맥락에서 지도 학습은 출결 내역, 이전 시험 점수, 학습 시간과 같은 특징을 가진 역사적인 학습자 데이터를 사용하여 학습자의 최종 성적으로 레이블을 지정한 모델을 학습함으로써 학습자의 성적을 예측하는 데 사용될 수 있다. 이를 통해 추가적인 지원이 필요한 위험 요소가 있는 학습자를 규명할 수 있다. 이 분야의 또 다른 지도 학습 예는 자동 에세이 채점이다. 사

16) Yoon, M., Lee, J., & Jo, I. H. (2021). Video learning analytics: Investigating behavioral patterns and learner clusters in video-based online learning. The Internet and Higher Education, 50, 100806.

17) Jo, I. H., Kim, D., & Yoon, M. (2015). Constructing proxy variables to measure adult learners' time management strategies in LMS. Journal of Educational Technology & Society, 18(3), 214-225.

람이 부여한 점수와 관련된 에세이 데이터 세트에서 모델을 학습함으로써, 문법, 일관성 및 내용과 같은 요소를 기반으로 새로운 에세이의 품질을 자동으로 평가할 수 있다. 최근 자연어 처리 알고리즘에서의 생성형 AI기술의 눈부신 발전은 지도 학습의 효율과 효과를 높이는 계기가 되고 있다.

반면에 비지도 학습은 레이블을 사용하지 않고 데이터의 패턴이나 구조를 파악하려는 접근 방식이다. 이 방법은 K-평균 또는 계층적 군집화와 같은 군집화 기법을 사용하여 학습 선호도, 행동 또는 다양한 작업에서의 성과를 기반으로 학습자를 그룹화하는 데 적용할 수 있다.[18] 그룹의 수나 구성에 대한 사전 지식이 필요 없다. 비지도 학습의 또 다른 학습분석학 시스템에서의 응용은 일반적인 오해를 파악하는 것이다. 잠재 디리클레 할당(LDA)[19]과 같은 토픽 모델링 알고리즘을 학습자 토론, 서면 과제 또는 평가 응답에서의 텍스트 데이터를 분석하는 데 적용함으로써 인적자원개발 전문가는 미리 정의된 카테고리나 레이블 없이 학습자들이 어려워하는 주제, 오해를 하는 개념, 과도하게 반복 학습하는 구간을 찾아낼 수 있다. 이를 통해 인적자원개발 전문가들은 과정 내용의 구조와 범위를 더 잘 이해하고, 과정에서의 격차나 중복을 발견할 수 있다. 또한, 비지도 학습은 학습자의 학습 행동, 예를 들어 다양한 작업이나 학습 자원 숙지를 위해 소요된 시간 데이터를 활용하여 학습자를 유사한 사람끼리 군집으로 묶어내어 그들에게 맞는 맞춤형 교수 전략을 구사할 수 있다.

마지막으로, 강화 학습(Reinforcement Learning, RL)은 환경과의 상호작용을 통해 시행착오를 거치며 의사결정을 최적화하는 기술이다. 학습 및 성능 분석 시스템에서 강화 학습은 학습자 개개인의 학습 경험을 개인화하는 적응형 학습 시스템을 만드는 데 사용될 수 있다. 강화 학습 에이전트는 학습자의 현재 상태(예: 지식, 기술, 선호도)를 기반으로 학습 자료나 활동을 추천하며, 학습자 참여 또는 성능 향상과 같은 보상의 형태로 피드백을 받다. 이 피드백은 에이전트의 정책을

18) 조일현. (2004). 군집분석 및 커뮤니티 분석 기법을 활용한 직무분석 사례 연구. 컴퓨터교육학회 논문지, 7(1), 151-165.

19) Latour, B., & Woolgar, S. (2013). Laboratory life: The construction of scientific facts. Princeton University Press.

업데이트하고 미래에 더 나은 추천을 할 수 있도록 사용된다. 또한, 강화 학습은 학습자들이 학문적인 업무와 외부 활동을 균형 있게 조절하는 데 도움이 되는 학습자 일정 최적화에 적용할 수도 있다. 강화 학습 기반의 스케줄링 시스템은 성능 향상, 스트레스 감소 또는 만족도 증가와 같은 바람직한 결과로 이어지는 행동에 대한 보상을 받음으로써 최적의 일정을 추천하도록 한다. 마지막으로, 지능형 튜터링 시스템은 힌트, 피드백 또는 프롬프트 제공[20]을 최적화하기 위해 강화 학습을 활용할 수 있다. 강화 학습 에이전트는 학습자 상호작용 및 성과를 기반으로 교육 전략을 적응시켜 학습자 학습을 최대화하는 것을 목표로 한다.

필요 영역 지식(domain knowledge)

학습분석학은 기업 조직에서 학습 과정을 최적화하고 직원 성과를 향상시키며 조직의 성공을 이끄는 중요한 접근 방식이다. 데이터 기반 및 이론 기반 접근법에서의 인사이트를 학습분석학에 효과적으로 통합하고 적용하려면 연구자와 실무자가 여러 핵심 영역에서 도메인 지식을 갖추어야 한다.

기본적인 도메인 지식 영역 중 하나는 조직 행동과 관리 이론이다. 조직 행동, 리더십, 동기 부여·유지 및 팀 역학과 관련된 이론을 이해함으로써 실무자는 학습분석학 데이터 분석을 안내하고 기존 지식의 맥락에서 결과를 해석할 수 있다. 또한 관리 이론과 실무에 익숙함으로써 학습과 성과를 향상시키는 개입 및

20) 프롬프트(prompt)란, 학습자들에게 특정 주제나 질문에 대해 쓰기 연습이나 답변 제시를 하도록 지시하는 것을 말한다. 프롬프트는 학습자들의 참여와 활동성을 촉진하고, 글쓰기 및 토론 능력을 향상시키는 데 도움을 준다.
온라인 수업에서 프롬프트 제공은 여러 가지 방법으로 이루어질 수 있다. 일반적으로는 교수자가 온라인 플랫폼을 통해 특정 주제나 질문에 대한 프롬프트를 제공하고, 학습자들은 주어진 주제나 질문에 대해 자유롭게 글쓰기나 토론을 하도록 유도한다.
프롬프트는 학습자들에게 높은 참여율을 유도하고, 다양한 의견과 생각을 나누며, 자신의 생각을 문서화하는 좋은 방법이다. 프롬프트를 통해 학습자들은 자신의 아이디어와 생각을 개발하고, 구체화하여 표현하는 능력을 향상시킬 수 있다. 또한, 프롬프트를 통해 학습자들은 다른 학습자들의 의견을 들으며, 서로의 생각과 관점을 이해하는 데도 도움이 된다.
최근 ChatGPT의 효과적 활용을 위해 프롬프트의 중요성이 부각되고 있다.

전략 개발에 도움이 될 수 있다.

또 다른 중요한 측면은 학습 이론과 교수 설계에 대한 지식이다. 행동주의, 인지주의, 구성주의와 같은 학습 이론을 이해하면 직원 성과에 미치는 영향을 평가하고 효과적인 학습 개입을 설계하는 데 도움이 된다. 또한 교수 설계 원리와 모델, 그리고 학습 모델을 이해하면 맞춤형 교육 프로그램 및 학습 자료 개발의 생산성과 품질이 제고된다.

교육 및 인지심리학은 인간의 인지 과정, 동기부여, 기억 및 개인 차이를 이해하는 데 중요한 지식 영역이다. 이 지식은 효과적인 개입을 설계하고 학습자 데이터를 해석하며 다양한 요인이 학습과 성과에 어떻게 영향을 미치는지 이해하는 데 필수적이다. 평가는 학습분석학 과정의 핵심 구성 요소이다. 타당성, 신뢰성 및 공정성과 같은 평가 원칙과 형성적·종합적 및 진단적인 다양한 평가 방법에 익숙해지는 것은 적절한 측정 도구를 설계하고 결과를 의미 있는 방식으로 해석하는 데 중요하다.

퍼포먼스 테크놀로지(HPT: Human Performance Technology) 원칙 및 방법을 이해하는 것 또한 도움이 된다. HPT는 개입 분석, 설계, 구현 및 평가를 통해 개인 및 조직 성과를 향상시키는 체계적인 접근 방식이다. HPT 지식은 성과 격차를 규명하고, 적절한 개입을 선택하고, 그 효과를 측정하는 데 유용한 프레임워크를 제공한다. 인적 자원 및 인재 관리 분야의 지식은 직원 온보딩, 성과 관리, 계획 및 인재 개발 등의 영역에서 학습분석학 통찰력을 적용하는 데 필수적이다. 이러한 지식은 또한 학습분석학 활동을 광범위한 인재 관리 전략과 일치시키는 데 필요하다. 데이터 분석과 시각화 지식은 학습분석학 프로세스 중 처방과 관련하여 중요한 부분이다.[21]

기술 분석, 설명 분석 및 예측 분석을 포함한 데이터 분석 기법에 대한 지식은 학습분석학 데이터에서 의미 있는 통찰력을 추출하는 데 필수적이다.[22] 데이

21) Park, Y., & Jo, I. H. (2019). Factors that affect the success of learning analytics dashboards. Educational Technology Research and Development, 67, 1547–1571.

22) Tableau는 데이터 시각화 및 비즈니스 인텔리전스 소프트웨어이다. 사용자는 Tableau를 사용하여 다양한 데이터 소스에서 데이터를 추출하고, 처리하고, 시각화하며, 인사이트를

터 시각화 도구와 모범 사례에 익숙해지면 의사결정자들에게 명확하고 접근 가능한 방식으로 학습분석학 결과를 제시할 수 있다. 학습 관리 시스템(LMS), 성과 관리 소프트웨어, 데이터 분석 플랫폼 등 다양한 학습분석학 도구의 기능과 한계를 이론적으로 이해하면 적절한 기술 솔루션의 선택과 구현에 도움이 된다.

데이터 기반 통찰력을 실질적인 권장 사항으로 전환하고 교육 기관 내에서 데이터 중심 문화를 조성하기 위해 이해당사자 간의 효과적인 의사소통이 매우 중요하다. 이를 위해서는 강한 의사소통 능력과 인적자원개발 전문가, 관리자, 정책 입안자 등 다양한 이해당사자의 요구와 우선순위를 이해하는 것이 필요하다.

마지막으로, 직원 데이터의 수집, 저장 및 분석과 관련된 윤리적 고려 사항과 개인 정보 보호 규정[23]에 대한 지식은 준수를 보장하고 직원 및 이해당사자 간의 신뢰를 유지하는 데 필수적이다. 윤리적 고려 사항에는 다음과 같은 사항들이 포함된다. 첫째, 데이터의 최소화 원칙이다. 수집할 데이터는 최소한으로 제한하고, 꼭 필요한 정보만을 수집해야 한다. 둘째, 동의 및 정보 제공 원칙이다.

발견하고 공유할 수 있다. Tableau의 주요 특징으로는 직관적이고 사용하기 쉬운 대시보드 및 시각화 도구, 다양한 데이터 소스와의 연결, 데이터 모델링 및 분석, 대규모 데이터 처리 능력에 있다.

23) 국제 표준 규정

GDPR(General Data Protection Regulation): 유럽 연합에서 개인 정보 보호에 대한 주요 규정으로, 개인 데이터의 수집, 처리 및 저장에 대한 기준을 제공한다. 개인 정보 보호에 대한 동의, 데이터의 최소화, 개인의 권리 등을 규정하고 있다.

ISO/IEC 27001: 정보 보안 관리 시스템에 대한 국제 표준으로, 조직이 정보 자산을 보호하는 데 필요한 정책, 절차, 기술 및 인적 자원을 갖추도록 규정하고 있다.

대한민국 내 법과 규정

개인정보보호법: 개인 정보의 수집, 이용, 제공, 보관 등에 관한 기본 원칙과 기준을 규정한다. 이 법은 정보주체의 권리를 보호하고, 개인정보의 안전한 관리를 보장하는 데 초점을 맞춘다.

정보통신망 이용촉진 및 정보보호 등에 관한 법률: 정보통신망을 통한 개인정보의 보호 및 정보통신서비스 이용자의 권익을 보호하기 위한 법률이다. 개인정보의 수집, 이용, 제공, 보호 등에 대한 규정을 포함하고 있다.

IRB 규정

IRB: 연구 참여자의 도덕적·윤리적 책임을 검토하기 위한 기관이다. 대학 교수와 연구원, 대학습자는 논문 작성을 하기 전에 IRB 심사를 득해야 한다. IRB는 국제법과 국내법을 기본적으로 준수하는 범위 내에서 연구 프로토콜을 심사하고, 연구 대상자의 동의, 개인 정보의 수집 및 공유, 데이터 관리, 연구 결과의 공개 등과 관련된 윤리적 쟁점을 검토한다.

직원으로부터 데이터를 수집하기 전에 그들의 명시적 동의를 받아야 하며, 어떤 정보가 수집되고 어떻게 사용되는지에 대한 충분한 정보를 제공해야 한다. 셋째, 데이터 보안 원칙이다. 직원 데이터를 안전하게 보관하고, 무단 접근 및 유출을 방지하기 위한 적절한 보안 조치를 취해야 한다. 넷째, 접근 제한 원칙이다. 직원 데이터에 대한 접근은 엄격하게 제한되어야 하며, 해당 정보를 열람할 수 있는 인원은 권한이 있는 관계자에 한정되어야 한다.

Chapter

03

데이터

관련 용어 정의

학습분석학에서 전문 HRD 영역의 테크놀로지 기반 HRD을 위해 몇 가지 핵심 용어를 이해하는 것이 중요하다. 이러한 용어에는 원시 데이터, 로그, 변수, 요인, 특징, 프록시, 구인, 그리고 개념이 포함된다. 이러한 용어들은 데이터 분석과 테크놀로지 기반 HRD 연구에서 독특한 역할을 하여 학습 과정에 대한 종합적인 이해를 구축하는 데 도움이 된다.

원시 데이터(raw data)란 다양한 출처로부터 수집된 처리되지 않은 사실, 숫자 및 관찰값이다. 원시 데이터 그 자체만으로는 정보적 가치가 적다. 그러나 이를 가공하여 다양한 정보를 만들어내는 분석학이 사용하는 원재료의 역할을 한다. 이는 마치 원유를 원재료로 무수히 많은 제품이 만들어지는 것과 비견된다.

가치의 원천은 원료가 아니라 가공기술이다. 같은 원유로부터 값싼 연료를 만들 수도 있고 고가의 첨단 의약품을 만들 수도 있다. 두 제품 간 가치 차이를 만들어내는 원인은 원료인 원유가 아니라 그 가공기술이다.

이 데이터를 분석하고 처리하여 통찰력과 지식을 얻을 수 있다. 정성적 데이터와 정량적 데이터 모두 원시 데이터로 간주될 수 있으며, 이는 e-러닝 모듈에서 소비한 시간, 사용자 상호작용, 코스 완료율, 학습 자료에 소비된 시간, 퀴즈 점수 및 사용자 인구 통계와 같은 정보를 포함할 수 있다.

로그(log)는 시간이 지남에 따라 발생한 이벤트 또는 활동의 기록이다. 따라서 모든 로그 데이터에는 시간 표지(time stamp)가 찍혀 있다. 테크놀로지 기반 HRD과 관련하여 로그는 플랫폼에서 학습자 활동을 추적하는 데 사용할 수 있으며, 페이지 액세스, 소비 시간 및 콘텐츠와의 상호작용과 같은 항목을 포함한다. 다양한 공정기술을 통해 이러한 로그 파일은 문제 해결 및 분석에 도움이 될 수 있으며, 학습자의 몰입도와 e-러닝 플랫폼에서의 상호작용 패턴을 규명하는 데 사용된다.

변수(變數,variable)는 서로 다른 값을 가질 수 있는 속성이나 특성으로, 다른 관측치 또는 경우에 따라 변경되거나 다양해질 수 있는 개념이나 양을 나타낸다. 학습분석학에서 변수는 테크놀로지 기반 HRD 프로세스의 다양한 요소 간의 관계를 연구하는 데 사용될 수 있다. 예를 들어, 학습자의 나이, 사전 지식 및 학습 스타일은 테크놀로지 기반 HRD 환경에서 몰입도와 성과에 영향을 줄 수 있는 변수이다.

요인(要因, factor)은 연구 결과에 영향을 주거나 영향을 받는 변수 또는 변수들의 선형 결합 또는 그룹이다. 이는 실험 설계에서 외부 변수를 통제하여 결과에 혼란을 주는 것을 방지하기 위해 자주 사용된다. 학습분석학에서 요인을 분석하여 다양한 조건이 테크놀로지 기반 학습 효과와 학습자 성능에 어떤 영향을 미치는지 이해할 수 있다. 테크놀로지 기반 학습 프로그램의 성공에 영향을 줄 수 있는 요인에는 사용자의 동기, 테크놀로지 기반 학습 플랫폼의 접근성 및 교육 자료의 질이 포함된다.

특성(feature)은 현상의 측정 가능한 측면이나 특성으로, 다른 것들과 구별하거나 설명하는 데 사용할 수 있다. 기계학습에서는 특징이 종종 예측 모델의 입력으로 사용된다. 학습분석학에서는 데이터에서 특징을 도출하여 테크놀로지 기반 학습 과정의 다양한 측면을 예측하거나 설명하는 데 사용할 수 있다. 모듈 접근 빈도, 학습 자료에 소비한 시간 및 동료와의 상호작용과 같은 특징은 학습자의 성능과 몰입을 예측하는 데 사용할 수 있다.

프록시(代理變數, proxy)는 측정이나 접근이 어려운 변수를 대신하는 지표나 측정 값이다.[1] 프록시는 개념을 직접 측정하기 어렵거나 불가능할 때 연구에서 자주 사용된다. 학습분석학에서는 직접 측정하기 어려운 경우 프록시를 사용할 수 있다. 예를 들어, 강좌 완료율과 사용자 피드백은 학습자 만족도의 직접 측정이 없는 경우 테크놀로지 기반 학습 경험에 대한 만족도를 추정하는 프록시로 사용할 수 있다.

---

1) Kim, D., Park, Y., Yoon, M., & Jo, I. H. (2016). Toward evidence-based learning analytics: Using proxy variables to improve asynchronous online discussion environments. The Internet and Higher Education, 30, 30-43.

구인(構因, construct)은 현상을 설명하거나 설명하는 추상적인 개념이나 아이디어이다. 이는 심리학 및 사회과학 연구에서 기본 개념이나 과정을 설명하는 데 자주 사용된다. 학습분석학에서 구인은 테크놀로지 기반 학습에서 복잡한 현상을 설명하고 이해하는 데 도움이 될 수 있다. "학습자 몰입"이라는 구인은 학습 자료에 소비된 시간, 동료와의 상호작용, 그리고 과제 납기 준수 빈도 등의 데이터로 개념화될 수 있다.

마지막으로, 개념(槪念, concept)은 카테고리나 아이디어의 정신적 표상이다. 이는 지식의 기본 구성요소이며, 현상을 설명하거나 이해하는 데 종종 사용된다. 학습분석학에서 개념은 다양한 데이터 요소와 구인을 조직화하고 이해하는 데 도움이 된다. 예를 들어, "개인 맞춤 학습"이라는 개념은 개별 학습자의 요구와 취향에 맞게 테크놀로지 기반 학습 경험을 맞춤화하는 데 관련된 여러 요인, 변수, 프록시 그리고 구인을 포함한다.

데이터 유형

간섭적 데이터와 비간섭적 데이터

간섭적 데이터(interruptive data)와 비간섭적 데이터(non-interruptive data)는 HRD 환경에서 학습분석시스템에 의해 수집될 때 학습자가 이를 의식하는지 여부를 기준으로 본 두 가지 다른 유형의 데이터이다. 이러한 데이터의 유형화는 각각 다른 목적을 제공하며 이를 통해 학습 과정의 다양한 측면에 대한 중요한 통찰력을 얻을 수 있다.

간섭적 데이터는 학습자로부터의 적극적인 참여나 응답이 필요한 데이터를 의미한다. 예를 들어 퀴즈, 설문 조사 또는 평가와 같은 것들이 이에 해당한다. 이러한 유형의 데이터 수집 방법은 학습 과정을 중단시키기 때문에 학습자들이 학습 활동을 일시 중단하여 질문에 대한 피드백이나 응답을 제공해야 한다. 간섭적 데이터는 방해가 될 수 있고 시간이 많이 소요되지만, 학습자의 지식, 태도 및 선호도에 대한 중요한 통찰력을 제공할 수 있다. 인적자원개발 환경에서 간섭적 데이터의 예로는 교육 프로그램 이후의 지식 획득이나 유지를 측정하기 위한 사전 및 사후 테스트, 교육에 대한 학습자 만족도나 인식된 프로그램 가치를 평가하기 위한 설문조사나 설문지, 그리고 학습자들로부터 교육이나 학습 경험에 대한 피드백과 제안을 수집하기 위한 포커스 그룹 토론이 있다.

간섭적 데이터의 한계는 사회적 바람직성(social desirability)[2]에 의해 오염되기 쉽고, 기억손실에 의해 부정확할 경우가 많다는 점이다.

반면, 비간섭적 데이터는 학습자의 적극적인 참여나 응답 없이 자동적으로 수집될 수 있는 데이터를 의미한다. 이러한 유형의 데이터 수집 방법은 학습 과정을 방해하지 않으며 학습자들이 학습 활동을 계속할 수 있도록 해준다. 비간섭적 데이터는 학습자의 행동, 상호작용 및 성과에 대한 중요한 통찰력을 제공할 수 있지만, 그들의 태도나 주관적 경험을 포착하는 데 한계가 있을 수 있다. 인적자원개발 환경에서 비간섭적 데이터의 예로는 학습 관리 시스템(LMS) 데이터(예: 강좌 완료율, 각 모듈에 소비된 시간 또는 평가 점수), 클릭스트림 데이터, 학습자의 브라우징 행동, 탐색 패턴 또는 리소스 사용과 같은 데이터와 소셜 네트워크 분석 데이터, 학습자들 간의 상호작용이나 교수자와의 상호작용, 온라인 토론에 참여한 데이터 등이 있다. 인적자원개발 설정에서 간섭적 및 비간섭적 데이터를 모두 수집함으로써 조직은 학습자의 행동, 태도 및 성과에 대한 보다 포괄적인 이해를 얻을 수 있다. 이 정보를 사용하여 교육 프로그램을 개선하고 학습 결과를 최적화할 수 있으며, 결국 조직의 인적자원개발 노력의 전체적인 성공에 기여한다.

비간섭적 데이터를 수집할 때는 학습자의 동의가 반드시 필요하다. 학습자의 부지불식간에 데이터를 수집하는 특성상, 학습자는 어떤 데이터가 언제 수집되고 있는지를 알 수 없기 때문에 개인 정보 보호, 정보적 자기 결정권, 프라이버시를 침해할 가능성이 높기 때문이다.

---

2) "사회적 바람직성"은 사람들이 자신들을 좋게 보여주려는 경향을 나타내는 심리학적 개념이다. 사회적 바람직성 편향은 사람들이 특히 설문조사나 인터뷰와 같은 상황에서 자신들의 행동, 의견, 능력을 사회적으로 수용 가능하거나 좋게 보이도록 과정하거나 왜곡하는 경향을 말한다. 이는 연구 결과에 왜곡을 일으킬 수 있다.

연구 목적상 사전에 동의를 구하는 것이 적절하지 않을 경우, 사전에는 중립적인 전문가들로 구성된 심의위원회로부터 허가를 득해야 한다. 이 경우에도 연구가 끝난 후에는 대상 학습자들로부터 사후 동의를 반드시 받아야 한다.

피검자 생산 vs. 검사자 생산 데이터

클릭스트림 데이터, 학습자의 브라우징 행동, 탐색 패턴 또는 리소스 사용과 같은 데이터와 소셜 네트워크 분석 데이터, 학습자들 간의 상호작용이나 지도자와의 상호작용, 온라인 토론에 참여한 데이터 등이 있다. 인적자원개발 설정에서 간섭적 및 비간섭적 데이터를 모두 수집함으로써 조직은 학습자의 행동, 태도 및 성과에 대한 보다 포괄적인 이해를 얻을 수 있다. 이 정보를 사용하여 교육 프로그램을 개선하고 학습 결과를 최적화할 수 있으며, 결국 조직의 인적자원개발 노력의 전체적인 성공에 기여할 수 있다.

학습분석학 데이터는 주로 피검자 생산 데이터와 검사자 생산 데이터 두 가지로부터 수집된다.

피검자 생산 데이터는 직원이나 학습자로부터 직접 얻은 데이터로, 일반적으로 설문 조사, 평가 또는 피드백 메커니즘을 통해 수집된다. 인적자원개발 환경에서 대상 제공 데이터의 예로는 학습자의 자신감, 동기 부여 및 학습 성과를 평가하는 자가 진단 설문 조사가 있다. 또 다른 예는 학습자가 교육 세션을 참석하거나 온라인 코스를 완료한 후 작성하는 피드백 양식이다. 또한, 생산성, 품질 및 고객 만족도 평가와 같이 학습자가 작업 과제나 프로젝트에 대해 보고하는 성과 지표도 이 범주에 속한다.

반면 검사자 생산 데이터는 감독자, 멘토 또는 교수자와 같은 제3자 관찰자 또는 평가자에 의해 수집된다. 인적자원개발 환경에서 검사자 생산 데이터의 예로는 직원의 직무 수행 및 역량 수준을 평가하는 성과 평가가 있다. 동료 평가는 직원의 협업, 의사소통 및 팀워크 기술을 측정하는 것으로, 검사자 생산 데이터의 한 유형이다. 게다가, 직원의 학습 진행 상황과 발전을 시간에 따라 기록한 관찰 보고서도 이 범주에 속한다.

피검자 및 검사자 생산 데이터 모두 직원들의 학습 및 개발 요구에 대한 중요한 통찰력을 제공할 수 있다. 이러한 통찰력은 조직이 교육 프로그램과 인재관리 전략에 대한 데이터 기반 결정을 내리는 데 도움이 된다. 다양한 소스로부터의 데이터를 결합하고 분석함으로써 HRD 전문가들은 학습 결과와 직원 성과에 영향을 주는 요인에 대한 보다 포괄적인 이해를 얻을 수 있다. 이러한 이해는 HRD 전문가들이 보다 효과적이고 개인화된 학습 개입을 설계하는 데 도움이 되어 결국 조직의 전체적인 성공에 기여할 수 있다.

인공(artificial) 데이터와 유기(organic) 데이터

측정 이론은 인공 데이터와 유기 데이터 두 가지 유형의 데이터를 구분한다.

인공 데이터는 실험자 또는 연구자가 특정 가설이나 모델을 테스트하기 위해 만든 데이터이다. 이는 변수들을 조작하고 측정할 수 있는 제어된 환경에서, 실험 장비나 시뮬레이션을 사용하여 생성된다. 인공 데이터의 예로는 실험실 실험, 컴퓨터 시뮬레이션, 참가자로부터 특정 응답을 얻기 위해 설계된 설문 조사가 있다.

반면, 유기 데이터는 연구자의 직접적인 개입이나 통제 없이 자연 현상이나 현실 세계에서 얻은 데이터이다. 이는 여러 변수 간의 복잡하고 종종 예측할 수 없는 상호작용을 반영하며, 쉽게 확인되거나 예측되지 않는 패턴이나 관계를 나타낼 수 있다. 유기 데이터의 예로는 날씨 패턴, 경제 지표, 자연 상황에서 관찰되는 사회적 행동이 있다.

측정 이론에서 인공 데이터와 유기 데이터의 구분은 데이터 분석 및 모델링에 사용되는 가정, 방법 및 해석에 영향을 미치기 때문에 중요하다. 인공 데이터는 조작하고 제어하기 쉽지만, 유기 데이터에는 없는 편향이나 제한이 있을 수 있다. 유기 데이터는 현실 세계의 현상을 더 잘 대표할 수 있지만, 복잡성과 변동성 때문에 분석하고 모델링하는 데 어려움을 겪을 수 있다.[3] HRD 학습분석학

3) Maass, W., Parsons, J., Purao, S., Storey, V. C., & Woo, C. (2018). Data-driven meets theory-driven research in the era of big data: Opportunities and challenges for

에서 인공 데이터와 유기 데이터 모두 직원의 학습과 개발 요구 사항에 대한 귀중한 통찰력을 제공하고 조직이 더 효과적인 훈련 프로그램을 설계하는 데 도움이 될 수 있다.

HRD 학습분석학에서 인공 데이터의 예는 새로운 훈련 접근법의 효과를 평가하기 위해 생성된 시뮬레이션 작업 환경일 수 있다. 예를 들어, 회사는 고객 서비스 시나리오를 시뮬레이션하는 가상 현실 훈련 모듈을 만들 수 있다. 이 시뮬레이션에서 생성된 데이터는 학습자의 성과를 평가하고, 개선할 부분을 파악하고, 훈련 접근법을 개선하는 데 사용될 수 있다.

HRD 학습분석학에서 유기 데이터의 또 다른 예는 직원의 업무 과제나 프로젝트 분석에서 찾아볼 수 있다. 예를 들어, 조직은 훈련 프로그램 전후의 영업팀 성과 데이터를 분석하여 훈련 프로그램이 영업 성과 향상에 얼마나 효과적인지 평가할 수 있다. 이 분석에서 수집된 데이터는 직원들이 수행한 실제 업무 과제 및 프로젝트에서 나온 것이므로 유기 데이터로 간주된다.

인간 수집 vs 기계 수집 데이터

인간이 수집한 데이터란 일반적으로 검사자의 직접 관찰이나 학습자의 자기 보고를 통해 인간 관찰자들이 얻은 정보를 말한다. 이런 데이터 수집 방식은 주관적 판단, 개인 편견, 그리고 다른 개인들 사이의 해석이나 인식 차이를 포함할 수 있다. 인간이 수집한 데이터는 관찰자의 교육, 주의, 동기, 피로 등의 요인에 영향을 받을 수 있으며, 이러한 요인들은 측정의 정확성과 일관성에 영향을 줄 수 있다.[4)]

반면, 기계가 수집한 데이터는 센서, 카메라, 소프트웨어 프로그램 등 자동화된 시스템이나 장치를 통해 수집한 정보를 의미한다. 이러한 데이터 수집 방식

information systems research. Journal of the Association for Information Systems, 19(12), 1.

4) D'Mello, S., Dieterle, E., & Duckworth, A. (2017). Advanced, analytic, automated (AAA) measurement of engagement during learning. Educational psychologist, 52(2), 104–123.

은 인간의 주관성이나 변동성에 영향을 받지 않기 때문에 인간이 수집한 데이터보다 객관적이고 신뢰할 수 있는 경우가 많다. 기계가 수집한 데이터는 정확하고 일관된 측정을 제공할 수 있으며, 빠르고 효율적으로 처리하고 분석할 수 있다. 그러나 기계가 수집한 데이터 역시 사용된 기술이나 장비의 한계나 오류, 환경 요인이나 간섭 등의 영향을 받을 수 있다.

인간이 수집한 데이터와 기계가 수집한 데이터 모두 장점과 한계가 있으며, 데이터 수집 방법의 선택은 특정 연구 질문, 맥락 및 사용 가능한 자원에 따라 다르다. 연구자들은 신뢰성, 타당성, 실행 가능성, 비용 등의 요인을 고려하여 데이터 수집 방법을 선택하고 결과를 해석해야 한다.

인간이 수집한 데이터의 주요 제한점 중 하나는 주관적 판단, 개인적 편견 및 다른 개인 간 해석이나 인식의 차이에 영향을 받을 수 있다는 것이다. 예를 들어, 평가자의 직원에 대한 성과 평가는 이전의 직원과의 상호작용이나 개인적 편견에 영향을 받을 수 있다. 또한, 인간 관찰자는 주의력, 동기, 피로도 등에 따라 측정의 정확성과 일관성에 영향을 줄 수 있다.

반면, 테크놀로지 기반 HRD 학습분석학에서 기계 수집 데이터는 센서, 카메라, 소프트웨어 프로그램 등 자동화된 시스템이나 장치를 통해 얻어진다. 기계 수집 데이터는 정확하고 일관된 측정을 제공하며, 빠르고 효율적으로 처리 및 분석할 수 있다. 예를 들어, 학습 관리 시스템(LMS)은 온라인 강좌를 진행하는 학습자의 데이터를 수집하여, 과제 완료율, 퀴즈 점수 및 각 모듈에 소요된 시간을 포함할 수 있다. 이 데이터는 학습자의 참여도와 성과에 대한 통찰력을 제공하며, 훈련 프로그램의 개선이 필요한 추세나 영역을 파악하는 데 사용될 수 있다.

그러나 기계 수집 데이터는 사용된 기술이나 장비의 제한이나 오류, 환경 요인이나 간섭으로 인해 영향을 받을 수도 있다. 예를 들어, 훈련 중 학습자의 움직임을 추적하는 센서는 방이 너무 붐비거나 이동하는 다른 원인이 있는 경우 모든 움직임을 정확하게 캡처하지 못할 수 있다. 또한, 기계 수집 데이터를 분석하는 데 사용되는 소프트웨어 프로그램은 특정 유형의 데이터를 해석하는 능력에 제한이 있을 수 있으며, 데이터가 적절히 정리되거나 분석을 위해 준비되지 않은 경우 오류가 발생할 수 있다.

학습분석학 맥락에서 데이터는 사람이나 기계에 의해 수집될 수 있다. 사람이 수집한 데이터는 인간 관찰자가 직접 관찰이나 자기 보고를 통해 얻은 정보를 의미하며, 기계에 의해 수집된 데이터는 자동화된 시스템이나 장치에 의해 수집된다. 두 종류의 데이터 모두 HRD 학습분석학에서의 유용성에 영향을 주는 고유한 강점과 한계가 있다.

학습분석학에서의 사람이 수집한 데이터의 예로는 직원들이 작성한 피드백 설문조사, 교수자나 멘토가 수행한 평가, 그리고 감독관이나 동료들의 관찰이 있다. 이러한 유형의 데이터는 인간의 주관성과 변동성에 영향을 받을 수 있으며, 관찰자의 편견이나 인식에 영향을 받을 수도 있다. 예를 들어, 직원이 자신의 신뢰 수준에 대한 자기 보고가 실제 기술이나 지식 수준과 다를 수 있다. 또한, 관찰자의 교육, 동기 또는 피로와 같은 요소들이 사람이 수집한 데이터의 정확성과 일관성에 영향을 줄 수 있다.

반면 학습분석학에서 기계가 수집한 데이터는 온라인 코스를 통한 학습자의 진도나 학습 관리 시스템 사용과 같은 학습자 활동을 추적하는 센서나 소프트웨어 프로그램에서 수집된 데이터를 포함할 수 있다. 이러한 유형의 데이터는 인간의 주관성이나 변동성에 영향을 받지 않기 때문에 사람이 수집한 데이터보다 더 객관적이고 신뢰할 수 있는 경우가 많다. 또한, 기계가 수집한 데이터는 정확하고 일관된 측정을 제공하며, 빠르고 효율적으로 처리 및 분석할 수 있다.

그러나 기계가 수집한 데이터는 사용된 기술이나 장비의 한계나 오류, 환경 요인이나 간섭 등에 영향을 받을 수 있다. 예를 들어, 고장 난 센서나 네트워크 중단으로 인해 불완전하거나 부정확한 데이터나 불완전한 데이터가 수집될 수 있다. 우리 연구소 경험에 의하면 고가의 아이트래킹 장비조차 20% 정도의 원시 데이터는 사용할 수 없는 상태로 수집된다. 결측치(missing data)는 눈에 잘 띄기 때문에 오히려 문제 해결이 쉽다. 문제는 오류 데이터이다. 데이터가 아예 없는 것이 아니기 때문에 인간의 상식과 도메인 지식을 가진 사람이 일일이 검증해서 수정 또는 삭제하지 않으면 데이터 분석 결과에 의도하지 않은 오류가 발생할 가능성이 상존한다는 사실이다.

예를 들어보자. 우리 연구소에서는 아이트래커를 사용해서 인지부하를 실시간 측정하는 실험 연구를 지속적으로 수행해 왔다.[5] 모니터에 콘텐츠가 제시되고 피험자는 턱받이에 턱을 고여 상태에서 학습을 하게 된다. 학습 과정 중 동공 확장, 사카드, 시선 고정 시간, 주사선 경로(scan path), 눈 깜박임, 양안 삼각측정(triangulation) 거리 변화 등 메트릭들을 아이트래커가 1초에 30번씩 측정한다. 데이터를 분석하다보니 이상한 결과가 나왔다. 원시 데이터를 살펴보다보니 모니터–눈 거리가 수십 미터로 기록된 경우가 간혹 있었다.[6] 모니터와 턱받이 거리는 50cm로 고정시켜 놓았기 때문에 이런 데이터는 측정 오류로 판정하여 평균값으로 대체 후 분석을 이어갔다. 아이트래커뿐 아니라 EEG,[7] HRV[8] 등 센서로부터 데이터에서 LMS 로그 데이터도 마찬가지로 오류가 발생한다는 것을 우리 연구소 연구자들은 자주 경험한다.

인간의 손을 거치지 않은 채 양산되는 빅 데이터, 그리고 그 분석에 의한 정보 중 상당히 많은 부분에 오류가 있을 것임을 확신한다. 인간의 손길을 거치지

5) e.g.) 정겨운, 조일현. (2020). 컴퓨터기반 문제풀이 환경에서 과제복합도에 따른 인지부하 차이의 객관적 측정. 교육정보미디어연구, 26(1), 79–101.; 김정현, 조일현. (2019). 복합문제 풀이(complex problem solving) 상황에서 인지부하의 객관적 측정방법 탐색. 학습자중심교과교육연구, 19(15), 25–44.; 오예지, 조일현. (2017). 수학불안 수준이 수행효율성에 미치는 영향: 대학습자의 동공 크기를 중심으로. 교육공학연구, 33(3), 653–680.

6) 이러한 이상치(outlier)가 몇 개만 들어가 있어도 분석 결과에 왜곡을 일으킬 수 있다. 특히 모수통계분석에서 기본적으로 사용되는 통계량 평균(mean)은 이상치에 매우 취약하다.

7) EEG는 Electroencephalography의 약어로, 뇌 전기 활동을 측정하고 기록하는 방법을 말한다. 이 기술은 뇌파를 측정하여 뇌 활동의 특정 패턴을 분석하고, 뇌 기능을 이해하는 데 도움을 주는 중요한 측정 도구이다. EEG는 뇌파를 측정하기 위해 전극을 두고, 전기적 신호를 측정하여 뇌파를 기록한다. 이렇게 측정한 뇌파는 주파수, 진폭, 위상 등의 다양한 특성을 가지고 있으며, 이러한 특성을 분석하여 뇌 활동에 대한 정보를 얻을 수 있다. EEG는 일반적으로 뇌파의 주기성과 진폭을 측정하여 분석한다. 뇌파의 주기성은 주파수와 관련이 있으며, 주파수가 높을수록 뇌파는 빠르게 진동한다. 진폭은 뇌파의 높낮이를 나타내며, 뇌 활동의 세기와 관련이 있다.

8) HRV(Heart Rate Variability)는 심박동 변이성을 의미하며, 심장이 평균 심박동수보다 빠르게 또는 느리게 박동할 때 그 시간 간격의 차이를 말한다. 즉, 심장의 자율신경계에서 발생하는 심박동 주기의 불규칙성 정도를 나타내는 지표이다. HRV는 일상적인 심박동 수나 심장 건강상태를 측정하는 것보다 심박동의 변동성을 측정하므로, 스트레스, 긴장도, 좌절감 등 학습과 관련된 구인의 지표가 된다.

않은 빅 데이터 분석은 기술적으로 부정확하고 윤리적으로 부당하며 기능적으로 부실해지기 쉽다는 것이 연구자로서 나의 경험이다.

텔레메트리

텔레메트리(원격 측정, telemetry)는 멀리 떨어진 객체로부터 데이터를 원격으로 수집하고 전송하는 기술이다. 일반적으로 무선 통신, 적외선, GPS 또는 전송 전력을 활용한 전송 방식을 사용하여 동작한다. 텔레메트리는 다양한 분야에서 활용되며, 항공우주, 의료, 자동차, 농업, 기상학, 에너지 관리 등 다양한 산업에서 사용된다. 이를 통해 원격에서 시스템의 성능을 모니터링하고, 진단하며, 유지 보수하여 비용과 시간을 절감한다. 텔레메트리는 실시간 데이터를 제공함으로써, 효율적인 의사결정을 지원하고, 안전성과 생산성을 향상시키는 데 기여하고 있다.

텔레메트리는 원격으로 센서나 기타 모니터링 장치를 통해 정보를 수집하고 수신 시스템으로 전송하는 기계 수집 데이터의 특수한 형태이다. 텔레메트리는 측정심리학 분야에서 첨단 연구 영역으로 떠오르고 있다.[9] 학습분석학 맥락에서 텔레메트리 데이터는 디지털 학습 플랫폼이나 도구와 상호작용하는 학습자의 행동, 참여, 진도 등에 대한 중요한 인사이트를 제공할 수 있다. 일반적으로 기계 수집 데이터 분석은 학습 관리 시스템, 센서 또는 웹 분석 도구와 같은 자동 시스템이나 장치에 의해 수집된 대량의 데이터를 처리하고 해석하는 것을 포함한다. 목표는 인사이트를 얻고 패턴을 규명하여 데이터 기반의 결정을 내리고 학습 경험을 개선하는 것이다.

텔레메트리 데이터는 기계 수집 데이터의 한 형태로서 학습자의 상호작용, 행동 및 결과를 분석하는 데 사용할 수 있는 풍부한 정보 소스로 작용한다. 이 데이터는 인적자원개발 전문가와 기관이 학습자가 어려워하는 영역을 파악하고, 참여 패턴을 찾아내며, 학습 자료나 개입의 효과를 평가하는 데 도움이 될 수 있다. 예를 들어, 온라인 학습 플랫폼에서의 텔레메트리 데이터는 학습자가 얼마나

9) Van de Vijver, F., & Leung, K. (2001). Personality in cultural context: Methodological issues. Journal of Personality, 69(6), 1007–1031.

자주 로그인하는지, 세션의 지속 시간, 강의 자료와의 상호작용, 퀴즈나 평가에서의 성과 등의 정보를 포함할 수 있다. 기계 수집 데이터 분석은 이러한 데이터를 처리하여 추세나 이상 징후를 파악하고, 코스 설계를 개선하거나 개입을 맞춤화하고, 학습 경험을 개인화하는 데 사용할 수 있는 실행 가능한 인사이트를 제공한다.

필자의 에듀테크융합연구소는 최근 국내 모 플랫폼 대기업 N사와 연구 프로젝트를 진행하면서 UCLA 내에 위치한 CRESST 연구소와 협업을 진행한 적이 있다. CRESST는 National Center for Research on Evaluation, Standards, and Student Testing의 약자로, 교육 평가, 표준, 학습자 평가에 대한 연구를 수행하는 국립 연구 센터를 의미한다. 이 연구소는 교육 정책, 교수–학습에 대한 측정 도구 및 기술 개발, 교육에 대한 연구와 평가의 품질 향상에 관한 연구를 목적으로 한다. CRESST는 텔레메트리를 활용하여 어린이용 게임 기반 학습 콘텐츠로 문제해결 역량을 측정하는 연구를 수행하고 있다. 프로젝트를 함께 수행하면서 텔레메트리를 연구하는 심리측정학자와 학습분석학을 연구하는 교육공학자가 동일한 데이터를 놓고 어떻게 서로 다른 연구 목적, 연구 방법을 사용하는지, 서로 다른 결과와 그에 대한 해석을 만들어내는지 흥미롭게 관찰할 수 있었다. 앞으로 학습분석학은 텔레메트리와의 접목을 통해 기계 수집 데이터 분석 방법과 이론을 도입할 필요가 있다.

데이터 수집 절차 모형

체제적 모델

교육적 데이터 마이닝(educational data mining), 비즈니스 인텔리전스(business intelligence), 기관연구(institutional research)뿐 아니라 학습분석학 전문가들에게서 자주 발견할 수 있는 암묵적 전제가 있다. 데이터의 "이미 있음"이다. 모든 데이터는 누군가의 의도와 설계에 의해 만들어진 것이다. 데이터는 관심 현상(focal phenomena)이 스스로 만들어 내어 분석가의 눈앞에 세워둔 것이 아니라 누군가가 설계해서 만들어낸 인공물이다. 따라서 동일 현상으로부터 수 없이 다양한 데이터 세트가 추출될 수 있다. 데이터 분석 용도와 맥락의 차이로 인해, 동일한 관심 현상으로부터 어떤 데이터를 취하고 다른 데이터를 버리는 과정과 방법이 결정된다.[10] 이러한 바이어스(bias, 偏倚)는 피할 수 없는 해악이 아니라, 최선의 노력으로 가장 덜 나쁜 것을 선택해야 하는 필연이다. 즉, 데이터는 설계의 대상이고 분석학은 자연과학이 아니라 설계과학의 결과로 만들어지는 인공물이다.

따라서 학습분석학을 위한 데이터 수집을 위해서는 체계적 접근 방식을 택할 필요가 있다. 나는 데이터가 정확하고 일관되게 수집되도록 설계된 7가지 데이터 수집 절차 모형을 제안하고자 한다. 다음은 이 프로세스의 각 단계에 대한 간략한 설명이다.

1. **연구 질문 정의**: 데이터 수집 과정의 첫 번째 단계는 연구 질문이나 목적을 명확하게 정의하는 것이다. 이를 통해 수집해야 할 데이터 종류와 사용할 방법을 결정할 수 있다. 예를 들어, 연구 질문은 특정 교육 프로그램의 효과를 평가하거나 학습자의 참여와 성과에 영향을 미치는 주요 요인을 파악하는 데 초점을 맞출 수 있다.
2. **데이터 소스 규명**: 연구 질문이 정의되면 다음 단계는 연구 질문에 답하기 위해 사용할 데이터 소스를 규명하는 것이다. 이는 인간 수집 데이터와 기계 수집 데이터 모두를 포함할 수 있다. 데이터 소스의 예로는 직원 설문조사, 평가, 피드백 양식, 관찰 보고서 또는 센서나 소프트웨어 프로그램에서 수집한 데이터가 있다.
3. **데이터 수집 방법 설계**: 데이터 소스를 규명한 후 다음 단계는 데이터 수집 방법을 설계하는 것이다. 이는 설문조사나 평가를 설계하거나, 센서나 소프트웨어 프로그램을 설정하거나, 평가 양식을 만드는 것을 포함한다. 연구 질문과 일치하도록 데이터 수집 방법이 설계되고 필요한 데이터를 제공할 것인지 확인하는 것이 중요하다.

---

10) Kitchin, R. (2014). Big Data, new epistemologies and paradigm shifts. Big data & society, 1(1), 2053951714528481.

4. **데이터 수집**: 데이터 수집 방법이 설계되면, 설문조사, 평가, 관찰 또는 데이터 추적 소프트웨어와 같은 다양한 방법을 사용하여 데이터를 수집한다. 데이터가 정확하고 일관되게 수집되며, 수집 과정에서 데이터 품질이 유지되는 것이 중요하다. 예를 들어, 직원 설문조사를 진행할 때, 질문이 명확하고 모호하지 않고, 설문이 적절한 직원들에게 제때 배포되는 것이 중요하다. 로그 데이터는 윤리적 방법으로, 적시에, 반복수집을 통해 오류를 최소화하는 방식으로 수집되어야 한다.
5. **데이터 정제 및 전처리**: 데이터가 수집되면 정확성과 일관성을 보장하기 위해 데이터를 정제하고 처리해야 한다. 이 과정에서 이상치 제거, 결측치 확인 또는 데이터를 사용 가능한 형식으로 변환하는 작업이 포함된다. 연구 질문과 일치하게 데이터가 처리되며, 질문에 대한 답을 제공하는 필요한 통찰력을 제공하는지 확인하는 것이 중요하다. 간섭적－비간섭적으로, 인간수집－기계수집된 다양한 멀티모달 원시 데이터들을 이론의 구조와 논리에 맞도록, 컴퓨터와 알고리즘이 처리할 수 있도록 프록시, 요인, 구인으로 정리하는 '데이터 정제 및 처리' 단계는 가장 많은 시간과 노력, 그리고 영역지식과 전문성을 필요로 하는 핵심 활동이다.
6. **데이터 분석**: 데이터가 정제되고 처리된 후에는 다양한 통계적, 또는 데이터 시각화 기법을 사용하여 추세, 패턴 또는 상관관계를 확인할 수 있다. 이를 통해 연구 질문에 대한 답변을 제공하고 학습자의 필요와 성과에 대한 인사이트를 제공할 수 있다. 연구 질문과 일치하는 방식으로 데이터가 분석되고 결과가 효과적으로 전달되는지 확인하는 것이 중요하다. 이 단계에 이르러 비로소 통계학자나 컴퓨터공학자로부터의 도움이 필요할 수 있다.
7. **결과 커뮤니케이션**: 데이터 수집 과정의 마지막 단계는 결과를 관련 이해관계자에게 전달하는 것이다. 이에는 경영자, HRD 전문가, 교수자, 교수설계자 또는 학습자가 포함될 수 있다. 결과는 보고서, 대시보드, 프레젠테이션 등 다양한 형식으로 제시된다. 결과가 명확하고 간결하며 실질적

으로 사용 가능한 방식으로 전달되며, HRD 프로그램 및 이니셔티브의 의사결정에 활용되는지 확인하는 것이 중요하다.

결론적으로, HRD 학습분석학을 위한 체계적인 데이터 수집 접근법은 연구 질문을 정의하고, 데이터 출처를 규명하고, 데이터 수집 방법을 설계하고, 데이터를 수집하고, 데이터를 정리 및 처리하고, 데이터를 분석하고, 결과를 전달하는 과정을 포함한다. 이 과정을 따르면 HRD 전문가들은 학습자의 필요와 성과에 대한 귀중한 통찰력을 얻고, 교육 프로그램과 인재 개발 전략에 대한 데이터 기반의 결정을 내릴 수 있다.

시나리오 예시

여기에서 제안된 7단계 데이터 수집 모델의 응용 예를 가상의 상황을 기반으로 제시하였다. 학습자들은 "학습분석학 for HRD" 콘텐츠를 독립적으로 학습하고 동료 학습자와 협력하여 "학습분석학 설계에서 AI 적용 방법"에 대한 공동 저자 최종 보고서 생성을 학습 과제로 부여 받았다. 학습분석학은 학습 환경에서 학습자의 행동과 상호작용을 이해하는 데 도움이 되는 체계적인 데이터를 수집하고 분석한다. 구체적으로 학습자들이 "HRD를 위한 학습분석학" 콘텐츠를 독립적으로 공부하고 동료들과 함께 "학습분석학 디자인에서 AI를 적용하는 방법"에 대한 공동 저자 최종 보고서를 작성하는 상황을 각종 데이터를 수집하여 검토한다. 분석의 초점은 학습 관리 시스템(LMS)을 통해 수집된 디지털 데이터에 있다.

학습 현상을 더 잘 이해하기 위해서는 학습자 경험의 몇 가지 핵심 측면을 살펴봐야 한다. 첫 번째는 콘텐츠 몰입이다. 이는 학습자들이 "HRD를 위한 학습분석학" 콘텐츠와 어떻게 상호작용하는지를 설명한다. 이를 측정하기 위해 학습 자료에 소비된 시간, 퀴즈 성적 및 완료율과 같은 요소를 분석할 수 있다. 이 데이터를 분석함으로써 인적자원개발 전문가들은 학습자들이 자주 참여하거나 어렵게 느끼는 주제를 파악하고 콘텐츠를 그에 따라 조정할 수 있다.

두 번째로 고려해야 할 측면은 플랫폼 상호작용이다. 학습자들이 이러닝 플랫폼을 탐색하면서 사용 패턴, 선호도 및 플랫폼 기능에 대한 잠재적 어려움을 드러내는 디지털 페로몬을 생성한다. 이 데이터를 분석하면 사용자 경험을 최적화하고 플랫폼이 학습을 더 잘 지원하는 데 도움이 된다.

세 번째로 분석해야 할 학습 현상은 동료와의 협업이다. 학습자들은 최종 보고서 작업에 협력하면서 이러닝 플랫폼에서 제공하는 토론 포럼, 채팅 또는 기타 협업 도구를 통해 의사소통할 가능성이 높다. 이러한 상호작용을 분석하면 협업 과정의 효과성, 팀원간의 참여도 및 학습자들이 추가 지원이 필요한 영역에 대한 통찰력을 얻을 수 있다.

또 다른 중요한 측면은 학습 성과 평가이다. 최종 보고서의 품질과 학습자들의 평가에서의 성적을 평가함으로써 인적자원개발 전문가들은 학습 경험의 효과성을 측정하고 개선할 부분을 파악할 수 있다. 이러한 분석은 협업 과정이 학습 성과에 긍정적인 영향을 미치는지 여부를 결정하는 데 도움이 될 수 있다.

마지막으로 피드백과 성찰을 고려하는 것이 중요하다. 학습자들은 설문조사, 피드백 양식 또는 성찰 일지 항목을 통해 콘텐츠, 이러닝 플랫폼 또는 협업 과정에 대한 피드백을 제공할 수 있다. 이러한 질적 데이터는 학습 경험에 대한 학습자들의 관점에 대한 귀중한 통찰력을 제공하고 개선할 영역을 파악하는 데 도움이 된다. 최근 AI를 대중화시킨 생성형 AI(ChatGPT), 자연어처리(Natural Language Processing) 기술은 사람이 수고롭게 일고 해석해야 했던 질적 데이터를 자동 분석해줌으로써 양적 데이터에만 의존하던 학습분석학의 기능을 획기적으로 개선할 기술적 계기가 마련되었다.

전반적으로 이러한 학습 현상을 조사함으로써 인적자원개발 전문가와 연구자들은 학습자들이 "HRD를 위한 학습분석학" 콘텐츠와 최종 보고서 작업에 참여하는 과정에서의 학습 경험에 대한 더 깊은 이해를 얻을 수 있다. 이 정보는 교수 전략을 개선하고, 테크놀로지 기반 HRD 플랫폼을 개선하고, 학습자에게 보다 효과적이고 적극적인 학습 경험을 제공하기 위해 사용될 수 있다.

7단계 모형 적용

다음은 내가 앞에서 제안한 7단계 모델을 학습자들이 "HRD를 위한 학습분석학" 콘텐츠를 공부하고 "학습분석학 설계에 AI를 적용하는 방법"에 대한 공동 집필 최종 보고서 작업에 참여하는 학습 상황에 적용한다는 시나리오에 적용한 예시이다.

연구 질문 정의

이 시나리오에서의 연구 질문은 학습자들이 "HRD를 위한 학습분석학" 콘텐츠를 공부하고 "학습분석학 설계에 AI를 적용하는 방법"에 대한 공동 집필 최종 보고서 작업에 참여하는 동안 학습자들의 참여와 성과에 영향을 미치는 주요 요인을 확인하는 것에 초점을 맞추고 있다. 이 질문에 답함으로써 HRD 전문가들은 학습 경험의 효과성에 대한 통찰력을 얻고, 개선해야 할 부분을 파악하고, 교육 프로그램과 인재 관리 전략에 대한 데이터 기반의 결정을 내릴 수 있다. 이 시나리오의 연구 질문은 "'HRD를 위한 학습분석학' 콘텐츠를 공부하고 '학습분석학 설계에 AI를 적용하는 방법'에 대한 공동 집필 최종 보고서 작업에 참여하는 학습자들의 참여와 성과에 영향을 미치는 주요 요인은 무엇인가?"일 수 있다.

데이터 소스 규명

이 시나리오에서 사용할 수 있는 데이터 소스는 학습 관리 시스템(LMS)을 통해 생성된 디지털 흔적, 학습 자료에 소비된 시간, 퀴즈 성적, 완료율, 플랫폼 상호작용, 토론 포럼, 채팅 또는 기타 협업 도구를 통한 동료 간 협업 및 설문 조사나 피드백 양식을 통해 학습자로부터 제공된 피드백 등이 포함된다. 이 시나리오에서 연구 질문에 답할 수 있는 데이터 소스는 학습 관리 시스템(LMS)을 통해 생성된 디지털 흔적[11)]즉, 페로몬이다. 구체적으로는 학습자들이 학습 자료에 소비하는 시간, 퀴즈 성적, 완료율 및 플랫폼 상호작용에 관한 데이터를 포함할 수

11) 성은모, 진성희, 유미나(2016). 학습분석학 관점에서 학습자의 자기주도학습 지원을 위한 학습 데이터 탐색 연구. 교육공학연구, 32(3), 487–533. (pp. 503–507)

있다. 또한 토론 포럼, 채팅 또는 기타장 협업 도구를 통한 동료 간 협업에 대한 데이터를 수집할 수 있다. 학습자들이 "학습분석학을 위한 HRD" 컨텐츠를 공부하면서 그리고 "학습분석학 설계에서 AI 적용 방법"에 대한 공동 집필 최종 보고서를 작성하는 동안 경험에 대한 이해를 돕기 위해 설문 조사 또는 피드백 양식을 통해 제공되는 피드백도 데이터 소스로 수집할 수 있다.

데이터 수집 방법 설계

이 시나리오의 데이터 수집 방법은 학습자들이 콘텐츠와 협업 프로세스에 대한 경험에 대한 피드백을 수집하기 위해 설문 조사 또는 평가를 설계하고, LMS를 사용하여 플랫폼 상호작용과 동료 간 협업을 추적하고, 완료율 및 퀴즈 성적 데이터를 수집하는 것이다.

"인공지능을 활용한 학습분석학 설계에 관한 공동 저술 최종 보고서"를 공부하고 협업하는 학습자들의 참여와 성과를 측정하기 위해, 데이터 수집 방법을 조합하여 사용할 수 있다. 이러한 방법에는 학습자들이 콘텐츠와 협업 프로세스에 대한 경험에 대한 피드백을 수집하기 위해 설문 조사 또는 평가를 설계하고, 학습 관리 시스템(LMS)을 사용하여 플랫폼 상호작용과 동료 간 협업을 추적하고, 완료율 및 퀴즈 성적 데이터를 수집하는 것이다.

설문 조사나 평가는 학습자들의 코스 콘텐츠 및 협업 프로세스에 대한 경험에 대한 피드백을 수집하는 데 사용할 수 있다. 이 피드백은 학습자들이 무엇을 매력적이거나 도전적으로 생각하는지에 대한 인사이트를 제공하고 개선할 영역을 찾아내는 데 도움을 준다. 예를 들어, 교수자들은 학습 목표와 코스 콘텐츠가 얼마나 잘 연계되는지, 콘텐츠가 얼마나 매력적인지, 학습자들에게 협업 프로세스가 얼마나 잘 작동하는지에 대한 피드백을 수집하기 위한 설문 조사를 설계할 수 있다.

또한, LMS를 사용하여 플랫폼 상호작용과 동료 간 협업 데이터를 수집할 수 있다. 이 데이터는 학습자들의 참여 수준과 협업 프로세스의 효과성을 파악하는 데 사용된다. 예를 들어, LMS는 학습자들이 강의 자료에 접근한 횟수, 토론 포럼 참여 빈도와 지속 시간, 그리고 최종 보고서에 기여한 내용의 질을 추적하는 데 유용한 정보를 제공한다.

수료율과 퀴즈 성적 데이터도 학습자들의 참여도와 성과에 대한 중요한 통찰력을 제공할 수 있다. 수료율은 과정을 완료한 학습자의 수를 알려주고, 퀴즈 성적 데이터는 학습자들이 추가 지원이 필요한 영역을 확인하는 데 도움이 된다. 이러한 정보는 강의 내용을 최적화하고 학습자들의 참여와 성과를 개선하는 데 사용된다.

데이터 수집

“HRD를 위한 학습분석학” 콘텐츠를 공부하고 “학습분석학 설계에 AI를 적용하는 방법”에 대한 공동 집필 최종 보고서 작업 시나리오에서 데이터 수집 방법을 설계할 때, 정확하고 일관된 데이터 수집을 통해 데이터 품질이 유지되는 것이 중요하다.

예를 들어, 학습 프로그램 참가자들의 성취도 및 만족도를 측정하는 경우, 다음과 같이 적용할 수 있다. 학습 프로그램이 끝난 후 참가자들에게 설문지를 배포하여 객관식 및 주관식 질문으로 만족도와 학습 효과를 조사한다. 개발이 완료된 설문지라 하더라도 데이터 수집 시점에서 명확하고 간결한 작성 요청 지시문을 중립적 언어로 작성하여 활용함으로써 편향을 최소화하도록 해야 한다.

평가와 테스트를 위해서 학습 프로그램에 참가한 사람들의 성취도를 측정하기 위해 전 단계에서 제작한 표준화된 도구를 사용한다. 이러한 도구는 신뢰성과 타당성이 검증된 것을 사용함으로써 데이터 품질을 확보할 수 있다. 사전에 예상하지 못했던 학습자 행동 관찰도 게을리 해서는 안 된다. 학습 프로그램 중에 강사나 연구원이 참가자들의 행동, 상호작용 및 학습 과정을 관찰하고 기록해 둔다. 관찰자들은 미리 정의된 기준에 따라 일관된 방법으로 데이터를 수집하고, 관찰 결과를 정기적으로 검토하여 편향을 줄이기 위해 노력해야 한다.

데이터 추적 소프트웨어를 사용하여 학습 활동, 자료 이용, 커뮤니케이션 패턴 등과 관련된 데이터를 자동으로 수집한다. 이때 데이터가 정확하게 기록되도록 소프트웨어 설정이 올바르게 이루어져야 하며, 필요한 경우 수시로 데이터 정제 작업을 수행해야 한다. 이러한 도구는 학습자들의 학습 활동, 진도, 동료 간 상호작용 등 비간섭적 데이터를 자동으로 모아준다.

데이터 정제 및 전처리

데이터를 수집한 후에는 정확성과 일관성을 보장하기 위해 정제 및 처리 과정을 거쳐야 한다. 이 과정에서 이상치를 제거하거나 누락된 데이터를 확인하거나 사용 가능한 형식으로 데이터를 변환하는 작업을 수행할 수 있다.

데이터 수집 후, 다음 단계는 데이터를 정제하고 처리하는 것이다. 이 과정은 수집된 데이터의 정확성과 일관성을 보장하기 위해 중요하다. 정제 과정에는 이상치 제거, 누락된 데이터 확인 및 대체, 그리고 유기 데이터(organic data)를 사용 가능한 형식으로 변환하는 작업이 포함된다.

데이터 수집 과정은 통찰력을 얻고 데이터 기반의 결정을 내리기 위한 여정의 시작에 불과한다. 수집된 데이터는 분석에 활용하기 전에 정확하고 일관된 정보로 전처리 과정을 거쳐야 한다. 전처리는 원시 데이터를 정제하고 사용 가능한 형식으로 변환하는 중요한 단계이다.

“HRD를 위한 학습분석학” 과정 시나리오에 적용할 때, 전처리 단계는 수집된 데이터를 정제하기 위한 몇 가지 작업을 포함한다. 이러한 작업에는 중복 항목 제거, 스팸이나 주제에서 벗어난 내용 제거가 포함된다.

중복 제거는 분석 결과에 왜곡을 일으킬 수 있는 항목을 제거하는 중요한 과정이다. 예를 들어, 동일한 날에 여러 번 로그인하거나 학습자가 퀴즈를 여러 번 시도하는 경우 이러한 사항들은 분석을 위해 단일 항목으로 간주되어야 한다. 스팸이나 오프 토픽 게시물을 제거하는 것도 중요하다. 이를 통해 의미 있는 상호작용과 협업에 초점을 맞출 수 있다. 예를 들어, 게시물이 관련 없는 제품을 홍보하거나 “HRD를 위한 학습분석학” 코스와 관련이 없다면 데이터 세트에서 제거해야 한다.

결측값을 채우는 것도 중요한 단계로, 데이터의 공백을 제거하여 편향이나 불완전한 분석 결과를 방지할 수 있다. 평균이나 중앙값, 데이터 대치 방법, 인접한 데이터 포인트로부터 보관하는 등 적절한 기법을 사용하여 이러한 공백을 채울 수 있다. 예를 들어, 기술적 문제로 인해 학습자의 퀴즈 점수가 누락된 경우 전체 반의 평균 점수를 대체 데이터로 사용할 수 있다.

관련 없는 정보를 필터링하면 특정 학습 현상에 대한 분석을 좁혀나갈 수 있다. "HRD를 위한 학습분석학" 코스의 맥락에서는 LMS가 여러 코스의 데이터를 수집하더라도 해당 코스와 관련된 데이터만 분석에 포함되어야 한다.

이러한 전처리 작업을 수행함으로써, LMS에서 수집한 원시 데이터는 깨끗하고, 결측치가 제거 또는 대체되고 구조화된 데이터 세트로 변환되어 추가 분석에 효과적으로 사용할 수 있다. 전처리된 데이터 세트는 학습 과정에 대한 인사이트를 제공하며, 코스 개선을 위한 데이터 기반의 의사결정을 가능하게 한다. 따라서 전처리는 LMS에서 수집한 원시 데이터를 분석을 위해 사용 가능한 형식으로 변환하는 데 있어 필수적인 단계로, 정확한 결과를 보장하고 효과적인 의사결정을 가능하게 한다.

전처리 작업을 포함하여 학습분석학 프로젝트에는 사람의 노력, 시간, 그리고 무엇보다 전문 지식과 분석 맥락에 대한 이해가 필요하다. 그동안 이 작업은 학습분석학의 실시간 수행에 지장을 초래했다. 더 중요한 것은 인간의 본질적 주관성, 생물학적 및 지적 역량 차이가 빅 데이터라는 객관성, 자동성, 실시간성의 허울 아래 여전히 결정적 역할을 하고 있었다는 사실이다. 결국 양적 데이터의 질적 처리가 불가피했다는 것이 사실이다. 우리 연구소의 경우, 비교적 간단한 데이터 분석을 위해서조차 투입되는 연구 자원 중 80% 이상이 전처리 작업에 집중되고 있다. Latour가 실험실 연구자들에 대해 탁월하게 수행한 영향력 있는 민족지학적 연구에서 밝혀냈듯[12] 데이터 분석자들도 분석학 교과서에서 제시되는 이상화된 과학적 탐구의 개념과는 다른, 매우 복잡하고 혼란스러운 "잡일"로 일상을 보내고 있다. 데이터 전처리화는 "잡일"은 인공지능이 대체할 수 없는, 시간 고유의 지능을 요구한다.

12) Latour, B., & Woolgar, S. (2013). Laboratory life: The construction of scientific facts. Princeton University Press.

데이터 분석

데이터가 정리되고 처리되면 연구 질문과 목표에 따라 추세, 패턴 또는 상관관계를 파악하기 위해 분석할 준비가 된다. 다양한 통계 또는 데이터 시각화 기술을 사용하여 데이터를 분석할 수 있다.

예를 들어, 학습자들이 가장 어려워하는 주제를 파악하여 데이터를 분석할 수 있다. 이 정보를 사용하여 강의 내용을 최적화하고 학습자들이 학습 과정에서 계속 참여할 수 있도록 할 수 있다. 또한, 가장 많이 사용되거나 어려움을 겪은 플랫폼 기능을 파악하면 사용자 경험을 개선하고 학습 과정에 방해가 될 수 있는 장애물을 제거할 수 있다.

또한, 협업 과정의 효과를 분석하는 것이 중요하다. 많은 온라인 강좌에서 협업은 핵심 학습 요소이기 때문이다. 그룹 상호작용, 의사소통 빈도, 팀원으로서 팀을 위한 기여의 질 등의 데이터를 분석하여 인적자원개발 전문가들이 개선이 필요한 영역을 파악하고 학습자들이 협업 경험에서 최대한의 이익을 얻을 수 있도록 할 수 있다.

전반적으로, 데이터를 분석하면 학습 과정에 대한 귀중한 통찰력을 제공할 수 있으며, 인적자원개발 전문가들이 강좌 내용을 최적화하고 사용자 경험을 개선하며 학습자 간 협업을 강화하기 위해 데이터 기반 결정을 내릴 수 있다. 통계 또는 데이터 시각화 기법을 사용하면 데이터를 의미 있는 방식으로 표현할 수 있어 인적자원개발 전문가들이 데이터를 쉽게 이해하고 그것으로부터 실질적인 결론을 도출할 수 있다.

이 데이터 분석 예에서는 연구자들이 자기조절학습(SRL: Self-Regulated Learning)이라는 이론적 틀을 적용하여 목표 설정 행동, 시간 관리, 수업 완료율 및 이해도와의 관계를 조사한다. 이론적 틀을 사용하여 데이터를 분석하기 위해, 다중 회귀 분석과 자연어 처리(NLP[13]) 알고리즘이 학습 행동의 패턴과 추세를 규

---

13) Allen, L., Creer, S. C., & Öncel, P. (2022). Natural Language Processing as a Tool for Learning Analytics-Towards a Multi-Dimensional View of the Learning Process. by Charles Lang, Alyssa Friend Wise, Agathe Merceron, Dragan Gašević, and George

명하고, 교수 전략을 평가하며, 협업과 최종 보고서의 질 사이의 관계를 살펴보는 데 사용할 수 있다.

학습분석학 분야는 인적자원개발 전문가들이 학습 과정을 이해하고 개선하기 위해 최근 몇 년 동안 점점 중요해졌다. 특히 인적자원개발 분야에서 학습분석학의 적용은 조직 성과 향상 및 직원 참여도 증가의 가능성 때문에 인기를 얻고 있다. 이러한 맥락에서 다양한 학습 과정 측면을 분석하기 위해 여러 가지 분석 기법이 적용될 수 있다. 예를 들어 학습자가 만든 최종 보고서의 질과 같은 것이다.

다중 회귀 분석은 그러한 기법 중 하나로, 몰입과 협업과 같은 다수의 독립변수와 최종 보고서의 질과 같은 종속 변수 간의 관계를 파악하는 데 사용할 수 있다. 이러한 변수를 분석함으로써 인적자원개발 전문가들은 각 변수가 최종 보고서의 질에 얼마나 기여하는지 결정하고 중요한 관계를 규명할 수 있다. 예를 들어 다중 회귀 분석을 통해 몰입과 협업이 모두 최종 보고서의 질에 긍정적인 영향을 미치며, 협업이 몰입보다 조금 더 강한 영향을 미친다는 것을 정량적으로 규명할 수 있을 것이다.

이 데이터 분석 예시에서는 연구자들이 자기 조절 학습의 이론적 틀을 적용하여 목표 설정 행동, 시간 관리, 과정 완료율 및 이해도와의 관계를 연구한다. 이론적 틀을 사용하여 데이터를 분석하기 위해 다중 회귀분석, 사회연결망분석(SNA) 알고리즘이 학습 행동의 패턴과 추세를 규명하고, 교수 전략을 평가하며, 협업과 최종 보고서의 품질 사이의 관계를 조사하는 데 사용될 수 있다.

학습분석학 분야는 인적자원개발 전문가들이 학습 과정을 이해하고 개선하기 위해 최근 몇 년 동안 점점 중요해졌다. 특히 인적자원개발 분야에 학습분석학을 적용하는 것은 조직 성과를 향상시키고 직원 참여를 높이는 잠재력 때문에 인기를 얻고 있다. 이러한 맥락에서 학습 과정의 여러 측면을 분석하는 데 다양한 분석 기법을 적용할 수 있다. 예를 들어 학습자가 만든 최종 보고서의 품질과

Siemens. 2nd ed. Vancouver, Canada: SOLAR.

같은 것이다.

그 중 한 가지 기법은 다중 회귀분석으로, 몰입과 협업과 같은 여러 독립 변수와 최종 보고서의 품질과 같은 종속 변수 간의 관계를 확인하는 데 사용할 수 있다. 이러한 변수를 분석함으로써 인적자원개발 전문가들은 각 변수가 최종 보고서의 품질에 얼마나 기여하는지 결정하고 중요한 관계를 확인할 수 있다. 예를 들어 다중 회귀분석을 통해 몰입과 협업이 모두 최종 보고서의 품질에 긍정적인 영향을 미치며 협업이 몰입보다 조금 더 강한 영향을 미치는 등 변수별 영향력의 크기를 정량적으로 발견할 수 있다.

다중 회귀 분석을 적용하기 어려운 상황이라면 랜덤 포레스트 분석을 사용하여 보다 적절하면서도 유용한 분석 정보를 도출해 낼 수 있다. 학교에서 배울 때는 논리 구조가 직관적이고 모수 통계가 갖는 확률론적 단순성으로 인해 다중 회귀 분석, 분산분석(ANOVA) 등 일반선형모델(general linear model)로 기초를 닦는 경우가 일반적이다. 그러나 현실 세계는 학교에서 가정하는 그런 우아하고 명료한 수학적, 통계적 조건을 갖추지 못하는 경우가 많다. 비모수 통계, 인공지능 알고리즘은 계산적으로 복잡하다는 이유로 그동안 충분히 활용하기 어려웠다.[14] 이제 빅 데이터와 양자 컴퓨터의 탄생을 목전에 둔 오늘날, 학습분석학 실무자는 약간의 학습을 통해 증거기반의 전략적 HRD 파트너로서 입지를 확보할 기회를 얻게 되었다.

학습 협업을 분석하는 데 유용한 또 다른 분석 기법은 사회연결망분석이다. 학습자 간의 사회적 관계 구조에 SNA를 적용함으로써, 인적자원개발 전문가들은 핵심적이고 주변적인 학습자들을 규명하고, 의사소통 패턴을 발견하며, 전반적인 협업 네트워크의 구조와 효과성을 평가할 수 있다. 예를 들어, SNA를 사용하면 일부 학습자들이 협업 네트워크에서 "허브" 역할을 하여 다양한 그룹을 연결하고 의사소통을 촉진하는 것을 발견할 수 있다. 또한, 더 밀접하게 연결된 네트워크가 더 높은 품질의 최종 보고서를 이끌어 낸다는 것을 증명할 수 있다.

14) 조일현, 이건창. (2001). 사례기반추론과 퍼지인식도 결합에 의한 지식경영시스템 구축에 관한 연구. 기업교육과 인재연구, 3, 107-141.

이러한 기법 외에도, 자연어 처리 알고리즘을 학습자들의 의사소통 내용과 최종 보고서 자체에 적용하여 분석할 수 있다. 감성 분석, 토픽 모델링, 텍스트 분류와 같은 NLP 방법은 학습자들의 자료 이해, 협업 활동, 그리고 공동 작성된 보고서의 품질에 대한 통찰력을 제공할 수 있다. NLP 기법을 적용함으로써, 학습자들이 "인적자원개발을 위한 학습분석학"의 주요 개념들을 자주 논의하는 경우 더 높은 품질의 최종 보고서를 작성하는 경향이 있다는 것을 알게 될 수 있다. 감성 분석을 통해 건설적인 피드백과 최종 보고서의 전반적인 품질 사이에 긍정적인 관계가 있다는 것을 발견할 수 있다.

다중 회귀, 랜덤 포레스트, SNA 및 NLP 알고리즘을 데이터 분석에 사용함으로써, "인적자원개발을 위한 학습분석학"을 공부하고 최종 보고서를 작성하는 과정에서의 학습 행동에 대한 종합적인 이해를 얻을 수 있다. 이러한 통찰력은 교수 전략을 제시하고 전반적인 학습 경험을 향상시키는 데 필요한 증거 기반을 제공할 수 있다.

일반적으로 학습분석학 연구자들이 엄청나게 어려운 고급 분석 기법을 사용할 것이라 생각하는 경우가 많다. 그러나 실제 분석 상황에서 수용되는 기법들은 대부분 일반인도 직관적으로 이해할 수 있다. 고난도 알고리즘이 필요한 경우라도 애널리틱스 온라인 커뮤니티에 물어 알고리즘이나 코드를 구하거나, 연구자가 배워서 처리하는 데 큰 어려움은 없다. 그래도 안 될 경우, 공동연구진 중 통계학이나 컴퓨터공학 전공자에게 도움을 요청하면 어렵지 않게 솔루션을 구할 수 있다.

최근 생성적 인공지능의 폭발적 확산은 이 문제점에 대해 현실적이고 결정적인 대안을 제공하고 있다. 이후 관련 챕터에서 다룰 것이지만 이 책에서 자연어 처리 인공지능에 주목하는 이유 중 하나이다. ChatGPT를 비롯한 자연어 처리 인공지능과 접목됨으로써 교육공학 전공자라도 고급 통계 알고리즘을 직접 짜서 다양하게 활용할 수 있는 가능성이 더욱 커졌다.

분석 결과의 소통

데이터 수집 과정의 마지막 단계는 결과를 관련 이해당사자들에게 전달하는 것이다. 이에는 HRD 전문가, 교수자, 관리자 또는 학습자 자신이 포함될 수 있다. 결과는 보고서, 대시보드 또는 프리젠테이션과 같은 다양한 형식으로 제시할 수 있다. 결과를 명확하고 간결하며 실행 가능한 방식으로 전달하고 HRD 프로그램 및 이니셔티브의 의사결정에 활용되도록 하는 것이 중요하다.

인적자원개발에서 학습분석학의 결과를 관련 이해당사자에게 제시할 때 정보가 명확하고 간결하며 실행 가능하도록 구조화된 접근법을 채택하는 것이 중요하다. 이를 위해 다음과 같은 단계를 따르는 것이 바람직하다.

첫째, 학습분석학 결과에 대해 관심을 가질 집단, 즉 커뮤니케이션을 할 대상 그룹이 누구인지 규명한다. 데이터를 제시하기 전에 관련 이해당사자와 그들의 역할을 고려한다. 이를 통해 프리젠테이션을 그들의 필요와 관심사에 맞게 맞춤화할 수 있다. 이해당사자에는 경영자, 동료 HRD 전문가, 교수자, 관리자, 학습자가 포함될 수 있다.

둘째, 적절한 형식을 선택한다. 이해당사자의 요구와 데이터 리터러시 수준에 따라 데이터를 제시하는 적절한 형식을 선택한다. 일반적인 형식에는 서면 보고서, 대시보드, 파워포인트 프레젠테이션 등이 있다. 각 형식은 각자의 장점이 있으며, 관련 이해당사자의 선호도와 데이터의 복잡성을 기준으로 선택해야 한다.

셋째, 모든 분석 결과를 나열하기보다 보고서의 독자인 이해당사자가 관심을 가질 수 있는 핵심 결과를 강조하여 준비한다. 데이터 수집에서 가장 중요한 결과를 요약하여 결과에 대한 명확한 개요를 제공한다. 이때 이해당사자의 전문성과 전공을 고려하여 쉬운 언어를 사용하고 전문 용어를 피하여 정보를 대상 집단에게 쉽게 소화할 수 있도록 자료를 작성한다.

넷째, 시각 자료를 효과적으로, 그리고 적극적으로 사용한다. 차트, 그래프, 표와 같은 시각 요소를 사용하여 데이터를 효과적으로 설명하는 것이 효과적이다. 앞서 말했듯이 R에는 다양한 시각화 패키지가 준비되어 있다. Tableau[15]에

15) Borgatti, S. P. (2005). Centrality and network flow. Social networks, 27(1), 55–71.

도 창의적이고 매력적인 시각화 도구가 준비되어 있다. 과거에 사회과학도들이 주로 사용하던 SPSS와는 비교도 할 수 없을 정도의 다양한 시각화 도구들이 개발되어 있으므로 활용하기 바란다. 시각화에 대한 체계적인 이론과 아름다운 사례를 접하고자 하는 독자에게 Davidson과 Merlington의 "Now You See It"[16)]을 추천한다.

다섯째, 분석의 맥락을 설명한다. 데이터 수집의 목적과 범위, 결과 해석 시 고려해야 할 제한 사항, 그리고 제한점에 대해 알림으로써 각자 해석과 제안을 할 수 있도록 촉진한다. 학습분석학을 포함하여 모든 분석 보고서에는 각자의 고유한 맥락이 있기 마련이다. 이러한 맥락은 이해 관계자들이 결과의 중요성과 그들의 작업에 어떻게 적용될 수 있는지 이해하는 데 도움이 된다. 다시 강조하지만, 분석학은 맥락과 목적에 맞는 정보를 생산하기 위한 활동으로서, 일반적이고 보편적인 분석방법론을 연구하는 통계학과 다르다는 점을 명확히 인식해야 한다.

여섯째, 대안과 처방을 제시한다. 데이터 분석을 기반으로 HRD 프로그램 및 이니셔티브에 대한 실행 가능한 방안을 제안하는 것은 학습분석학이 처방 분석학으로 나아가기 위해 반드시 필요한 활동이다. 콘텐츠와 교수학습모형 개선 제안, 정책 변경 또는 팀 역동성 개선에 대한 새로운 접근 방식 등이 포함될 수 있다. HRD는 교육공학과 마찬가지로 현상을 분석하고 예측하는 데 머무르지 않는다. 우리의 목표는 처방을 통한 개선임을 잊어서는 안 된다.

일곱째, 피드백과 토론을 촉구한다. 이해 관계자들에게 질문을 하고, 피드백을 제공하고, 결과에 대한 인사이트를 공유할 것을 요청해야 한다. 이를 통해 협업이 촉진되며 결정 과정에서 결과가 효과적으로 사용되도록 한다. 집단 지성은 이 과정에서 놀라운 창조력과 생산성을 만들어내곤 한다.

여덟째, 후속 조치에 대한 약속이다. 분석 결과를 제시한 후, 대안 및 처방 사항의 시행과 결과에 따른 HRD 프로그램의 조정에 대한 업데이트를 제공하기 위해 이해 관계자들과의 소통을 유지할 필요가 있다. 이를 통해 지속적인 개선에

16) Davidson, C. N., & Merlington, L. (2011). Now you see it. Penguin Group US.

대한 의지를 보여주고 데이터 수집 프로세스가 계속 관련성, 유용성, 적용가능성이 점증하게 된다.

보고서 작성 예시

아래에 이해 관계자에게 모범적인 보고서 예시를 제시하였다.

제목: 인적자원개발을 위한 학습분석학: 로그 데이터 분석을 통한 인사이트

요약

이 보고서는 "인적자원개발을 위한 학습분석학" 과정에서 사용된 학습 관리 시스템(LMS)의 로그 데이터 분석 결과를 제시한다. 다중 회귀 분석, 소셜 네트워크 분석(SNA), 자연어 처리(NLP) 기술을 활용하여 학습자 간의 패턴, 추세 및 관계를 파악하였다. 이를 통해 인적자원개발 프로그램의 효과를 향상시키기 위한 의사결정 과정에 도움을 줄 수 있다.

서론

"인적자원개발을 위한 학습분석학" 과정은 인적자원개발 전문가들이 학습분석학을 조직에서 활용할 수 있는 기술과 지식을 습득할 수 있도록 설계되었다. 학습 관리 시스템은 학습자와의 상호작용에 대한 로그 데이터를 수집하였으며, 이에는 활동에 소요된 시간, 평가 결과 및 동료 및 교수자와의 의사소통이 포함되었다. 이 분석의 주요 목적은 학습자의 성과와 참여에 영향을 미치는 요인을 이해하고 개선할 기회를 찾아내는 것이었다.

방법론

우리 팀은 다음 기술을 사용하여 로그 데이터에 대한 종합적인 분석을 수행하였다.

- 다중 회귀 분석: 학습자의 성과를 예측하는 요인을 규명하기 위해 교재에 소요된 시간, 토론 참여도 및 평가 제출 횟수와 같은 변수에 대한 다중 회귀 분석을 사용하였다.

- 소셜 네트워크 분석(SNA): 학습자 간의 의사소통 및 협업 패턴을 이해하기 위해 SNA를 활용하여 이러한 연결이 학습 결과에 어떤 영향을 미치는지 조사하였다.
- 자연어 처리(NLP): NLP 기술을 적용하여 토론 및 피드백의 내용을 분석하여 학습자와 교수자가 표현한 주요 주제와 감정을 파악하였다.

주요 발견 사항

- 성과에 영향을 주는 요인: 다중 회귀 분석 결과, 토론에 적극적으로 참여하고, 평가를 제시간에 제출하며, 강의 자료에 더 많은 시간을 할애한 학습자들의 학습 성과가 더 높았다.
- 협업 및 사회적 학습: SNA 분석에서 의사소통 네트워크의 중심에 위치한 학습자들이 토론에 적극적으로 참여하고 동료와 협업하여 참여도와 성과 수준이 더 높았음을 보였다.
- 반응 및 정서 분석: NLP 분석을 통해 학습자들이 일반적으로 강의 내용과 교수진 지원에 대해 긍정적인 반응을 보였다. 그러나 일부 학습자들은 작업량과 평가 지시사항의 명료성에 대한 우려를 표현했다.

추천 사항

우리의 연구 결과를 바탕으로, "HRD를 위한 학습분석학" 강좌의 효과를 향상시키기 위해 다음과 같은 추천 사항을 제안한다.

- 적극적인 참여 독려: 토론 참여에 대한 명확한 지침과 기대치를 제공하고, 학습 커뮤니티에 기여하는 학습자를 찾아내고 격려한다.
- 협업 촉진: 그룹 프로젝트나 동료 평가 활동을 실시하여 강좌 참여자들 간의 협업과 사회적 학습을 촉진한다.
- 작업량과 평가 문제 해결: 필요에 따라 강의 작업량을 검토하고 조정하며, 평가에 대한 명확한 지침과 예시를 제공하여 혼란을 줄인다.
- 학습자 감정 모니터링: 강좌 진행 중 NLP 기술을 활용하여 학습자 감정을 지속적으로 추적하고, 필요한 경우 적시적인 개입이 가능하도록 한다.

결론

LMS의 로그 데이터 분석을 통해 "HRD를 위한 학습분석학" 강좌에서 학습자들의 성과와 참여도에 영향을 주는 요인에 대한 귀중한 통찰을 얻었다. 이 보고서에서 제시된 권고사항을 시행함으로써, 우리는 과정의 전반적인 효과성을 향상시키고 HRD 전문가들의 발전을 지원할 수 있다.

추후 조치 사항

이 발견과 권고사항에 대한 이해관계자들의 피드백을 초대하며, 과정 개선을 위한 계획을 공동으로 개발하는 데 협력해주기 바란다. 우리 팀은 이러한 변화의 영향을 계속 모니터링하고, 미래 보고서에서 진행 상황에 대한 업데이트를 제공할 것이다.

Chapter

04

전통적 분석

개요

인적자원개발을 위한 테크놀로지 기반 교수학습 환경에서 예측 분석과 분류 분석은 전반적인 학습 경험 향상에 중요한 역할을 해온 전통적 기법이다.

예측 분석(prediction analysis)과 분류 분석(classification analysis)은 데이터 분석 및 머신러닝 분야에서 사용되는 주요 기법들이다. 두 기법은 다른 목적을 가지고 있으며, 다음과 같은 차이점이 있다.

첫째, 목적에서 다르다. 예측 분석의 목적은 연속적인 값을 예측하는 것이다. 예를 들어, 주식 가격, 기온, 판매량 등과 같은 양(quantity)을 추정할 때 사용된다. 반면, 분류 분석은 주어진 데이터 포인트를 이미 정의된 범주(category)로 구분하는 것이 목적이다. 이메일이 스팸인지 아닌지, 고객이 이탈할지 아닐지 등과 같은 이진 분류 또는 다중 분류 문제 등 범주로 나눌 때 사용한다.

둘째, 결과에서 다르다. 예측 분석은 연속된 수치 값을 결과로 제공한다. 이 값은 "얼마나" 또는 "몇 개"와 같은 질문에 대한 답을 제공한다. 반면, 분류 분석은 범주형 레이블(categorical label)을 결과로 제공한다. 이 레이블은 "누구" 또는 "무엇"과 같은 질문에 대한 답변이다.

셋째, 기법에서 다르다. 예측 분석에는 선형 회귀, 시계열 분석, 인공 신경망 등과 같은 기법이 사용된다. 이러한 기법들은 과거 데이터와 패턴을 기반으로 예측을 수행한다. 분류 분석에서는 의사 결정 트리, 서포트 벡터 머신, 나이브 베이즈 분류기 등과 같은 알고리즘이 사용된다. 이 알고리즘들은 데이터 포인트를 특징에 따라 분류하거나 라벨링한다.

요컨대, 예측 분석은 과거 데이터와 패턴을 사용하여 "얼마나" 또는 "몇 개"와 같은 예측을 수행하는 반면, 분류 분석은 데이터 포인트를 특징에 따라 분류 또는 라벨링하여 "누구" 또는 "무엇"과 같은 질문에 대답한다.

인적자원개발을 위한 테크놀로지 기반 HRD에서 예측 분석은 학습자의 참여도, 활동 패턴 및 평가 점수와 같은 요소를 기반으로 학습자의 성과를 예측하는 것을 의미한다. 이 정보는 HRD 전문가가 추가적인 지원이 필요한 학습자에게 맞춤형 지원이나 자원을 제공하는 데 도움을 줄 수 있다. 또한, HRD 전문가는 예측 분석을 활용하여 조직 내 특정 기술 수요를 예측하여 새로운 테크놀로지 기반 HRD 과정을 개발하거나 기존 과정을 수정·보완하는 데 필요한 지점을 정확하게 찾아줄 수 있다.

인적자원개발을 위한 테크놀로지 기반 HRD에서 분류 분석은 학습자의 학습 선호도, 참여 수준 및 과정 내 성과를 기반으로 학습자를 분류하는 것을 의미한다. 학습자의 학습 스타일을 이해함으로써 HRD 전문가는 적합한 콘텐츠 및 전달 방법을 맞춤화하여 각 학습자의 요구를 더 잘 충족시킬 수 있다. 분류 분석은 또한 학습자가 과정을 완료하거나 중도 탈락할 가능성을 예측하여, 학습자를 유도하고 학습 동기를 촉진하기 위해 학습자를 대상으로 인터벤션을 가능하게 한다. 분류 분석은 또한 학습 플랫폼 내 참여 수준에 따라 학습자를 분류하여, 초점 대상자를 정확하게 찾아내 외과적 처방을 통해 넛지(nudge)[1)]와 처방을 위한 정보를 제공한다. 또한, 학습자들은 과정에서의 성과에 따라 분류될 수 있으며, 이를 통해 HRD 전문가들은 추가적인 자원, 지원 또는 맞춤형 추천이 필요한 학습자들을 파악할 수 있다.

---

1) '넛지'는 행동 경제학에서의 주요 개념 중 하나이다. 넛지 이론은 사람들이 의사결정을 내릴 때 종종 비합리적인 방식으로 행동하는 경향이 있음을 설명한다. 넛지는 개인의 행동이나 의사결정을 조금씩 바꾸어, 좀 더 바람직한 결과를 이끌어내는 데 도움을 줄 수 있는 미묘한 심리적 요소를 이용하는 것을 의미한다.
HRD e-러닝에서의 넛지 사례는 다음과 같다.
목표 설정 및 진척 상황 공유: 학습자에게 개인적인 목표를 설정하도록 유도하고, 그 목표에 도달한 정도를 시각적으로 보여주어 학습 동기를 유지하고 꾸준한 학습을 이끌어낼 수 있다.
사회적 비교: 다른 학습자들의 진도나 성취도를 비교하여 경쟁심을 자극함으로써 학습 동기를 높일 수 있다. 이는 대시보드나 랭킹 시스템을 통해 구현할 수 있다.
피드백 및 칭찬: 학습자들에게 적시에 피드백을 제공하고, 성취에 따라 칭찬이나 격려 메시지를 전달하여 동기를 부여하고 지속적인 학습을 지원할 수 있다.
기본값 설정: 학습자가 자동으로 좋은 선택을 할 수 있도록 기본값을 설정하거나, 옵션을 제한하여 의사결정을 쉽게 만들 수 있다. 예를 들어, 학습 플랫폼에서 기본적으로 필수 코스가 선택되도록 설정할 수 있다.
알림 및 알람: 알림 기능을 통해 학습자들이 중요한 학습 일정이나 과제 등을 기억하도록 도와준다. 이를 통해 학습 일정을 지키도록 유도할 수 있다.
이러한 넛지 전략들은 HRD e-러닝에서 학습자들의 동기부여와 참여도를 높이기 위해 활용될 수 있으며, 이를 통해 교육 효과를 극대화할 수 있다.

분석 유형

예측 및 분류 분석은 학습 과정에서 어떤 학습자에게 촉진을 해야 하며 어떤 부분을 재설계해야 하는지 결정하는 데 필요한 정보를 제공한다. 이러한 분석 기술은 학습자의 학습 행동, 몰입도 및 성과를 기반으로 예측하거나 분류하는 데에 과거 데이터와 패턴을 활용한다.

예측 분석학

예측 모델은 데이터 세트 내의 여러 요인, 변수 또는 특징들 간의 관계를 수학적 또는 통계적으로 나타내어, 미래 결과, 이벤트 또는 추세에 대한 예측 또는 예보를 수행하는 데 사용되는 모델이다. 예측 모델은 과거 데이터와 변수 간의 패턴, 상관 관계 및 종속성을 분석하는 알고리즘을 사용하여 구축된다. 이러한 모델은 금융, 마케팅, 보건의료 및 교육 등 다양한 분야에서 의사결정을 지원하고, 위험과 기회를 파악하며 프로세스를 최적화하는 데 폭넓게 사용된다.

예측 모델은 모수적[2] 및 비모수적[3] 방법, 기계학습 및 딥러닝과 같은 인공

2) 모수 통계 분석(parametric statistical analysis)은 통계적 추론의 한 방법으로, 데이터의 모수(예: 평균, 분산)를 추정하고 검정하는 데 사용된다. 이 방법은 일반적으로 정규 분포나 이와 유사한 분포를 따르는 데이터에 적용된다. 모수 통계 분석의 주요 가정은 다음과 같다.
데이터의 분포: 모수 통계 분석에서는 데이터가 특정 확률 분포(예: 정규 분포)를 따른다고 가정한다. 이러한 가정이 충족되는 경우에 모수를 추정하고 검정하는 데 필요한 통계적 기법들을 사용할 수 있다.
독립성: 모수 통계 분석에서는 데이터 포인트들이 서로 독립적이라고 가정한다. 이는 한 데이터 포인트의 값이 다른 데이터 포인트의 값에 영향을 주지 않는다는 것을 의미한다.
모수 통계 분석의 주요 기법들은 다음과 같다.
추정: 모수(예: 모평균, 모분산)를 추정하기 위해 표본 데이터를 사용한다. 이를 위해 점 추정치(point estimate)와 구간 추정치(interval estimate)를 확률적으로 검증할 수 있다.
가설 검정: 특정 가설(예: 두 집단의 평균 차이가 없다)을 검증하기 위해 검정 통계량(test statistic)을 사용한다. 이를 통해 귀무 가설(null hypothesis)을 기각할지 아니면 채택할지 결정할 수 있다.
회귀 분석: 변수 간의 관계를 분석하고 예측 모델을 만들기 위해 회귀 분석(regression analysis)을 사용한다. 회귀 분석은 종속 변수(dependent variable)와 독립 변수(independent variable) 사이의 관계를 설명하는 방정식을 찾는 것을 목표로 한다.
모수 통계 분석은 가정이 충족되는 경우에만 정확한 결과를 제공한다. 만약 데이터가 정규 분포를 따르지 않거나 독립성 가정이 위배된 경우, 비모수 통계 분석(non-parametric

지능 알고리즘 등 다양한 기술에 기반할 수 있다. 일반적인 예측 모델링 기법으로는 다중 선형 회귀,[4] 로지스틱 회귀,[5] 랜덤 포레스트,[6] 서포트 벡터 머신,[7]

---

statistical analysis)과 같은 다른 통계적 방법을 사용하는 것이 더 적합할 수 있다.

3) 비모수 통계 분석(non-parametric statistical analysis)은 통계적 모델의 가정에 관한 제한이 없는 분석 방법이다. 이에 비해 모수 통계 분석(parametric statistical analysis)은 모집단의 분포를 알려진 형태의 확률 분포로 가정하고, 해당 분포의 모수(parameter)를 추정하는 방법이다.
비모수 통계 분석의 주요 특징은 다음과 같다.
분포 가정: 비모수 통계 분석은 모집단의 분포에 대한 가정이 없거나, 유연한 가정을 허용한다. 이로 인해 실제 데이터의 형태와 일치하지 않는 특정 분포 가정에 따른 오류를 피할 수 있다.
데이터 유형: 비모수 통계 분석은 순서형(ordinal) 데이터나 명목형(categorical) 데이터 등의 비연속적인 데이터에 대해서도 적용할 수 있다.
이상치에 대한 내강성(robustness): 비모수 통계 분석은 이상치(outliers)에 대해 영향을 덜 받는다. 모수 통계 분석에서는 이상치가 결과에 큰 영향을 줄 수 있지만, 비모수 통계 분석은 순위나 표본의 중앙값을 사용하여 이러한 영향을 줄인다.
샘플 크기: 비모수 통계 분석은 샘플 크기가 작을 때에도 유용하다. 모수적 방법의 경우 샘플 크기가 클 때 중심극한정리에 의해 정규분포를 따르는 것으로 가정할 수 있지만, 샘플 크기가 작은 경우에는 이 가정이 만족되지 않을 수 있다.
비모수 통계 분석의 예로는 다음과 같은 방법들이 있다.
카이제곱 검정(Chi-squared test): 독립성이나 동질성을 검증하는 데 사용되는 검정이다.
맨-휘트니 U검정(Mann-Whitney U test): 두 독립된 표본 간의 중앙값을 비교하는 검정이다.
윌콕슨 부호순위 검정(Wilcoxon signed-rank test): 쌍을 이룬 데이터에서 중심 경향치의 차이를 검증하는 검정이다.

4) 다중 선형 회귀(multiple linear regression)는 통계학에서 널리 사용되는 모수적 예측 기법이다. 이 방법은 종속 변수(dependent variable)와 두 개 이상의 독립 변수(independent variables) 사이의 선형 관계를 모델링한다. 다중 선형 회귀는 데이터의 경향성을 파악하고 예측을 수행하는데 사용된다.
다중 선형 회귀 모델은 아래와 같은 형태로 표현된다.
$Y = \beta 0 + \beta 1X1 + \beta 2X2 + \ldots + \beta nXn + \varepsilon$
여기서, Y: 종속 변수, X1, X2, ..., Xn: 독립 변수들, $\beta 0$: 절편(intercept), $\beta 1$, $\beta 2$, ..., βn: 각 독립 변수의 계수(coefficient), ε: 오차 항(error term)
다중 선형 회귀는 최소제곱법(least squares)을 사용하여 회귀 계수를 추정한다. 이 방법은 실제 값과 예측 값 사이의 차이(잔차)의 제곱 합을 최소화하는 방향으로 회귀 계수를 결정한다.
다중 선형 회귀 분석을 수행할 때는 다중 공선성(multicollinearity), 이상치(outliers), 선형성(linearity) 및 독립성(independence) 등의 가정을 고려해야 한다. 이러한 가정들이 충족되지 않으면 회귀 모델의 정확도가 떨어질 수 있다.
다중 선형 회귀는 교육공학은 물론 경제학, 공학, 사회과학, 의학 등 다양한 분야에서 독립 변수들이 종속 변수에 어떻게 영향을 미치는지 이해하고 예측하는 데 사용된다.

5) 로지스틱 회귀(logistic regression)는 분류 문제를 해결하기 위한 통계 기법 중 하나이다. 로

지스틱 회귀는 주로 이진 분류 문제, 즉 종속 변수가 0 또는 1의 값을 가질 때 유용하다. 로지스틱 회귀는 선형 회귀의 개념을 확장하여 확률을 예측할 수 있는 모델에 기반을 둔다. 로지스틱 회귀 모델의 기본 함수는 시그모이드(sigmoid)이다. 시그모이드 함수는 다음과 같이 정의된다.

sigmoid(z) = 1 / (1 + exp(−z))

여기서 z는 선형 결합으로 구성된 변수이며, 다음과 같이 선형 모형으로 나타낼 수 있다.

z = β0 + β1 * x1 + β2 * x2 + ... + βn * xn

이때, β0, β1, ..., β n은 모델의 계수이며, x1, x2, ..., xn은 독립 변수이다.

시그모이드 함수의 출력값은 0과 1 사이의 확률값을 가진다. 따라서, 로지스틱 회귀를 사용하여 주어진 독립 변수에 대한 종속 변수의 확률을 예측할 수 있다. 예측된 확률값이 특정 임계값보다 크면 해당 데이터 포인트를 양성 클래스(1)로 분류하고, 그렇지 않으면 음성 클래스(0)로 분류한다. 일반적으로 임계값은 0.5로 설정된다. 로지스틱 회귀는 비교적 간단한 알고리즘임에도 불구하고, 성능이 뛰어나며 다양한 분야에서 사용된다.

6) 랜덤 포레스트(random forest)는 머신러닝 알고리즘 중 하나로, 앙상블 학습 방법에 속한다. 앙상블 학습은 여러 개의 기본 모델을 조합하여 더 나은 성능을 내는 모델을 구축하는 방식이다. 랜덤 포레스트는 의사결정 트리(decision tree)를 기본 모델로 사용하며, 다수의 트리를 결합해 더 견고하고 정확한 예측을 수행한다.

랜덤 포레스트의 주요 원리와 특징은 다음과 같다.

부트스트랩 샘플링(bootstrap sampling): 원본 데이터 세트에서 중복을 허용하여 무작위로 샘플을 추출하고, 각 트리는 이 샘플들로부터 학습한다. 이를 통해 개별 트리가 다양한 데이터로부터 학습하게 되며, 이를 통한 오버피팅(overfitting) 문제를 줄일 수 있다.

특성 무작위 선택: 랜덤 포레스트에서 각 트리는 전체 특성(feature) 중 일부만 무작위로 선택하여 학습에 사용된다. 이를 통해 개별 트리 간의 상관성이 줄어들고, 모델의 다양성이 증가하여 성능이 개선된다.

결정 방법: 분류(classification) 문제의 경우, 각 트리가 독립적으로 예측한 결과를 투표(vote) 방식으로 결합하여 최종 예측 클래스를 선택한다. 회귀(regression) 문제의 경우, 각 트리의 예측 결과를 평균하여 최종 예측 값을 결정한다.

랜덤 포레스트는 다음과 같은 장점이 있다.

강력한 예측 성능: 다수의 트리가 결합되어 개별 트리의 단점을 보완하며, 전반적으로 높은 정확도를 제공한다.

오버피팅 감소: 특성 무작위 선택과 부트스트랩 샘플링으로 인해 각 트리 간의 상관성이 감소하고, 모델이 과적합되는 것을 방지한다.

병렬 처리 가능: 각 트리는 독립적으로 학습되기 때문에, 병렬 처리를 통해 학습 속도를 높일 수 있다.

7) 서포트 벡터 머신(Support Vector Machine, SVM)은 지도 학습(supervised learning) 알고리즘 중 하나로, 분류(classification)와 회귀(regression) 문제에 사용된다. SVM의 기본 개념은 데이터 포인트를 분리하는 최적의 초평면(hyperplane)을 찾는 것이다. 이러한 초평면은 서로 다른 클래스 간의 마진(margin)을 최대화함으로써 분류 정확도를 높인다.

SVM은 다음과 같은 주요 구성 요소로 이루어져 있다:

초평면(Hyperplane): 데이터를 분리하는 결정 경계로, SVM의 목표는 각 클래스에 속한 데이터를 잘 구분하는 최적의 초평면을 찾는 것이다.

서포트 벡터(Support Vectors): 초평면에 가장 가까운 데이터 포인트들을 서포트 벡터라고 한다. 서포트 벡터는 결정 경계를 결정하는 데 결정적인 역할을 한다.

뉴럴 네트워크 등이 있다.

내가 속한 에듀테크융합연구소에서는 주로 다중 선형 회귀,[8] 랜덤 포레스트[9]를 사용하고 있고, 특수한 분석 조건에서 로지스틱 회귀,[10] 서포트 벡터 머신[11]을 쓰기도 한다.

예측 모델의 품질과 정확도는 입력 데이터의 관련성과 품질, 선택된 알고리즘의 적절성 및 모델이 새로운 보지 않은 데이터에 대해 일반화하는 능력과 같은 요소에 따라 결정된다. 예측 모델의 효과성을 보장하기 위해 교차 검증 및 규제와 같은 기술을 사용하여 모델을 검증하고 개선하는 것이 필수적이다.

마진(Margin): 서포트 벡터와 초평면 사이의 거리를 나타낸다. SVM의 목표는 마진을 최대화하는 초평면을 찾는 것이다. 이렇게 하면 일반화 오류(generalization error)가 줄어들고, 분류 성능이 향상된다.

비선형 데이터를 처리하기 위해 SVM은 커널 트릭(kernel trick)을 사용한다. 커널 트릭은 데이터를 고차원 공간으로 매핑함으로써 선형으로 구분할 수 있게 만드는 방법이다. 대표적인 커널 함수로는 선형 커널(linear kernel), 다항 커널(polynomial kernel), RBF 커널(Radial basis function kernel) 등이 있다.

SVM은 장점과 단점이 모두 존재한다.

장점: 마진 최적화를 통해 일반화 성능이 좋다. 커널 트릭을 사용하여 비선형 데이터에도 적용 가능하다. 과적합(overfitting)에 상대적으로 덜 민감하다.

단점: 대용량 데이터 세트의 경우 학습 시간이 오래 걸릴 수 있다. 특성 수가 많은 경우 성능이 저하될 수 있다. 결과 해석이 직관적이지 않을 수 있다.

8) e.g.) Jo, I. H., Kim, D., & Yoon, M. (2015). Constructing proxy variables to measure adult learners' time management strategies in LMS. Journal of Educational Technology & Society, 18(3), 214-225.

Yoon, M., Lee, J., & Jo, I. H. (2021). Video learning analytics: Investigating behavioral patterns and learner clusters in video-based online learning. The Internet and Higher Education, 50, 100806.

9) e.g.) Kim, D., Yoon, M., Jo, I. H., & Branch, R. M. (2018). Learning analytics to support self-regulated learning in asynchronous online courses: A case study at a women's university in South Korea. Computers & Education, 127, 233-251.

Kim, D., Park, Y., Yoon, M., & Jo, I. H. (2016). Toward evidence-based learning analytics: Using proxy variables to improve asynchronous online discussion environments. The Internet and Higher Education, 30, 30-43.

10) e.g.) Jo, I. H. (2019). The Learning Analytics and Flipped PBL for Tool-Design Learning. In Emerging Trends in Learning Analytics (pp. 249-270). Brill.

11) e.g.) 이정은, 김다솜, 조일현. (2020). 동영상 기반 학습 환경에서 머신러닝을 활용한 행동로그의 학업성취 예측 모형 탐색. 컴퓨터교육학회 논문지, 23(2), 53-64.

분류 분석학

분류 분석학은 공통적인 특징에 따라 데이터를 범주 또는 그룹으로 구성하는 것을 말한다. 테크놀로지 기반 HRD의 맥락에서, 분류 분석학은 학습 스타일, 몰입 수준 또는 다른 관련 요인을 기반으로 학습자를 분할하여 보다 개인화되고 대상적인 유인을 가능하게 한다. 학습자를 학습 스타일, 몰입 수준, 성과 등과 같은 관련 요인을 기반으로 다른 그룹으로 분할함으로써, 분류 분석학은 인적자원개발 전문가와 HRD 전문가가 더 개인화되고 효과적인 개입을 설계하는 데 도움이 될 수 있다. 자연과학과 달리 사람 집단, 정답과 오답, 가결과 부결을 결정해야 하는 HRD에서는 분류를 통해 의사결정을 위한 범주를 판단해야 할 경우가 많다. 예컨대 시험점수가 백점 만점 중 몇 점인지보다, 그가 수료할지 중도탈락할지가 현업에서는 더 궁금하다. 분류분석학이 예측분석학보다 현업에서 더 자주 수용되는 이유이다.

테크놀로지 기반 HRD의 맥락에서 학습자 분류는 분류 분석학의 주요 기능이다. 학습자를 몰입 수준, 성과, 학습 스타일과 같은 관련 요인을 기반으로 다른 그룹으로 분할함으로써, 인적자원개발 전문가와 HRD 전문가는 각 학습자의 특정한 요구에 맞게 개입과 지원을 조정할 수 있다.

몰입 분류의 경우, 학습자는 테크놀로지 기반 HRD 플랫폼에 대한 몰입 수준에 따라 다른 그룹으로 분류될 수 있다. 예를 들어, 플랫폼에 자주 접속하고 과제를 완료하는 학습자는 높은 몰입을 가진 그룹으로 분류될 수 있고, 반면에 플랫폼에 거의 접속하지 않거나 과제를 완료하지 않는 학습자는 낮은 몰입을 가진 그룹으로 분류될 수 있다.

학습자를 몰입 수준에 따라 분류함으로써, 인적자원개발 전문가와 HRD 전문가는 동기부여와 추적에 더 많은 지원이 필요한 학습자를 규명할 수 있다. 예를 들어, 낮은 몰입 학습자는 개인화된 메시지나 인센티브를 통해 더 자주 플랫폼에 접속하거나 과제를 제 시간에 완료할 수 있도록 독려받을 수 있다. 반면, 높은 몰입 학습자는 동료와의 협력 기회나 보다 도전적인 과제를 제공함으로써 보다 나은 성과를 달성할 수 있다.

컨텐츠 분류는 테크놀로지 기반 HRD 환경에서 분류 분석학의 또 다른 기능이다. 인적자원개발 전문가와 인적자원개발 전문가들은 특징, 관련성 또는 난이도에 따라 e-러닝 자료나 콘텐츠를 다른 그룹으로 분류함으로써 각 학습자의 특정한 요구사항과 지식 수준에 맞춘 프로그램을 제공하여 더욱 매력적이고 효과적인 학습 경험을 제공할 수 있다.

컨텐츠 분류는 인적자원개발 전문가와 인적자원개발 전문가들이 프로그램 자료나 콘텐츠를 초급, 중급, 고급 수준 등 다른 범주로 구성할 수 있도록 해준다. 학습자들은 자신의 현재 지식 수준과 기술 능력에 맞는 범주를 선택할 수 있다. 또한 인적자원개발 전문가와 인적자원개발 전문가들은 컨텐츠 분류를 사용하여 학습 과정에서 학습자들이 직면할 수 있는 지식 공백이나 어려움을 파악하고 대처할 수 있다.

예를 들어, 프로그래밍 언어를 가르치는 테크놀로지 기반 HRD 프로그램의 경우, 컨텐츠 분류를 사용하여 기본 프로그래밍 개념, 중급 수준의 프로그래밍 개념 및 고급 프로그래밍 개념과 같이 난이도 수준에 따라 자료나 콘텐츠를 다른 그룹으로 분류할 수 있다. 이러한 분류를 통해 학습자들은 자신의 지식과 기술 능력에 맞는 수준을 선택할 수 있다.

컨텐츠 분류를 활용함으로써 인적자원개발 전문가와 인적자원개발 전문가들은 학습 경험을 맞춤화하고 학습자가 적절한 지원과 지도를 받도록하여 몰입도와 지식 보존을 높일 수 있다. 게다가 컨텐츠 분류는 학습자의 요구에 부합하고 학습 목표를 달성하는 e-러닝 프로그램을 최적화하는 데 도움이 된다.

학습자 분류는 각 학습자의 고유한 특성과 요구 사항을 규명하는 데 도움이 되며, 컨텐츠 분류는 콘텐츠의 특성, 관련성 또는 난이도에 따라 프로그램 자료나 콘텐츠를 다른 범주로 구성하는 데 도움이 된다. 이러한 두 가지 접근법을 결합함으로써 인적자원개발자는 각 학습자에게 보다 맞춤화되고 효과적인 학습 경험을 제공할 수 있다.

예를 들어, 높은 참여도를 보이는 학습자는 고급 수준으로 분류되어 보다 어려운 수준의 콘텐츠에 접근하고, 참여도가 낮은 학습자는 초급 수준으로 분류되어 따라가기 쉬운 기본 수준의 콘텐츠에 접근하여 이점을 얻을 수 있다. 학습자 분류와 컨텐츠 분류를 모두 활용함으로써 각 학습자는 고유한 요구에 맞춰 학습 경험을 할 수 있다.

또한 이러한 분류는 각 학습자에게 추천을 제공하는 데 활용될 수 있다. 예를 들어, e러닝 플랫폼은 학습자의 성과, 참여도 및 학습 선호도에 따라 학습자에게 추가 자료나 콘텐츠를 추천할 수 있다. 이러한 추천을 활용하여 학습자들은 필요한 지식과 스킬을 얻는 과정에서 몰입과 동기를 유지할 수 있다.

학습자 분류와 컨텐츠 분류를 통합하는 것은 인적자원개발 전문가에게 많은 이점을 제공한다. 이러한 통합을 통해 전문가들은 개인별 학습 경험을 최적화하고, 학습자의 성장과 함께 발전하는 적응형 콘텐츠를 제공할 수 있다. 이로 인해 다음과 같은 혜택을 기대할 수 있다.

첫째, 학습자의 성향, 능력, 배경 지식 등을 고려하여 콘텐츠를 맞춤화함으로써 각 학습자에게 적합한 학습 경험을 제공할 수 있다. 이는 학습 효과를 높이고, 학습 동기를 증가시킨다.

둘째, 학습자의 진행 상황과 성과를 실시간으로 추적하고 분석함으로써, 콘텐츠가 학습자의 수준과 속도에 적응할 수 있도록 해 준다. 이를 통해 학습 과정이 개인화되고, 학습자의 필요와 목표에 맞게 조정될 수 있다.

셋째, 효율성이 향상된다. 적절한 컨텐츠와 학습 전략을 통해 시간과 자원을 절약할 수 있다. 학습자가 필요한 부분에 집중하고, 불필요한 콘텐츠를 건너뛸 수 있다.

넷째, 학습자 참여를 촉진한다. 맞춤형 학습과 적응형 콘텐츠를 통해 학습자의 참여도와 만족도를 높일 수 있다. 이는 학습자가 목표를 달성하는 데 도움이 되며, 장기적으로 조직의 성과와 경쟁력에 기여할 수 있다.

다섯째, 학습자-컨텐츠 공진화가 이뤄진다. 학습자 분류와 컨텐츠 분류를 지속적으로 업데이트하고 개선함으로써, 조직은 변화하는 시장 상황과 기술 발전에 대응할 수 있게 된다. 이는 조직 내 인재 개발의 지속 가능성을 보장하고,

경쟁력을 유지하게 해 준다.

분석학 적용 예시

현재의 빠르게 변화하는 세상에서는, 지속적인 학습과 개발이 직업시장에서 경쟁력을 유지하고 살아남는 데 중요하다. 온라인 교육 플랫폼이 증가함에 따라, 학습자들은 이제 전 세계 어디에서든 과목과 교육 자료에 접근할 수 있다. 그러나 모든 학습자가 이러한 과정을 성공적으로 완료하지는 않으며, 이로 인해 과도한 중도 탈락률과 제한된 학습 결과가 발생한다. 이러한 도전에 대응하기 위해, HRD 전문가들은 고도의 분석 기술을 활용하여 온라인 학습 환경에서 학습자들의 성공을 예측하고 지원할 수 있다.

이러한 문제에 대한 한 가지 접근 방법은 중도탈락자 예측(dropout prediction)이다. 이는 학습자들의 참여 데이터(콘텐츠에서 사용한 시간, 퀴즈 점수, 포럼 활동 등)를 분석하여 그들이 교육에서 탈락하거나 완료하지 못할 가능성을 예측한다. 이러한 인적자원개발 전문가들은 이러한 정보를 기반으로 대상을 지정하여 학습자들이 계속해서 참여하고 동기를 유지할 수 있도록 피드백 또는 넛지(nudge)를 제공할 수 있다.

넛지(Nudge)는 행동경제학에서 비교적 미묘한 변화나 제안을 통해 개인의 행동을 원하는 방향으로 유도하는 개념이다.[12] 넛지는 개인의 자유의지를 침해하지 않으면서, 최선의 선택을 하도록 도움을 주는 방식이다. 학습분석학에서 넛지(nudge)는 학습자의 행동을 세심하게 조정하거나 유도하기 위한 소극적이고 미묘한 개입 방식을 의미한다. 넛지는 학습자의 선택과 의사결정에 영향을 미치는 방식으로, 강제하지 않고 자발적인 참여를 유도한다. 일반적인 피드백은 명확한 지시와 정보를 제공하는 반면, 넛지는 학습자의 인식을 바탕으로 의사결정 과정을 개선하려고 넌지시 자극한다. 일반적 피드백과 넛지의 차이를 예로 들면 아래

12) Thaler, R. H., & Sunstein, C. R. (2021). Nudge: The final edition. Yale University Press.

와 같다.

- **일반적인 피드백**: 학습자에게 "다음 주에 시험이 있으므로, 이번 주말에 공부를 해야 합니다"라는 명확한 지시를 내린다.
- **넛지**: 학습자의 일정 관리 앱에 다가오는 시험 일정을 강조하거나, 공부할 시간을 효과적으로 활용할 수 있는 방법을 제안하여, 학습자 스스로 공부 시간을 계획하도록 유도한다.

넛지와 일반적인 피드백의 차이점은 다음과 같다.

- **강제성**: 일반적인 피드백은 종종 지시적이고 강제적인 요소를 포함하고 있다. 반면에, 넛지는 강제하지 않고 학습자의 자발적 참여를 유도한다.
- **미묘함**: 넛지는 학습자의 인식 속에서 미묘한 변화를 일으키려고 하는 반면, 일반적인 피드백은 명확하고 구체적인 정보를 전달하는 것에 초점을 맞춘다.
- **자기결정**: 넛지는 학습자의 자율성을 존중하고, 학습자 스스로 최선의 선택을 할 수 있도록 도움을 준다. 일반적인 피드백은 학습자에게 어떤 행동을 취해야 하는지 구체적으로 알려주는 경향이 있다.

학습분석학에서 넛지를 사용함으로써 학습자의 동기부여를 향상시키고, 학습 효과를 높일 수 있다. 특히 학습자가 성인이자 직무 전문가인 HRD 환경에서 자율을 기반으로 하는 넛지는 더욱 효과적이다.

또 다른 접근 방법은 수행예측(Performance Forecasting)이다. 이는 학습자들의 참여와 과거 성적에 대한 데이터를 분석하여 최종 보고서를 완료하거나 성적을 예측한다. 이러한 정보는 학습자들 중 추가 지도나 자료를 필요로 하는 사람들을 규명하는 데 도움이 된다. 예를 들어, 학습자가 퀴즈나 과제에서 지속적으로 고민하는 경우, 인적자원개발 전문가들은 필요한 기술을 개발할 수 있도록 맞춤형 코칭이나 멘토링을 제공할 수 있다.

협업 잠재력은 온라인 학습 환경에서 또 다른 중요한 요소이다. 특히 그룹 프로젝트에서는 더욱 그렇다. 학습자들의 과거 협업 이력과 그룹 활동에서의 성과를 분석하여 최종 보고서 작성에 대한 성공적인 협업 잠재력을 예측하는 데 도움이 된다. HRD 전문가들은 이 정보를 활용하여 균형 잡힌 효과적인 팀을 구성할 수 있다. 예를 들어, 학습자가 강력한 협업자로서의 기록이 있다면 HRD 전문가들은 그들을 리더십 역할에 배치하여 팀 전체를 지원할 수 있도록 할 수 있다.

학습 스타일 분할, 몰입 수준 및 퍼포먼스 범주는 인적자원개발 전문가들이 학습자의 필요와 선호도를 더 잘 이해하기 위해 사용하는 세 가지 방법이다. 각 방법은 학습자의 성과와 학습 자료와의 참여에 대해 다른 접근 방식을 사용하여 학습자를 분류한다.

첫 번째 방법인 학습 스타일 분할은 학습자의 선호 학습 스타일에 따라 분류하는 것이다. 시각, 청각 또는 신체 활동과 같은 다양한 콘텐츠 유형 및 활동에 대한 참여 수준을 분석하여 수행된다. 각 학습자의 선호 학습 스타일을 이해함으로써, 인적자원개발 전문가들은 콘텐츠 전달 및 지원을 맞춤화하여 개인의 선호도에 더 잘 부합하는 학습 경험을 제공할 수 있다.

두 번째 방법인 몰입 수준은 학습자를 LMS에서의 참여 수준에 따라 그룹으로 분류하는 것이다. 학습자가 플랫폼과 상호작용하는 방식, 콘텐츠에 할애하는 시간 및 토론에 참여하는 정도를 분석함으로써, 높은 참여도, 보통 참여도 또는 참여하지 않는 그룹과 같은 그룹으로 분류된다. 인적자원개발 전문가들은 참여하지 않는 학습자들에게 참여를 촉진하기 위해 대상을 선별하거나 개입하는 것과 같은 맞춤형 처방을 제시할 수 있다.

세 번째 방법인 퍼포먼스 범주는 학습자의 과정에서의 성과에 따라 분류하는 것이다. 퀴즈 점수, 학습 목표에 대한 진행 상황 및 최종 보고서에 대한 기여 등을 분석함으로써, 높은 수행자, 평균 수행자 또는 낮은 수행자와 같은 그룹으로 분류된다. 인적자원개발 전문가들은 과정 자료의 이해도를 향상시키고 학습자의 퍼포먼스를 향상시키기 위해 맞춤형 권장 사항을 제시하거나 추가 학습 자원을 제공할 수 있다.

분석 기법별 유형

유형

학습분석학 기술에서는 모수적(parametric), 비모수적(non-parametric) 및 AI 접근법이 있다. 모수적 접근법(parametric approach)은 데이터에 대한 기본적인 구조나 분포를 가정하는 통계적 방법론이다. 이 방법은 종종 가정된 분포의 모수(예: 평균, 분산)를 추정하여 추론이나 예측을 수행한다. 모수적 모델은 일반적으로 적은 데이터 포인트로도 정확한 결과를 생성할 수 있지만, 데이터가 가정된 분포에 부합하지 않는 경우 성능이 저하될 수 있다. 모수적 접근법의 예로는 다중 회귀, 로지스틱 회귀 및 분산분석이 있다.

반면, 비모수적 접근법(non-parametric approach)은 데이터의 기본 분포에 대해 엄격한 가정을 요구하지 않는다. 대신 데이터 포인트나 순위 간의 관계에 집중하여 유연하고 분포 가정에서 벗어난 경우에도 견고한 방법을 제공한다. 비모수적 방법은 일반적으로 정확한 결과를 생성하려면 더 많은 데이터 포인트가 필요하지만, 모수적 방법에서는 성능이 저하될 가능성이 있는 데이터에 대해서 더 나은 성능을 제공할 수 있다. 비모수적 접근법의 예로는 K-최근접 이웃(k-NN) 알고리즘, 랜덤 포레스트와 의사결정 트리 및 커널 밀도 추정이 있다.

AI 분석 접근법은 명시적 프로그래밍이나 엄격한 가정 없이 데이터에서 패턴, 관계 및 구조를 자동으로 학습하는 다양한 기계학습 및 딥러닝 기술을 포괄한다. 이러한 접근법은 데이터에 적응할 수 있는 복잡한 알고리즘과 모델을 사용하여 비선형 관계, 고차원성 및 대량 데이터를 포함한 다양한 문제를 처리할 수 있다. AI 분석 접근법의 예로는 뉴럴 네트워크, 서포트 벡터 머신(SVM) 및 랜덤 포레스트와 같은 앙상블 방법이 있다. 각 분석 접근법마다 강점과 약점이 있으며, 방법의 선택은 문제, 데이터의 특성 및 표현 가능성 수준에 따라 다르다.

데이터 분석을 할 때는 각각의 장단점을 가지고 있는 다양한 분석적 방법들이 선택 가능한다. 적절한 방법을 선택하는 것은 특정 문제, 데이터 특성 및 분석 목표에 따라 결정된다. e러닝 및 인적자원개발의 경우, 입력 변수 세트를 기반으로 학습자의 행동, 성과 및 참여를 예측하는 데에 모수적 모델을 사용할 수 있다.

모수 접근법

모수적 파라미터 모델은 입력과 출력 변수 간의 특정 기능적 형태에 대한 가정을 내리는 통계 모델이다. 그들은 종종 간단하고 계산적으로 효율적이어서 상대적으로 적은 수의 입력 변수가 있는 데이터 세트에 이상적이다. 파라미터 모델의 간단함은 이들을 더 해석하기 쉽게 만들어서 학습자의 참여, 성과, 그리고 행동에 영향을 미치는 요인을 더 잘 이해할 수 있게 해준다.

예를 들어, 모수적 모델은 사전 지식, 과목 난이도 및 참여 수준과 같은 요인에 기반하여 학습자의 성과를 예측하는 데 사용될 수 있다. 이 모델은 이러한 입력 변수와 학습자 성과 간의 특정 기능적 형태(선형 또는 로지스틱 회귀 모델 등)를 가정한다. 이를 통해 가장 중요한 입력 변수를 규명하고 학습자 성과를 예측하는 간단한 모델을 개발할 수 있다.

또한 모수적 모델은 과목 난이도가 학습자 참여에 미치는 영향과 같은 인과 관계를 파악하는 데 유용할 수 있다. 이는 모델의 기능적 형태가 입력과 출력 변수 간의 인과 관계를 명시적으로 나타내기 때문이다. 모수적 모델은 데이터의 기본 분포가 알려져 있거나 합리적으로 가정할 수 있는 문제에 적합하다.

그러나 모수적 모델에는 일부 제한 사항이 있다. 가장 큰 단점 중 하나는 입력과 출력 변수 간의 특정한 통계적 조건을 가정한다는 것이다. 이는 데이터가 이 가정된 분포에서 크게 벗어나면 부정확한 결과를 초래할 수 있다. 모수적 모델에서 일반적으로 가정하는 것들로는 선형성, 정규성, 등분산성 및 독립성이 있다. 또한 모수적 모델은 복잡하거나 비선형적인 입력과 출력 변수 간의 관계를 포착하기에 충분히 유연하지 않을 수 있으며, 입력 변수의 수가 많을 때는 과적합을 초래할 수 있어 제대로 작동하지 않을 수 있다. 마지막으로, 모수적 모델은 정확한 결과를 제공하기 위해 많은 양의 데이터를 필요로 할 수 있다. 만약 모델의 가정이 충분한 데이터로 지원되지 않는다면, 모델은 정확하지 않거나 신뢰성이 떨어질 수 있다.

결론적으로, 모수적 모델은 각각의 장단점이 있으며, 분석 문제, 데이터 특성 및 분석 목표와 같은 다양한 요인에 따라 선택되어야 한다. 모수적 모델은 학습자의 행동, 성과 및 참여를 예측하는 데 유용하지만, 이러한 모델의 한계와 가정을 구현하기 전에 반드시 고려해야 한다.

비모수 접근법

비모수 분석 접근법은 데이터 분석에 사용될 때 고려해야 할 장단점이 있다. 비모수 모델은 데이터와 목표 변수 간의 복잡하거나 비선형적인 관계를 처리할 수 있어 가정에서 벗어난 경우에 더 강력하다. 비모수 기법은 입력 변수와 출력 변수 간의 관계에 대한 특정 함수 형태를 가정하는 모수 기법과 달리, 데이터의 기반이 되는 분포에 대한 가정이 필요하지 않다. 따라서 비모수 기법은 보다 "진정한" 추론 기법으로 간주된다.[13)]

비모수 기법의 한 예로 소셜 네트워크 분석(SNA)이 있다. 이는 노드 간의 연결 수 및 상호작용 패턴과 같은 네트워크 자체의 구조에 중점을 둔다. SNA는 비공식적인 학습 커뮤니티의 발생이나 영향력 있는 학습자의 규명과 같은 테크놀로지 기반 HRD 환경의 사회적 역학에 대한 통찰력을 제공할 수 있다. 이 기법은 다양한 상황에서 사용될 수 있으며, 모수 기법의 가정이 충족되지 않는 집단 역학 현상 분석에 있어 보다 정확한 결과를 제공할 수 있다.

그러나 비모수 모델은 특히 기능이 많은 경우나 데이터 포인트가 많은 경우 계산 비용이 많이 든다. 이러한 모델은 입력 변수와 출력 변수 간의 관계나 데이터 분포에 대한 가정을 하지 않기 때문에 더 유연하지만 계산 비용이 더 많이 소요된다. 최근 기술적 발전으로 비모수 모델의 계산 비용은 적어졌다. 예를 들어, 병렬 처리의 개발은 여러 계산을 동시에 실행하여 예측 또는 분류 생성에 필요한 시간을 줄일 수 있다. 또한 더 효율적인 알고리즘 및 데이터 구조의 개발은 정확한 결과를 생성하는 데 필요한 계산 양을 줄일 수 있다.

---

13) Lehmann, E, L., & D'Abrera, H. J. (1975). Nonparametrics: Statistical Methods Based on Ranks. Holden–day.

비모수 모델의 단점 중 하나는 모수 기법보다 해석이 더 어렵다는 것이다. 모수 기법은 입력 변수와 출력 변수 간의 관계에 대한 명시적인 방정식 또는 기능 형태를 가지고 있다. 비모수 모델은 더 복잡한 알고리즘에 의존하며 해석하기 어려울 수 있으며 데이터의 기본적인 관계에 대한 명확한 통찰력을 제공하지 않을 수 있다. 따라서 비모수 모델을 사용할 때는 그들의 장단점을 신중하게 고려하고 특정 데이터 및 연구 문제에 적합한 기술을 선택하는 것이 중요하다.

인공지능 접근법

인공지능(AI) 모델은 명시적인 프로그래밍이나 가정 없이도 데이터에서 복잡한 패턴과 관계를 학습할 수 있는 능력을 갖고 있다. 고차원, 비선형 관계, 대량의 데이터 등 다양한 문제 유형을 다룰 수 있으며, 특히 많은 양의 데이터와 함께 사용될 때 높은 정확도와 성능을 제공한다. 그러나 비모수 모델과 마찬가지로, AI 모델은 복잡하거나 딥 모델을 다룰 때 해석하기 어려울 수 있다. 이는 AI 모델이 신경망이나 딥러닝과 같은 복잡한 알고리즘을 사용하여 구축되기 때문이며, 이러한 모델은 데이터에서 패턴을 학습하고 규명하기 위해 설계되었지만, 학습 과정은 해석하기 어려울 수 있으며 데이터의 근본적인 관계에 대한 명확한 통찰력을 제공하지 않을 수 있다.

AI 모델의 주요 약점 중 하나는 과적합(Overfitting)이다. 과적합은 모델이 너무 복잡하고 훈련 데이터의 잡음이나 무작위 변동성을 맞추는 것이 아니라 입력 변수와 출력 변수 사이의 근본적인 패턴이나 관계를 맞추는 것으로 이는 모델이 훈련 데이터에서 잘 수행되지만 새로운, 분석에 포함시키지 않은 미래 데이터에서는 성능이 나빠질 수 있다.

테크놀로지 기반 HRD 분석의 맥락에서, AI 모델이 너무 복잡하거나 한정된 또는 편향적인 데이터 세트에서 훈련된 경우 과적합이 발생할 수 있다. 예를 들어, 모델을 훈련하는 데 사용되는 데이터 세트의 학습자 수가 적거나 학습 행동 또는 결과의 전체 범위를 포착하지 못하는 경우, 모델은 새로운, 보지 않은 데이터에 대해 잘 일반화되지 않을 수 있다. 또한, 데이터가 노이즈인 경우, 즉 데이터에 많은 무작위 변동성이나 오류가 있는 경우, 모델은 데이터의 근본적인 관계

대신에 이 노이즈에 맞춰 과적합 될 수 있다.

과적합을 피하기 위해서는 교차 검증(cross validation)이나 정규화(normalization)와 같은 적절한 기법을 사용하는 것이 중요하다. 교차 검증은 데이터 세트를 학습용과 검증용으로 분할하여 모델의 성능을 검증함으로써 학습 데이터에만 과도하게 적합되는 것을 방지한다. L1이나 L2 정규화[14)]와 같은 정규화 기법은 모델의 복잡성을 줄여 과적합을 방지하는 데 도움을 준다.

과적합은 머신러닝에서 흔한 문제로, 모델이 너무 복잡하거나 한정된 데이터 세트에 학습된 경우 발생할 수 있다. 따라서 모델 선택과 평가에 교차 검증이나 정규화와 같은 적절한 기법을 사용하는 것이 중요하다. 이러한 기법들은 모델이 노이즈나 무작위한 데이터 변동에 대해서만 학습하는 것을 방지하고, 새로운 데이터에 대해 일반화할 수 있도록 도와준다. 또한 더 크고 다양한 데이터 세트를 수집함으로써 과적합의 위험을 줄일 수 있으며, 다양한 학습 동작과 결과를 포착할 수 있도록 해준다.

접근법별 적용 예시

위에 언급된 6가지 예시에 대해, 각각에 대해 사용 가능한 모수, 비모수 및 AI 알고리즘을 설명하겠다. 예측에 대한 3가지, 분류에 대한 3가지를 제시하겠다.

---

14) L1 정규화와 L2 정규화는 머신러닝과 통계에서 모델의 과적합을 방지하기 위해 사용되는 기법들이다. 이들은 모델의 복잡성을 줄이고 일반화 성능을 높이는 데 도움을 준다. 둘 다 모델의 손실 함수에 페널티 항을 추가하여 모델의 가중치를 제한하는 방식으로 작동한다.
L1 정규화(Lasso 정규화): L1 정규화는 손실 함수에 가중치의 절대값 합계를 추가한다. 이로 인해 모델의 일부 가중치는 0이 되어 모델이 희소해지는 특성이 있다. 이는 기능 선택의 효과를 가지며, 모델이 중요한 특징에만 집중하도록 만든다.
L2 정규화(Ridge 정규화): L2 정규화는 손실 함수에 가중치의 제곱합을 추가한다. 이로 인해 모델의 가중치는 0에 가까워지지만 완전히 0이 되지는 않는다. L2 정규는 가중치를 균등하게 분산시키는 경향이 있어, 모델이 특징 간의 균형을 이루도록 도와준다.
두 기법 모두 모델의 복잡성을 줄이고 과적합을 방지하는 데 효과적이지만, 사용되는 문제나 데이터에 따라 적합한 정규화 기법이 달라질 수 있다. 예를 들어, 특징 선택이 중요한 문제에는 L1 정규화가, 모든 특징을 고려해야 하는 문제에는 L2 정규화가 더 적합할 수 있다.

중도탈락(Dropout) 위험도 예측

로지스틱 회귀와 같은 매개변수 모델은 테크놀로지 기반 HRD 분석에서 다양한 학습자 행동데이터와 학습자의 중도 탈락 확률과의 관계를 모델링하는 데 사용될 수 있다. 로지스틱 회귀는 이진 결과 변수(중도 탈락 또는 지속성과 같은)와 하나 이상의 예측 변수(시간, 로그인 횟수 또는 온라인 토론 참여와 같은) 간의 관계를 모델링하는 회귀 분석의 유형이다. 테크놀로지 기반 HRD 분석에서 로지스틱 회귀는 학습자 행동과 학습자의 중도 탈락 확률 간의 관계를 모델링하고, 중요한 탈락 예측 기능을 규명한다. 로지스틱 회귀는 양의 크기를 제시하는 예측 분석학 기법을 중도탈락 여부(Yes No)라는 범주로 해석가능하도록 해 주는 변형 모델이다.

의사결정 트리나 랜덤 포레스트와 같은 비모수 모델은 기본 데이터 분포에 대한 가정 없이 다양한 학습자 행동 데이터를 기반으로 중도 탈락 확률을 모델링하는 데 사용될 수 있다. 의사결정 트리와 랜덤 포레스트는 데이터 내 패턴을 규명하고 학습하는 비모수 모델의 예이다. 테크놀로지 기반 HRD 분석에서 의사결정 트리와 랜덤 포레스트는 시간, 로그인 횟수 또는 온라인 토론 참여와 같은 학습자 행동과 학습자의 중도 탈락 확률 간의 관계를 모델링할 수 있다. 의사결정 트리와 랜덤 포레스트는 예측 변수와 결과 변수 간의 비선형적인 관계를 처리할 수 있으며, 다양한 학습자 행동 간의 복잡한 상호작용을 규명할 수 있다. 의사결정 트리의 장점 중 하나는 해석 가능성이다. 의사결정 트리는 쉽게 시각화되고 이해할 수 있어 인적자원개발 전문가 및 HRD 전문가가 분석 결과를 해석하고 대응하는 데 용이하다. 또한, 랜덤 포레스트는 의사결정 트리의 앙상블을 사용하여 고차원 데이터를 처리하고 과적합을 줄일 수 있다.[15)]

인공지능 접근법, 특히 신경망과 같은 딥러닝 기술을 사용하면 이러닝 분석에서 몰입 특성과 탈락 확률 간의 복잡한 관계를 모델링할 수 있다. 신경망은 인

15) Jo, I. H., Park, Y., & Song, J. (2017). Comparisons on clustering methods: Use of LMS long variables on academic courses. Educ. Technol. Int., 18(2), 159–191.

간 두뇌의 구조와 기능을 모방하도록 설계된 딥러닝 알고리즘의 일종이다. 입력 데이터와 출력 예측값 간의 복잡하고 비선형적인 관계를 학습할 수 있으며, 이러한 특성은 몰입 특성과 탈락 확률 간의 복잡한 관계를 모델링하는 데 적합한다. 이러한 맥락에서 신경망은 작업에 사용된 시간, 로그인 횟수 또는 온라인 토론 참여와 같은 몰입 특성과 학습자가 탈락할 확률과의 관계를 모델링할 수 있다. 신경망은 예측 변수와 결과 변수 간의 비선형적인 관계를 다룰 수 있으며 몰입 특성 간의 복잡한 상호작용을 파악할 수 있다. 신경망의 장점 중 하나는 대규모 및 복잡한 데이터 세트에서 패턴을 학습하고 규명할 수 있다는 것이다. 또한 신경망은 대량 및 다양한 데이터 세트에서 교육 및 테스트 시 높은 정확도와 예측 능력을 제공할 수 있다. 그러나 신경망의 잠재적인 한계는 복잡성과 해석 불가능성이다. 특히 심층 또는 복잡한 구조를 다룰 때 신경망은 해석과 이해하기 어렵다. 또한, 훈련 샘플 수가 제한되거나 모델이 너무 복잡한 경우에 신경망은 과적합될 가능성이 있다.

퍼포먼스 예측

다중 회귀 분석과 같은 파라메트릭 방법을 사용하면 학습자의 참여도와 과거 성적 간의 관계를 모델링하여 테크놀로지 기반 HRD 분석에서 최종 보고서 작성이라는 직무관련성이 높은 실제적 퍼포먼스에서의 성공 가능성을 예측할 수 있다. 테크놀로지 기반 HRD 분석에서 다중 회귀는 과제나 퀴즈에서 학습자의 성적과 같은 참여 특성인 과제에 할애한 시간, 로그인 횟수 또는 온라인 토론 참여와의 관계를 모델링할 수 있다. 다중 회귀는 모델에 여러 예측 변수를 포함시킬 수 있으며, 각 변수가 결과 변수를 예측하는 데 상대적으로 중요한지를 규명할 수 있다. 다중 회귀의 장점은 단순성과 해석 가능성이다. 이는 통계 모델링에 충분한 배경지식이 없는 인적자원개발 전문가 및 HRD 전문가들에게 적합하며 널리 사용되는 잘 정립된 통계 기법이다. 또한 다중 회귀는 여러 예측 변수를 처리할 수 있으며, 각 변수가 결과 변수를 예측하는 데 상대적으로 중요한지를 규명할 수 있다. 이는 학습자의 성과와 가장 강력하게 관련된 참여 특성을 규명하고, 대상 학습자의 결과를 개선하기 위한 대상적인 개입을 개발하는 데 도움이 될 수 있다. 그러나 다중 회귀의 잠재적인 제한 사항은 예측 변수와 결과 변수 간의 선형 관계를 가정한다는 것이다. 관계가 비선형적이거나 복잡한 경우 신경망 또는 의사결정 트리와 같은 고급 모델링 기술이 더 적합할 수 있다.

반면, 서포트 벡터 머신(SVM) 또는 K-최근접 이웃(k-NN)과 같은 비파라메트릭 방법은 테크놀로지 기반 HRD 분석에서 특정 데이터 분포를 가정하지 않고 참여 특성을 기반으로 학습자의 성적을 예측하는 데 사용될 수 있다. SVM과 k-NN은 모두 비모수적인 기계학습 기법의 예시로, 학습자의 참여 특성을 기반으로 성적을 예측할 수 있다. 이러한 방법들은 예측 변수와 결과 변수 간의 비선형적인 관계를 다룰 수 있으며, 기반이 되는 데이터 분포에 대한 가정을 하지 않다.

장단기메모리(Long Short-Term Memory: LSTM) 네트워크나 다른 순차적인 신경망 구조와 같은 인공지능 기술은 학습자의 참여와 성적 데이터의 시간적 패턴을 모델링하여 성적을 예측하는 데 사용될 수 있다. LSTM 네트워크는 순차적인 데이터의 장기 의존성을 모델링할 수 있는 순환 신경망(RNN)의 일종으로, 시계열 예측 작업에 적합한다. 테크놀로지 기반 HRD 분석에서 LSTM 네트워크는 테크놀로지 기반 HRD 플랫폼과 상호작용하는 빈도 및 지속 시간과 같은 학습자의 참여와 성적 데이터의 시간적 패턴을 모델링하여, 미래의 평가나 과제에 대한 학습자의 성적을 예측할 수 있다. 합성곱 신경망(CNNs)이나 게이트 순환 유닛(GRUs)과 같은 다른 순차적인 신경망 구조도 학습자의 참여와 성적 데이터의 시간적 패턴을 모델링하는 데 적합할 수 있다.

협업 잠재력

요인분석(factor analysis)이나 주성분분석(PCA)과 같은 모수적 방법은 성공적인 협업에 기여하는 기저 요인이나 성분을 규명하는 데 사용될 수 있다. 테크놀로지 기반 HRD 분석의 맥락에서 이러한 방법은 학습자 간 효과적인 협업에 기여하는 요소를 규명하여, 효과적인 의사소통, 공유된 목표, 보완적인 기술 등과 같은 요소를 예측할 수 있다. 협업 행동의 패턴을 분석하고 이러한 기저 요인을 규명함으로써 학습자의 참여 행동과 기타 관련 요소를 기반으로 성공적인 협업 가능성을 예측할 수 있다. 이러한 방법의 장점 중 하나는 협업 데이터의 복잡성을 줄일 수 있으므로 데이터의 단순화된 해석 가능한 표현을 제공하며, 학습자 간의 협업 활동과 개입을 설계하는 데 더 효과적인 의사결정을 가능하게 한다.

모수적 방법 외에도 군집화 알고리즘과 같은 비모수적 방법도 유용할 수 있다. 계층적 군집화 또는 DBSCAN[16)]과 같은 기술은 학습자를 그룹화하는 데 사용될 수 있다.

그래프 신경망 또는 다른 그래프 기반 머신러닝 기술과 같은 인공지능 기반 방법은 학습자와 그들의 협업적 행동 간의 관계를 모델링하는 데 사용될 수 있다. 이를 통해 협업 가능성을 예측하고, 다양한 학습 시나리오에서 학습자가 효과적으로 협업할 수 있는 방법에 대한 유용한 정보를 제공한다.

학습 스타일 분류

잠재적 클래스 분석(LCA) 또는 잠재 프로필 분석은 학습자들의 다양한 콘텐츠 유형과 활동과의 관여를 기반으로 학습자들을 서로 다른 그룹으로 분류하는 데에 사용할 수 있는 모수적 방법이다. e러닝 분석의 맥락에서, 이러한 기술은 다양한 콘텐츠 유형 및 활동, 예를 들어 멀티미디어 콘텐츠 또는 퀴즈 및 토론 포럼과 같은 학습 활동과 유사한 참여 패턴을 공유하는 학습자들의 하위 그룹을 규명할 수 있다. 이러한 하위 그룹을 규명함으로써 인적자원개발 전문가 및 HRD 전문가들은 각 그룹의 특정 요구 사항과 선호도에 맞추어 그들의 교육 설계를 조정할 수 있다. LCA 및 잠재 프로필 분석은 참여 패턴을 기반으로 서로 다른 하위 그룹을 정확하게 파악할 수 있는 장점이 있으며, 이는 더욱 명확하고 효과적인 교육 설계를 용이하게 한다. 또한, 이러한 기술은 범주형 데이터를 다룰 수 있으며, 하위 그룹을 구분하는 가장 중요한 변수를 규명할 수 있다.

또는 K-평균 클러스터링 또는 병합 계층적 클러스터링과 같은 모수적이지 않은 방법을 사용하여 학습자들을 참여 특징에 따라 분할할 수 있다. 이러한 방

---

16) DBSCAN은 "Density-Based Spatial Clustering of Applications with Noise"의 약자로, 데이터의 밀도에 기반한 공간 클러스터링 알고리즘이다. DBSCAN은 간단하면서도 강력한 클러스터링 기법으로, 데이터 세트의 형상에 상관없이 클러스터를 찾을 수 있다.

법은 데이터 분포에 대한 가정을 하지 않는다.

자동 인코더 또는 다른 비지도 학습 방법과 같은 인공지능 기술은 또한 학습자들의 참여 데이터의 저차원 표현을 학습하는 데 사용될 수 있다. 이러한 표현은 학습 스타일에 따라 학습자들을 분할하기 위해 클러스터링될 수 있으며, 교육 설계 및 개인화에 대한 추가적인 통찰력을 제공한다.

테크놀로지 기반 HRD 분석의 맥락에서, 다양한 통계 기술 및 기계학습 기법을 사용하여 다른 참여 기능을 기반으로 학습자의 참여 또는 몰입 수준을 이해하고 예측할 수 있다. 분산분석 또는 다중 회귀와 같은 모수 기법을 사용하여 학습자의 몰입 수준과 시간, 퀴즈 점수 또는 포럼 참여와 같은 다양한 참여 기능 간의 관계를 모델링할 수 있다. 이러한 기법을 사용하면 몰입 기능과 학습자의 몰입 수준 간의 가장 강력한 관련성을 규명할 수 있으며, 이러한 기능을 기반으로 학습자의 미래 몰입을 예측할 수 있다. 분산분석이나 다중 회귀를 사용하는 장점 중 하나는 학습자의 몰입 수준과 다양한 몰입 기능 간의 관계를 규명하고 정량화하여 더 정확한 미래 몰입 수준 예측이 가능하다는 것이다. 이러한 기법은 연속 데이터를 처리할 수 있으며 예측에 기여하는 가장 중요한 변수를 규명할 수 있다.

커널 밀도 추정(KDE) 또는 비모수 분산분석과 같은 비모수 기법은 특정 데이터 분포를 가정하지 않고 몰입 수준과 몰입 기능 간의 관계를 분석하는 데 사용될 수 있다. 테크놀로지 기반 HRD 분석의 맥락에서 KDE 또는 비모수 분산분석은 플랫폼에서 보낸 시간, 퀴즈 점수 또는 포럼 참여와 같은 몰입 기능과 몰입 수준 간의 관계를 분석하는 데 사용될 수 있다. 이러한 기법은 기본 데이터 분포에 대해 어떤 가정도 하지 않기 때문에 몰입 기능과 학습자의 몰입 수준 간의 비선형 또는 복잡한 관계를 규명할 수 있다. 이러한 기법의 장점 중 하나는 비정규 분포 또는 비선형 데이터 분포를 처리할 수 있다는 것으로, 몰입 수준과 몰입 기능 간의 관계를 더 정확하게 분석할 수 있다. 이러한 기술들은 특정한 데이터 분포를 가정하지 않고, 몰입 수준과 몰입 특성 간의 유의미한 차이점을 규명할 수 있다. 합성곱 신경망(CNNs)이나 다른 딥러닝 방법과 같은 인공지능 기술을 사용하여 학습자들의 몰입 데이터의 고수준 특징을 학습하고, 이를 사용하여 학습자들을 서로 다른 몰입 수준으로 분류할 수 있다. 인공지능의 능력을 활용하여, 이러한 기법들은 전통적인 통계적 방법으로는 감지하기 어려운 복잡한 패턴과 관계를 데이터에서 포착할 수 있다.

퍼포먼스 카테고리

파라미터 기술법은 판별 분석이나 다중 로지스틱 회귀 등을 사용하여 테크놀로지 기반 HRD 분석의 맥락에서 학습자의 퍼포먼스 카테고리와 다양한 퍼포먼스 관련 특징 간의 관계를 모델링하는 데 사용될 수 있다. 이러한 기술은 어떤 퍼포먼스 관련 특징이 학습자의 퍼포먼스 카테고리와 가장 강력하게 연관되어 있는지 규명할 수 있으며 이러한 특징을 기반으로 학습자의 미래 퍼포먼스를 예측하는 데 사용될 수 있다. 판별 분석과 다중 로지스틱 회귀는 다중 독립 변수와 범주형 종속 변수 간의 관계를 모델링하는 이점이 있으며 비선형 관계와 다중 결과 범주를 다룰 수 있다.

CART 또는 랜덤 포레스트와 같은 비모수 기술법은 기존 데이터 분포에 대한 가정 없이 학습자의 퍼포먼스 특징을 기반으로 퍼포먼스 카테고리로 분류할 수 있다.

다층 퍼셉트론(MLP)이나 기타 피드포워드 신경망 아키텍처와 같은 인공지능 기술은 퍼포먼스 특징과 퍼포먼스 카테고리 간의 복잡한 관계를 모델링하여 다양한 퍼포먼스 그룹으로 학습자를 정확하게 분류할 수 있다. 테크놀로지 기반 HRD 분석의 맥락에서 MLP나 기타 피드포워드 신경망 아키텍처는 퀴즈 점수나 완료율과 같은 퍼포먼스 관련 특징과 합격 또는 불합격과 같은 퍼포먼스 카테고리 간의 복잡한 관계를 규명하는 데 사용될 수 있다. 이러한 기술은 비선형 관계를 다룰 수 있으며 분류에 가장 중요한 특징을 정확히 규명할 수 있다. 또한 이러한 기술들은 분류에 가장 큰 영향을 미치는 특징을 파악하여 분류 정확도를 최적화하는 데 사용될 수 있다.

Chapter

05

네트워크 분석

개요

네트워크 분석은 관계를 양적으로 측정하는 방법들의 집합으로, 기업 환경에서 인적자원개발(HRD)의 필수적인 도구가 되었다. 그러나 네트워크 분석을 HRD에 적용하여 얻은 인사이트는 분절화되어 있고 통합하기 어려운 상황이다. 이는 직장 학습 환경에서 인간 활동의 사정과 모델링의 네트워크 분석 기법을 활용하지 않고 있기 때문이다. 이 장에서는 기업 HRD의 맥락에서 혁신적이고 기본적으로 구별되는 접근 방식으로 네트워크 분석을 적용한 다양한 경험적 연구를 탐구한다. 직원들의 사회적 행동을 평가하거나 조직적 네트워크를 모델링하는 연구에 집중하여, 일관성 없는 경험적 결과를 해결하기 위해 엄격성, 타당성, 맞춤성을 요구하는 분석 프로세스의 측면을 강조한다.

이 장은 명확한 네트워크 정의를 확립하고 네트워크 형성에 대한 가설을 제시하며 개인 수준 측정의 타당성을 검증하는 것이 일관된 경험적 인사이트와 지표를 생성하는 데 중요하다는 것을 강조한다. 미래 학습분석학 연구는 기업 환경에서 인간 상호작용이 발생하는 수준 간 시간적 측면, 다중 연결 및 동적 상호작용을 모델링하는 데 집중할 필요가 있다.

네트워크 분석(Network Analysis)과 사회연결망 분석(Social Network Analysis)은 두 개념이 비슷해 보이지만, 다른 목적과 적용 범위를 가지고 있다.

네트워크 분석은 그래프 이론(Graph Theory)과 관련된 수학적 기법을 사용하여 복잡한 네트워크 구조를 연구하는 연구 방법이다.[1] 네트워크는 노드(구성요소)와 링크(노드 간의 관계)로 구성되어 있으며, 이를 분석하여 네트워크의 중심성, 클러스터링, 연결 강도 등의 특성을 파악할 수 있다. 네트워크 분석은 다양한 분야에서 사용되며, 컴퓨터 네트워크, 전력 그리드, 교통 체계 등에 적용할 수 있다.[2]

---

1) Brandes, U., Robins, G., McCranie, A., & Wasserman, S. (2013). What is network science?. Network science, 1(1), 1–15.

2) Barabási, A. L. (2003). Linked: The new science of networks.

사회연결망 분석은 네트워크 분석의 한 분야로, 사회적 관계와 상호작용에 초점을 맞춘 영역 특수적 분석 방법, 즉 그 해석에 있어 연구주제별로 다른 전문 지식이 요구되는 분석방법이다. SNA는 사람, 기관, 그룹 간의 관계와 패턴을 연구하여, 사회 구조와 행동의 특성을 이해하는 데 도움을 준다. 이러한 분석은 사회학, 경제학, 심리학 등 다양한 사회과학 분야에서 사용된다.[3]

사회연결망 분석(SNA)은 사회 네트워크의 구조, 패턴 및 관계를 연구하는 데 사용되는 연구 방법과 분석 접근법이다. 사회학, 인류학 및 사회심리학 분야에서 비롯되었으며, 커뮤니케이션, 경제, 공중 보건 및 교육과 같은 다양한 분야에서 응용된다.[4] SNA가 복잡한 사회 상호작용과 관계를 이해하는 데 인기 있는 도구가 되고 있는 이유는 그 유용성과 다양한 적용 가능성 때문이다.

교육 분야에서의 핵심 개념, 이점 및 응용 분야를 살펴보면 첫째, SNA에서는 학습자, 교사, 학부모 등의 개인을 노드(node)로 간주하고, 이들 간의 상호작용과 관계를 링크(link)로 나타낸다. 이러한 관계와 상호작용은 학습 경험, 성취도, 그룹 내 역할 및 소속감 등 다양한 측면에 영향을 미친다. 둘째, SNA를 통해 학습 공동체 내에서 어떤 관계와 상호작용이 존재하는지 파악할 수 있다. 이를 바탕으로 학습 환경을 개선할 수 있다. 셋째, SNA는 교육자들이 학습자들 간의 네트워크 구조와 동적 특성을 이해하고, 그룹 작업과 협력을 효과적으로 지원하는 데 있어 전통적 분석 방법으로 파악할 수 없는 상호작용 구조를 규명함으로써 학습자들 간의 영향력, 리더십, 소외 상태 등을 평가하고, 이를 교육 프로그램 개발 및 지원에 활용할 수 있다.[5]

교육 환경에서 대표적 응용 분야로는 첫째, 학교 내의 교우관계와 학습자들 간의 상호작용을 분석하여, 학습에 영향을 미치는 요인을 조사하고 개선할 수 있

3) Wasserman, S. (1994). Advances in social network analysis: Research in the social and behavioral sciences. Sage.

4) Jo, I. H., Kang, S., & Yoon, M. (2014). Effects of communication competence and social network centralities on learner performance. Journal of Educational Technology & Society, 17(3), 108–120.

5) 조일현. (2004). 군집분석 및 커뮤니티 분석 기법을 활용한 직무분석 사례 연구. 컴퓨터교육학회 논문지, 7(1), 151–165.

다. 둘째, 온라인 학습 환경에서 SNA는 학습자 간의 상호작용과 협력을 측정하고 분석하는 데 활용된다.[6)7)] 이를 통해 온라인 공간에서 눈에 보이지 않게 이뤄지는 사회적 학습 경험을 드러내 준다. 셋째, 거시적 안목에서 교육 정책 및 프로그램 평가에서 SNA는 학교, 지역, 국가 차원의 네트워크를 연구하여, 교육 정책의 효과와 영향을 평가하는 데 도움이 된다.[8)]

주요 개념

노드(node)

사회연결망 분석(SNA)은 기업 인적자원개발에서 가치 있는 도구로, 조직 내 개인 또는 개체들 간의 관계 구조와 상호 연결성을 조사하는 데에 전문가들이 사용할 수 있다. 이러한 맥락에서 노드는 소셜 네트워크의 필수 요소인 개인 또는 점과 같다. 노드 간의 관계에 초점을 맞추면 SNA는 의사소통, 협력 및 영향력 패턴에 대한 통찰력을 제공하여 직원의 성과, 참여 및 전반적인 조직 효과성을 향상시킬 수 있다.

전문적인 또는 기업 학습 환경에서 SNA는 학습 과정에 참여하는 다양한 이해 관계자들 간의 상호작용과 관계를 조사하는 데 사용될 수 있다. 직원 학습자, 교수자/교수자, 주제 전문가(SMEs), 교육 디자이너 및 고객(내부 또는 외부)과 같은 노드를 분석함으로써 SNA는 조직학습 및 팀 개발 이니셔티브의 집단역학과 효과를 규명할 수 있다.[9)]

예를 들어, SNA는 이해 관계자 간의 의사소통 및 협력 패턴을 규명하고, 네

6) 조일현. (2007). e－러닝에서 사회연결망 지표와 인지적 및 정의적 학업 성취도 간의 상관관계. 정보교육학회논문지, 11(3), 379－387.

7) 조일현. (2009). 협동학습 상황에서 개인의 커뮤니케이션 능력과 사회연결망 중심도가 학습 성과에 미치는 영향. 교육과학연구, 40(2), 77－98.

8) 허균. (2016). 동북아 연구에서 사회연결망 분석을 적용한 2모드 네트워크 활용방안. 동북아시아문화학회 국제학술대회 발표자료집, 125－128.

9) 조일현. (2010). 한국 R&D 팀 내 다양성과 성과 간의 영향: 사회연결망 분석 접근. 기업교육과 인재연구, 12, 25－39.

트워크 내에서 주요 영향력자를 파악하며, 정보 및 자원의 흐름에서 병목 현상 또는 네트워크 구조상의 공백을 발견하며, 학습 경험을 향상시키기 위한 기회를 발견할 수 있다. 이해 관계자 간의 관계와 상호작용을 최적화함으로써 SNA는 멘토십 프로그램, 학습 커뮤니티 또는 교차 기능적(cross functional) 팀과 같은 더욱 매력적이고 생산적인 학습 환경을 조성하기 위한 기회를 파악할 수도 있다.

최종적으로, 전문적인 학습 환경에서 SNA를 적용함으로써 조직은 학습 및 개발 이니셔티브를 개선하여 보다 효과적인 교육 프로그램, 더 나은 학습 결과 및 조직적 성공을 이끌어낼 수 있는 더욱 강력하고 적응력 있는 인적자원을 양성할 수 있다.

링크(link)

전문적이거나 기업 교육 환경에서 소셜 네트워크 분석(SNA)에서의 링크는 노드 간의 다양한 유형의 연결 또는 관계를 나타낸다. 이러한 연결은 학습 네트워크 내의 역학, 협업 및 커뮤니케이션 패턴에 대한 가치 있는 통찰력을 제공할 수 있다.

이러한 맥락에서 일반적으로 사용되는 몇 가지 유형의 링크에는 커뮤니케이션, 협업, 지식 공유, 사회적 연결, 위계적인 관계, 멘토십 또는 코칭이 포함된다. 커뮤니케이션 링크는 직원-학습자, 교수자 또는 교육 설계자와 같은 이해 관계자들 간의 메시지, 이메일 또는 토론 교환을 나타낸다. 커뮤니케이션 패턴을 분석하면 정보 흐름의 핵심 채널과 학습 네트워크 내의 대화 및 피드백 향상 기회를 파악할 수 있다.

협업 링크는 이해 관계자들이 프로젝트, 과제 또는 문제 해결 활동에서 함께 일하는 경우를 나타낸다. 협업 패턴을 연구하면 지식과 자원이 공유되는 방식을 이해할 수 있으며 이해 관계자 간의 팀워크와 협력을 촉진할 기회를 파악할 수 있다.[10)]

10) 조일현. (2008). 협동학습팀 내 사회연결망 지수가 학습 성과에 미치는 영향. 교육공학연구, 24(4), 295-317.

지식 공유 링크는 이해 관계자 간의 정보, 전문 지식 또는 모범 사례 전달을 나타낸다. 지식 공유 패턴을 분석하면 네트워크 내의 영향력 있는 개인과 전반적인 학습 성과를 향상시킬 수 있는 지식 공유가 개선되어야 할 분야를 규명할 수 있다.

사회적 연결은 이해 관계자 간의 개인적인 관계 또는 우정을 나타내며 학습 환경의 집단역학에 영향을 미칠 수 있다. 사회적 연결을 검토함으로써 조직은 학습 경험에 미치는 사회적 요인의 영향을 이해하고, 지원적이고 포용적인 학습 커뮤니티를 조성하는 방법을 파악할 수 있다.

계층적 관계는 조직 내의 공식적인 보고 라인 또는 감독적 관계를 나타낸다. 계층적 관계를 분석함으로써 정보 흐름 및 의사결정 과정을 이해하여 조직이 학습 및 개발 전략을 최적화하는 데 필요한 정보를 제공한다.

멘토십이나 코칭 관계는 보다 경험이 많은 이해관계자들이 직원 학습자들에게 지도, 지원 또는 조언을 제공하는 경우를 나타낸다. 이러한 관계를 연구함으로써 조직은 멘토십이 학습 성과에 미치는 영향을 이해하고 학습자들에 대한 지원 구조를 개선할 기회를 찾을 수 있다.

성인 전문가로 구성된 HRD 상황에서 학습 네트워크 내의 다양한 유형의 연결을 검토함으로써 SNA는 이해관계자들 간의 상호작용 및 관계에 대한 유용한 통찰력을 제공할 수 있다. 이 정보를 활용하여 의사소통, 협업 및 지식 공유를 최적화하여, 학습 및 개발 프로그램의 효과성과 결과를 향상시킬 수 있다.

주요 네트워크 분석 지표

네트워크 구조와 중심도는 사회연결망분석(SNA)에서 중요한 개념으로, 전문적이거나 기업 학습 환경을 포함한 네트워크의 기능과 집단역학에 대한 유용한 통찰력을 제공할 수 있다.[11]

11) Wasserman, S., & Faust, K. (1994). Social network analysis: Methods and applications.

네트워크 구조 지표

응집도(cohesion)

기업 환경에서의 네트워크 구조는 네트워크 내의 노드 간 연결 또는 관계의 전반적인 패턴을 의미한다. 네트워크 구조를 분석하면 네트워크가 어떻게 작동하는지에 대한 중요한 정보를 얻을 수 있다. 응집도는 기업 환경에서 특히 중요한 네트워크 구조 측면 중 하나이다. 응집도가 높을수록 조직의 전반적인 성공에 큰 영향을 미친다.

직원과 이해관계자들이 서로 강하게 연결되어 있을수록 정보, 아이디어 및 자원이 더 자유롭게 흐르는 환경을 조성한다. 이러한 강력한 연결망은 협력, 혁신 및 효율적인 문제 해결을 촉진하여 개선된 학습 및 개발 결과를 이끌어낼 수 있다. 응집된 네트워크는 기업 환경에서 여러 가지 이점을 제공할 수 있다.

첫째, 강화된 의사소통은 주요한 이점 중 하나이다. 높은 응집도는 직원, 부서 및 이해관계자 간에 더 효과적이고 개방적인 소통 채널을 제공한다. 이는 필수적인 정보와 지식 공유를 용이하게 하며, 결정과 조정을 개선할 수 있다.

둘째, 응집력이 높은 네트워크에서는 협력이 촉진된다. 강력한 연결이 있을 때 직원들은 더 쉽게 협력하고 아이디어를 공유할 가능성이 높다. 이러한 협력은 더 혁신적인 솔루션을 이끌어내며 전체 생산성을 높일 수 있다.

셋째, 강력한 지원 체계가 구축된다. 강하게 연결된 네트워크는 직원들이 도움을 요청하거나 우려를 공유하는 데 더 편안한 환경을 조성할 수 있다. 이러한 지원감은 직원 만족도, 참여도 및 유지율을 증가시킬 수 있다.

넷째, 효율적인 문제 해결이 촉진된다. 직원들이 잘 연결되어 있으면 조직 내에서 다양한 지식과 전문성에 액세스할 수 있다. 이는 문제를 효과적으로 해결하고 창의적인 해결책을 도출하는 데 도움이 될 수 있다.

마지막으로, 개선된 학습 및 개발이 촉진된다. 조직 내에서 높은 응집도는 더욱 효과적인 학습 및 개발 계획을 이끌어낼 수 있다. 직원들이 협력하고 지식을 공유하면 서로 배우며 개인적으로나 집단적으로 성장할 수 있다.

군집화(clustering)

기업 인적자원개발 분야에서 클러스터링이란 노드 또는 직원 및 이해 관계자들이 네트워크 내에서 밀접하게 연결된 그룹이나 클러스터를 형성하는 정도를 말한다. 클러스터링은 정보 흐름, 협업 및 전반적인 업무 환경에 영향을 미칠 수 있어 기업에 긍정적이거나 부정적인 영향을 미칠 수 있다.

기업 HRD에서 클러스터링의 중요한 측면은 하위 커뮤니티 또는 부서, 파벌(cliques), 지식 공유, 네트워크 탄력성 및 클러스터 관리 등이다. 클러스터링은 조직 구조의 자연스러운 결과로서, 같은 부서나 프로젝트에서 일하는 직원들이 서로 더 가까운 관계를 형성할 가능성이 높다. 이러한 하위 커뮤니티는 소속감을 높이고 팀원 간의 협력을 용이하게 할 수 있다.

일부 경우 클러스터링은 독점적인 파벌 형성으로 이어질 수 있다. 이는 서로 다른 그룹 간의 정보 흐름과 협업을 방해할 수 있다. 파벌은 사일로처럼 폐쇄적인 사고를 유발하고, 혁신을 제한하며, 제대로 처리되지 않을 경우 건강하지 않은 업무 환경을 조성할 수 있다. 클러스터의 존재는 조직 내에서 지식 공유에도 영향을 미칠 수 있다. 클러스터링 정도가 높을수록 서로 다른 그룹 간에 정보가 자유롭게 흐르지 않을 가능성이 높아져 지식의 공백과 협업 및 혁신 기회를 놓칠 수 있다.

클러스터링은 네트워크의 회복력에도 영향을 미칠 수 있다. 클러스터가 너무 긴밀하게 결합되어 다른 클러스터와 연결되어 있지 않으면 직원 교체나 재조직과 같은 변화에 더 취약해질 수 있다. 이러한 문제를 해결하기 위해 HRD 전문가들은 사회연결망 분석을 사용하여 조직 내 클러스터를 규명하고 정보 흐름과 협력이 부정적인 영향을 받지 않도록 조치를 취할 수 있다.

클러스터링을 관리하는 전략은 교차 기능 팀을 생성하거나 멘토십 프로그램을 실행하거나 다양한 그룹 간 상호작용을 촉진하기 위한 네트워킹 이벤트를 조직하는 것 등이 있다. 요약하면, 클러스터링은 조직의 구조와 역학에 대한 유용한 통찰력을 제공할 수 있다. 기업 HRD 분야에서 클러스터링을 이해하고 관리함으로써 조직은 효과적인 의사소통, 협력 및 지식 공유를 촉진하여 개선된 성과와 보다 일관된 작업 환경을 조성할 수 있다.

밀도(density)

기업 인적자원개발의 맥락에서, 밀도는 조직 내 직원 및 이해관계자들의 전반적인 연결성을 파악하는 데 중요한 지표이다. 이는 실제 연결된 인맥의 비율을 전체 가능한 연결 수로 나눈 것으로 계산된다. 높은 밀도는 보다 밀접하게 연결된 네트워크를 의미하며, 조직에 여러 가지 이점을 제공할 수 있다.

밀접한 네트워크는 직원 및 이해관계자들 간의 더 나은 의사소통 채널을 조성하여 정보가 자유롭고 효율적으로 흐를 수 있도록 한다. 이는 조직의 조정, 의사결정 및 변화 및 도전에 대한 대응 능력을 향상시킨다. 높은 밀도의 네트워크에서 직원들은 서로 지식, 기술 및 전문성을 공유할 기회가 증가한다. 이는 학습, 혁신 및 문제 해결을 용이하게 하며, 조직의 전반적인 성과와 성공에 기여할 수 있다.

높은 네트워크 밀도는 협업을 지원하며, 직원들이 함께 일하고 아이디어를 공유하기 좋은 환경을 조성한다. 이는 보다 혁신적인 해결책, 증가된 생산성 및 팀원들 간 더 강한 관계를 유도할 수 있다. 밀접한 네트워크는 직원들이 필요할 때 의지할 수 있는 보다 강력한 지원 체계를 제공하므로, 직원 만족도, 참여도 및 유지율을 향상시킬 수 있다.[12)]

밀접한 네트워크를 가진 조직은 일반적으로 적응력이 높다. 직원들은 네트워크 내에 있는 총체적인 지식과 전문성을 신속하게 활용하여 조직이 변화, 도전 및 새로운 기회에 대해 보다 효과적으로 대응할 수 있다. 그러나 과밀화된 네트워크는 그룹 사고나 정보 과부하 등의 단점을 가질 수 있다.[13)] HRD 전문가들은 연결성을 촉진하면서도 다양한 관점과 입력을 수용할 수 있는 개방적인 네트워

12) Dowell, N. M., Skrypnyk, O., Joksimovic, S., Graesser, A. C., Dawson, S., Gaševic, D., & Kovanovic, V. (2015). Modeling Learners' Social Centrality and Performance through Language and Discourse. International Educational Data Mining Society.

13) Davenport, T. H., Harris, J., & Shapiro, J. (2010). Competing on talent analytics. Harvard business review, 88(10), 52－58.

크를 유지하기 위해 노력해야 한다.

기업 인적자원 분야에서 네트워크 밀도(density)를 이해하고 관리하는 것은 조직이 협력적이고 지원적인 업무 환경을 조성하고, 커뮤니케이션 및 지식 공유를 개선하며, 전반적인 조직 성과를 향상시키는 데 도움이 된다.

중심도 지표

중심도는 네트워크 내에서 개인, 즉 노드의 중요성 또는 영향력을 측정하는 지표이다. 중심도 측정 방법에는 노드가 네트워크 내에서 수행하는 역할에 대해 서로 다른 통찰력을 제공하는 여러 종류가 있다.[14)]

연결 중심도(degree centrality)

연결 중심도는 네트워크 내에서 노드(직원 또는 이해관계자)가 가지는 연결 수를 반영하는 측정 지표이다. 연결 중심도가 높은 노드는 관련자들과 밀접한 관계를 맺고 있으며, 정보를 전달하거나 직장 환경을 형성하는 데 중요한 역할을 할 수 있다. 연결 중심도를 이해하는 것은 HRD 전문가들이 핵심 인물을 파악하고 그들의 영향력을 조직의 이익으로 활용하는 데 도움이 된다.

지식 공유는 연결 중심도가 높은 직원이 큰 영향을 미칠 수 있는 분야 중 하나이다. 그들은 더 많은 연결을 통해 정보를 공유하고 수신할 수 있기 때문에 조직 내에서 정보와 지식의 흐름을 촉진할 수 있다. 이는 학습과 협업을 촉진하는 문화를 조성하는 데 도움이 될 수 있다.

또한, 잘 연결된 개인들은 조직 내에서 상당한 영향력을 가지고 있기 때문에 의견 리더로서 기능할 수 있으며, 조직 변화를 주도하고 동료들 사이에서 최선의 실천 방법을 촉진하는 데 도움을 줄 수 있다. 그들의 영향력과 리더십은 조직의 성공에 큰 영향을 미칠 수 있다.

연결 중심도가 높은 직원은 조직 내에서 서로 다른 부서 또는 하위 커뮤니티 간의 간극을 메우는 데도 도움이 된다. 그들의 광범위한 연결은 팀과 기능 간

---

14) Borgatti, S. P. (2005). Centrality and network flow. Social networks, 27(1), 55−71.

의 협력, 네트워킹 및 관계 구축을 촉진하여 보다 일원적이고 효과적인 조직을 만드는 데 기여할 수 있다.15)

높은 연결 중심도를 가진 직원들은 직원의 열의를 높이는 데도 중요한 역할을 한다. 그들은 멘토, 롤 모델 및 지지자로서 작용하여 지원적이고 포용적인 작업 환경을 조성한다. 이는 직원들 간에 소속감과 헌신감을 촉진한다.

마지막으로, 잘 연결된 개인들은 조직 내에서 차별화된 관점, 아이디어 및 자원에 노출될 가능성이 더 높으며, 이는 창의성, 혁신 및 조직 내에서 더 효과적인 문제 해결을 촉진할 수 있다. 인적자원개발 전문가는 연결 중심도를 활용하여 조직 내 핵심 인물을 파악하고 그들의 영향력과 연결을 활용하는 전략을 개발할 수 있다. 이를 위해서는 대상 핵심 인물에게 특정한 교육 및 개발 기회를 제공하거나, 중요 프로젝트에 참여시키거나, 그들의 영향력을 활용하여 조직 내에서 긍정적인 변화를 이끌어내는 것 등이 포함될 수 있다. 연결 중심도를 이해하고 관리함으로써, 인적자원개발 전문가는 더 연결되고 협력적이며 성공적인 직장을 창출하는 데 도움이 될 수 있다.

근접 중심도(closeness centrality)

근접 중심도는 노드(직원 또는 이해관계자)와 네트워크 내 다른 모든 노드 간의 평균 거리를 반영하는 지표이다. 높은 근접 중심도를 가진 노드는 다른 노드에 빠르게 접근할 수 있어 정보를 빠르게 접근하고 전파할 수 있다. 이러한 노드들은 직장 환경 내에서 효율적인 중개자 또는 조력자 역할을 할 수 있다.

근접 중심도의 이점을 인식하고 활용하면 조직의 성공에 기여할 수 있다. 높은 근접 중심도를 가진 직원들은 조직 내에서 정보의 흐름을 원활하게 할 수 있으며, 이를 통해 더 효율적인 의사결정, 조정, 신속한 대응이 가능해진다. 밀접하게 연결된 개인들은 다른 부서나 팀 간의 갈등이나 의사소통 장애를 해결하는 효과적인 중재자 역할을 할 수 있어 조화로운 업무 환경을 유지하는 데에도 도

15) Freeman, L. C. (2002). Centrality in social networks: Conceptual clarification. Social network: critical concepts in sociology. Londres: Routledge, 1, 238–263.

움이 된다.

또한, 높은 근접 중심도를 가진 직원들은 다른 부서, 팀 또는 하위 커뮤니티를 연결하여 교차 기능적인 협력을 촉진하는 역할을 할 수 있다. 이들은 조직 내의 간격을 메우고, 다양한 부분에서 협력을 유도하는 데에 중요한 역할을 한다. 밀접하게 연결된 개인들은 조직 변화를 주도하고 실행하는 데에 결정적인 역할을 할 수 있다. 빠르게 정보를 접근하고 전파할 수 있는 이들의 능력은 새로운 정책, 이니셔티브 또는 목표를 조직 전체에 효과적으로 전달하는 데에도 유용하다.

또한, 근접 중심도가 높은 직원들은 조직 내에서 폭넓은 연결망을 가지고 있기 때문에, 빠르게 조직 내의 자원이나 전문 지식을 파악하여 동료들에게 유용한 멘토십과 지원을 제공할 수 있다. 인적자원개발 전문가들은 근접 중심도를 활용하여 조직 내에서 효과적인 중재자, 변화 요인, 연결자 역할을 할 수 있는 잠재력이 있는 직원들을 파악할 수 있다.

이러한 개인들에게 특별한 교육 및 발전 기회를 제공하거나, 중요한 프로젝트에 참여시켜 조직 내에서의 긍정적인 결과를 이끌어낼 수 있다. 근접 중심도를 이해하고 관리함으로써 더 민첩하고 협력적이며 효율적인 직장을 조성할 수 있다. 취업 정보를 얻는 데 가장 효과적인 네트워크는 아주 강하지도 아예 끊기지도 않은 중간 정도의 약한 연결이라는 연구가 시사하는 바가 크다.[16)]

매개 중심도(Betweenness centrality)

사내 인적자원개발의 맥락에서 말하는 매개 중심도(Betweenness centrality)는 네트워크 내에서 노드(직원이나 이해관계자)가 다른 노드들 간에 다리 역할을 하는 정도를 나타내는 지표이다. 매개 중심도가 높은 노드들은 정보 흐름을 통제하고, 직원들이나 이해관계자들을 연결하는 데 있어 중요한 역할을 한다.

매개 중심도가 높은 직원들을 활용하면 조직에 여러 가지 이점이 있다. 먼저, 이러한 직원들은 조직 내의 다른 부분들 간에 정보 흐름을 원활하게 해줌으

16) Granovetter, M. (1983). The strength of weak ties: A network theory revisited. Sociological theory, 201–233.

로써 중요한 지식과 자원들이 효과적으로 공유되도록 도와준다. 둘째로, 이들은 서로 다른 팀, 부서, 혹은 하위 커뮤니티 간의 격차를 줄여주며, 보다 일관성 있고 협력적인 직장 분위기를 조성할 수 있다. 이들이 다른 그룹들을 연결하는 능력은 개선된 협업과 최선의 관행들의 공유로 이어질 수 있다.

게다가 조직 내에서 다양한 그룹들을 연결함으로써, 매개 중심도가 높은 직원들은 아이디어와 관점을 교환할 수 있게 해주어 창의성과 혁신력, 더 효과적인 문제 해결 능력을 촉진할 수 있다. 네트워크 내에서 효과적인 다리 역할을 하기 때문에, 이들은 조직 변경을 구현하고 추진하는 데 결정적인 역할을 할 수 있다. 새로운 정책, 이니셔티브, 혹은 목표를 다양한 조직 부분들에게 전달하고, 변경이 수용되고 채택되도록 보장한다.

또한 매개 중심도가 높은 개인들은 다양한 이해관계자 간의 관계를 강화시키고 신뢰를 증진시켜 지원적이고 포용적인 작업 환경을 조성할 수 있다. 인적자원개발 전문가는 매개 중심도를 활용하여 조직의 다른 부분을 연결하는 중요한 역할을 하는 직원을 규명할 수 있다. 이러한 개인들에게 맞춤형 교육 및 개발 기회를 제공하거나 전략적인 프로젝트에 참여시킴으로써, 인적자원개발 전문가는 그들의 영향력과 네트워크 위치를 활용하여 조직 내에서 긍정적인 결과를 이끌어 낼 수 있다.

고유 벡터 중심도[17](Eigenvector Centrality)

기업 인적자원개발에서는 고객의 연결 품질을 기반으로 네트워크 내의 직원 또는 이해관계자의 영향력을 평가하는 데 고유 벡터 중심도는 가치 있는 지표이다. 고유 벡터 중심도의 정도는 개인이 조직 내에서 발휘할 수 있는 잠재적인 영향력을 나타낸다. 고유 벡터 중심도가 높은 사람들은 다른 영향력 있는 노드와 연결되어 있으며, 그들의 의견, 아이디어, 그리고 이니셔티브는 다른 사람들에

17) 고유 벡터(eigenvector)는 선형 대수학에서 특정 선형 변환을 적용한 결과가 원래 벡터와 상수 비율만큼 변한 벡터를 말한다. 다시 말해, 어떤 행렬 A와 벡터 x에 대해 다음 관계를 만족하는 벡터 x를 고유 벡터라고 한다.

$$Ax = \lambda x$$

의해 고려되고 채택될 가능성이 더 높아져 그들의 영향력을 증폭시킨다.

고유 벡터 중심도의 이점을 이해하는 것은 조직의 성공에 여러 가지 방식으로 기여할 수 있다. 예를 들어, 고유 벡터 중심도가 높은 개인들은 영향력 있는 동료들로부터 가치 있는 정보와 자원에 접근하여 지식 공유와 협업을 촉진할 수 있다. 이는 학습과 혁신을 장려하여 조직 내에서 긍정적인 결과를 이끌어낸다. 또한 이러한 개인들은 종종 리더십 역할을 맡거나 미래의 리더로 성장할 잠재력이 있다. 따라서 그들은 동료들에게 유용한 멘토십과 지도력을 제공하여 지원적이고 포용적인 업무 환경을 조성할 수 있다.

변화와 혁신을 주도하는 데 있어서, 고유 벡터 중심도가 높은 직원들은 새로운 정책, 이니셔티브 또는 목표를 조직 내 네트워크 전체에 대해 형성하고 전달하는 데 중요한 역할을 할 수 있다. 더 나아가, 고유 벡터 중심도가 잘 분산된 조직은 변화나 변동에 대해 더욱 탄력적이며, 직장 내에서 안정성과 적응성을 유지할 수 있다.

사회연결망분석과 학습분석학의 결합

사회연결망분석을 학습분석학에 적용하면 비즈니스 조직에 다양한 이점을 제공할 수 있다.[18] SNA를 사용하면 학습 및 개발 이니셔티브 내에서 사회적 역

여기서 A는 주어진 행렬, x는 고유 벡터, λ는 고유값(eigenvalue)이다. 고유 벡터와 고유값은 고유 벡터 문제에서 함께 등장하며, 행렬의 특성을 분석하는 데 사용된다. 이는 데이터의 차원 축소, 특성 추출, 이미지 인식, 특이값 분해 등 다양한 분야에서 활용된다.
소셜 네트워크 분석에서 고유 벡터 중심성은 각 노드의 중요성을 결정하는 데 사용되는 지표로서, 노드와 그 이웃 노드들의 고유 벡터를 기반으로 계산된다. 이를 통해 네트워크 내에서 각 노드의 상대적 중요성을 파악할 수 있다.
고유 벡터 중심도는 소셜 네트워크 분석(SNA)에서 가장 중요한 노드를 식별하는 데 사용되는 인기 있는 지표이다. 이는 노드의 중심성을 그 노드의 이웃 노드들의 중심성에 가중치를 더한 값을 기반으로 측정한다. 고유 벡터 중심도의 수학적 형식은 다음과 같다.
무향 그래프 G=(V, E)와 인접 행렬 A에 대해, 노드 v의 고유 벡터 중심도는 다음과 같이 정의된다.
$C(v)=1/\lambda * \sum u \in N(v)C(u)$,
여기서 N(v)는 노드 v의 이웃 집합, C(u)는 노드 u의 고유 벡터 중심도이며, λ는 인접 행렬 A의 가장 큰 고유값, 즉 고유 벡터이다.

학을 이해할 수 있으며, 이를 통해 친목 조직의 형성, 협력 패턴, 그리고 사회적 관계가 학습 및 성과 결과에 미치는 영향을 파악할 수 있다. 이를 바탕으로 조직은 팀워크를 촉진하고, 의사소통을 강화하며, 지원적인 학습 환경을 조성하는 개입을 설계할 수 있다.

또한 네트워크 내에서 중심도 지표를 검토함으로써 조직은 학습 및 개발 이니셔티브에서 변화 요소, 멘토, 또는 리더로 작용할 수 있는 영향력 있는 직원을 규명할 수 있다. 이러한 개인은 새로운 실천 방식의 채택을 촉진하고, 지식 확산을 촉진하며, 전반적인 성과 개선을 주도하는 데 중요한 역할을 할 수 있다.

SNA는 직장 내 괴롭힘, 사회적 고립, 또는 학습 자원에 대한 평등한 접근 등과 같은 사회 문제를 규명하고 해결할 수도 있다. 기본적인 사회 역학을 이해함으로써 조직은 포용성을 촉진하고 지원적인 학습 환경을 조성하는, 포커스가 명확한 개입을 개발할 수 있다.

SNA로 얻은 인사이트는 대상적인 학습 개입의 설계와 실행에도 유용한다. 예를 들어, 조직은 이 정보를 사용하여 학습 그룹의 구성을 최적화하고, 멘토십 및 코칭 프로그램을 용이하게 하며, 직원의 특정 요구와 선호를 해결할 수 있는 학습 콘텐츠를 제공할 때 필요한 정보를 제공한다.

SNA는 사회망을 통해 직원들의 학습 및 개발 프로그램에 대한 영향을 측정하는 데 사용될 수 있다. 네트워크 구조, 중심도 측정 및 기타 네트워크 속성을 조사하여 조직은 자신의 개입 효과를 평가하고 학습 결과와 성과를 개선하기 위해 데이터 기반 의사결정을 내리는 데 도움이 된다.

SNA는 조직 내에서 기존 지식 네트워크를 규명하고 활용하는 데도 도움이 될 수 있다. 지식이 어떻게 네트워크를 통해 흐르는지 이해함으로써 조직은 혁신

다시 말해, 고유 벡터 중심도는 각 노드에 점수를 부여하며, 노드의 점수는 이웃 노드들의 점수 합에 비례한다. 각 노드의 고유 벡터 중심도 점수는 인접 행렬 A의 가장 큰 고유값 λ로 정규화된다. 결과적으로 얻어진 점수는 네트워크 내 각 노드의 상대적 중요성을 나타낸다.

18) Poquet, O., & Joksimovic, S. (2022). Cacophony of networks in learning analytics. by Charles Lang, Alyssa Friend Wise, Agathe Merceron, Dragan Gaševic, and George Siemens. 2nd ed. Vancouver, Canada: SOLAR.

을 촉진하고 지식 공유를 용이하게 하며 전반적인 조직 학습을 강화할 수 있다.

동료 학습과 조직 분석의 맥락에서 SNA를 통합하는 것은 비즈니스 조직에 추가적인 혜택을 제공할 수 있다. 예를 들어, 연결 및 직원 간의 관계를 조사함으로써 조직은 지식 공유와 기술 개발을 촉진하는 효과적인 학습 파트너십 또는 그룹 구성을 규명할 수 있다.

또한, 사회연결망을 분석함으로써 조직은 직원 간의 연결과 관계를 강화할 기회를 발견할 수 있다. 조직은 이 정보를 활용하여 협력과 지원을 촉진하는 네트워킹 이벤트, 팀 빌딩 활동 또는 멘토십 프로그램을 운영할 수 있다. 강한 직원 네트워크는 지식 공유를 촉진하고 소속감을 유지하며[19] 전반적인 직무 만족도와 성과를 향상시킨다.

SNA는 또한 비즈니스 조직 내의 서로 다른 부서, 팀 또는 행정 단위 간의 관계를 분석하여 조직 구조를 최적화할 수 있다. 조직 내에서 의사결정 프로세스를 최적화하고 교차 기능적 협력을 강화하기 위해 의사소통 및 협력 패턴을 이해함으로써 잠재적인 병목 현상을 시각적으로 및 계량적으로 규명할 수 있다.

동료학습과 조직 분석의 맥락에서 SNA를 접목함으로써 비즈니스 조직에 추가적인 혜택을 제공할 수 있다. 예를 들어, SNA는 조직이 직원 간의 기존 동료학습 패턴을 이해하는 데 도움을 줄 수 있다. 직원 간의 연결과 관계를 검토함으로써 조직은 지식 공유와 기술 개발을 촉진하는 효과적인 학습 파트너십이나 그룹 구성원을 찾아낼 수 있다.

또한, 사회연결망을 분석함으로써 직원 간의 연결과 관계를 강화할 기회를 발견할 수 있다. 조직은 이 정보를 활용하여 협업과 지원을 촉진하는 네트워킹 이벤트, 팀 빌딩 활동 또는 멘토십 프로그램을 운영할 수 있다. 강한 직원 네트워크는 지식 공유를 촉진하고 소속감을 유지하며 궁극적으로 전반적인 직무 만족도와 성과를 향상시킨다.

SNA는 또한 비즈니스가 다른 부서, 팀 또는 행정 부서 간의 관계를 분석하

19) Dawson, S. (2008). A study of the relationship between student social networks and sense of community. Journal of Educational Technology & Society, 11(3), 224–238.

여 조직 구조를 최적화할 수 있도록 도와준다. 조직 내의 의사소통 및 협업 패턴을 이해함으로써 비즈니스는 잠재적인 병목 현상을 규명하고 의사결정 프로세스를 간소화하며 교차 기능적 협업을 촉진한다.[20]

또한 네트워크를 분석함으로써 HRD는 직원의 기술, 전문성 및 관계에 대한 인사이트를 얻을 수 있다. 이 정보는 리더십 개발을 위한 고성능 직원 규명, 조직 내 직원 배치 최적화 또는 대상 지정 교육 및 개발 기회 제공과 같은 인재 관리 전략에 활용될 수 있다.

동료학습과 조직 분석의 맥락에서 SNA를 접목함으로써 조직에 추가적인 혜택을 제공할 수 있다. 예를 들어, SNA는 조직이 직원 간의 기존 동료학습 패턴을 이해하는 데 도움을 줄 수 있다. 직원 간의 연결과 관계를 검토함으로써 조직은 지식 공유와 기술 개발을 촉진하는 효과적인 학습 파트너십이나 그룹 구성원이 누구인지 찾아낼 수 있다.

또한, 네트워크를 분석함으로써 직원 간의 연결과 관계를 강화할 기회를 발견할 수 있다. 조직은 이 정보를 활용하여 협업과 지원을 촉진하는 네트워킹 이벤트, 팀 빌딩 활동 또는 멘토십 프로그램을 운영할 수 있다. 강한 직원 네트워크는 지식 공유를 촉진하고 소속감을 유지하며 궁극적으로 전반적인 직무 만족도와 성과를 향상시키는 데 도움이 된다.

SNA는 또한 업무가 다른 부서, 팀 또는 행정 부서 간의 관계를 분석하여 조직 구조를 최적화할 수 있도록 도와준다. 조직 내의 의사소통 및 협업 패턴을 이해함으로써 조직 HRD는 잠재적인 병목 현상을 규명하고 의사결정 프로세스를 간소화하며 교차 기능적 협업을 향상시킬 개입전략을 개발할 수 있다.

또한, 네트워크를 분석함으로써 비즈니스는 직원의 기술, 전문성 및 관계에 대한 인사이트를 얻을 수 있다. 이 정보는 리더십 개발을 위한 고성능 직원 규명, 조직 내 직원 배치 최적화 또는 대상 지정 교육 및 개발 기회 제공과 같은 인재 관리 전략에 활용된다.

---

20) Jo, I. H. (2009). The effect of social network diagrams on a virtual network of practice: a Korean case. Asia Pacific Education Review, 10, 525－534.

다양한 사회연결망분석(SNA) 방법은 비즈니스 조직의 학습분석학에 기여할 수 있다. 이러한 방법들은 조직의 사회적 네트워크의 구조와 역학을 이해하게 함으로써 보다 정보화된 의사결정과 향상된 학습 성과를 이끌어 낼 수 있다.[21] 일부 주요 SNA 방법과 그 특징들의 목록을 제시하였다.

네트워크 시각화

그래프 시각화는 소셜 네트워크를 시각적 형태로 나타내는 필수적인 도구이다. 이를 통해 네트워크 내의 관계와 상호작용에 대한 유용한 인사이트를 제공한다. 그래프 시각화는 전문적이거나 기업 교육 환경에서의 연결과 역학을 나타내며, 여러 가지 핵심적인 특징과 이점을 제공한다. 이는 조직이 학습과 발전을 최적화하는 데 도움이 된다.[22]

그래프 시각화의 가장 중요한 장점 중 하나는 복잡한 데이터를 쉽게 이해할 수 있는 시각적 형식으로 변환할 수 있다는 것이다. 이를 통해 인적자원개발 담당자와 이해관계자들이 학습과 성과에 영향을 미치는 사회적 역학에 대해 더 깊은 이해를 할 수 있다.

또한, 그래프 시각화는 의사소통 흐름, 협업 및 지식 공유와 같은 패턴을 파악할 수 있으며, 이는 명확히 타기팅된 개입이나 학습 및 발전 프로그램 개선에 활용될 수 있다. 이를 통해 조직은 자원, 지원 및 기회를 최적화하여 직원 참여도, 지식 공유 및 전반적인 조직 성공 가능성을 향상시킨다.

또한, 그래프 시각화를 통해 네트워크 내의 클러스터 또는 서브 커뮤니티를 확인할 수 있다. 이는 강력한 협업 영역이나 잠재적인 사일로를 강조하는 데 사용될 수 있으며, 교육 환경을 더 일관성 있게 만들 수 있다.[23]

---

21) Wasserman, S., & Faust, K. (1994). Social network analysis: Methods and applications.
22) Krempel, L. (2011). Network visualization. The SAGE handbook of social network analysis, 558–577.

그래프 시각화의 또 다른 장점은 네트워크에서 연결이 끊어진 개별적인 사람이나 이상값을 파악하는 능력이다. 이러한 상황을 해결함으로써 모든 직원이 학습 및 성장에 필요한 자원, 지원 및 기회를 이용할 수 있도록 돕는다.

마지막으로, 그래프 시각화는 사용자가 네트워크를 직관적으로 탐색하고 분석할 수 있도록 하여, 학습과 성과에 영향을 미치는 집단 역학을 더 깊이 이해할 수 있게 해 준다. 이를 바탕으로 조직 개발과 성장을 위한 의사결정 그리고 외과적으로 정교한 조치를 취할 수 있다.

하위 집단 분석(sub-group analysis)

하위 그룹 분석은 대형 네트워크 내에서 구별되고 응집된 하위 그룹 또는 커뮤니티를 발견하는 데 사용되는 가치 있는 기술이다. 이 방법은 네트워크 내의 노드 간 연결과 관계를 분석하여 네트워크 수준에서는 분명하지 않은 패턴과 그룹을 규명하는 것을 포함한다. 하위 그룹 분석의 이점은 다양하며, 특히 조직 내에서 정보 흐름과 협력에 영향을 미치는 사회적 집단 역학을 이해하는 데 있어 중요하다.

하위 그룹 분석의 주요 이점 중 하나는 조직 내에서 끈끈하게 묶인 커뮤니티 또는 클리크(clique)의 존재를 밝혀내는 능력이다. 이러한 그룹을 규명함으로써 조직은 팀 또는 부서 간의 관계와 협력에 대한 통찰력을 얻을 수 있다. 이 정보는 조직이 어떤 그룹이 효과적으로 협력하고 있는지, 어떤 그룹이 격리되거나 연결이 끊어져 있는지를 판단하는 데 도움을 줄 수 있다. 이러한 패턴을 규명함으로써 조직은 협력을 위한 장벽을 허물고 전반적인 성과를 개선할 수 있다.[24)]

하위 그룹 분석의 또 다른 이점은 특정 커뮤니티 내에서 학습과 성과를 개선하기 위한 대상적 개입을 용이하게 해주는 능력이다. 특정 하위 그룹의 고유한

---

23) Eder, M. (2017). Visualization in stylometry: cluster analysis using networks. Digital Scholarship in the Humanities, 32(1), 50–64.

24) Nurrokhman, N., Purnomo, H. D., & Hartomo, K. D. (2020). Utilization of social network analysis (SNA) in knowledge sharing in college. INTENSIF: Jurnal Ilmiah Penelitian dan Penerapan Teknologi Sistem Informasi, 4(2), 259–271.

사회 역학을 이해함으로써 조직은 그들의 특정한 요구와 과제를 해결하기 위해 특별히 디자인된 개입을 설계할 수 있다. 예를 들어, 하위 그룹 분석이 특정 팀이 효과적으로 협력하지 못하고 있는 것으로 드러나면 조직은 그들의 고유한 과제에 대처하기 위해 특별히 디자인된 교육 또는 자원을 제공할 수 있다. 이 대상적 접근 방식은 더 효과적인 결과와 전반적인 성공을 이끌어낼 수 있다.

하위 그룹 분석은 복잡한 네트워크의 사회적 동적을 이해하는 데 강력한 도구이다. 노드 간의 연결과 관계를 분석함으로써 조직은 조직 내의 사회적 구조와 협업에 대한 귀중한 통찰력을 얻을 수 있다. 이러한 인사이트는 협업, 지식 공유 및 성과를 개선하여 더 큰 성공과 더 효과적인 결과를 만들어낸다.[25]

네트워크 지표 분석

사회 네트워크 분야에서 네트워크 측정치는 네트워크의 전반적인 구조와 특성을 평가하기 위해 사용되는 양적 측정치이다. 이러한 측정치는 사회 네트워크 내에서 연결성, 정보 흐름 및 협력을 파악하는 데 통찰력을 제공한다. 따라서 네트워크 측정치는 조직 내에서 학습 및 성과 결과에 영향을 미칠 수 있는 필수적인 도구이다.

일반적으로 사용되는 몇 가지 네트워크 측정치는 밀도, 지름, 평균 경로 길이 및 클러스터링 계수 등이 있다. 밀도는 네트워크 내에 존재하는 가능한 연결의 비율을 측정하는 것이다. 이는 네트워크 내에서 노드 간의 얼마나 밀접하게 연결되어 있는지를 나타낸다.[26] 반면에 지름과 평균 경로 길이는 네트워크 내에서 노드 간의 거리를 측정한다. 이 거리는 정보 흐름의 속도와 효율성에 영향을 미칠 수 있다.[27] 클러스터링 계수는 네트워크 내에서 노드가 얼마나 군집되

25) Borgatti, S. P., Mehra, A., Brass, D. J., & Labianca, G. (2009). Network analysis in the social sciences. science, 323(5916), 892–895.

26) Newman, M. E. (2003). The structure and function of complex networks. SIAM review, 45(2), 167–256.

27) Alwafi, E. M. (2022). Designing an Online Discussion Strategy with Learning Analytics Feedback on the Level of Cognitive Presence and Student Interaction in an Online Learning Community. Online Learning, 26(1), 80–92.

어 있는지를 측정하는 또 다른 네트워크 측정치이다. 이 측정치는 육안으로는 규명하기 어려운 온라인상에서의 비공식적 클리크 또는 커뮤니티의 존재를 드러낸다.

이와 같은 네트워크 측정치를 산출함으로써 조직은 조직 내의 전반적인 연결성과 정보 흐름을 더 잘 이해할 수 있다. 또한 개선이 필요한 분야를 파악할 수 있다. 예를 들어, 평균 경로 길이가 길수록 정보가 노드 간에 전달되는 데 시간이 오래 걸린다.[28] 이는 조직 내 학습 및 성과 결과에 영향을 미친다. 또한, 네트워크 지표는 학습 및 성과 이니셔티브의 진행 상황을 벤치마크하고 추적하는데도 사용된다. 개입을 시행하기 전과 후에 네트워크 지표를 측정함으로써 조직은 그들의 노력이 네트워크 구조와 특성에 미치는 영향을 결정할 수 있다.

전반적으로, 네트워크 지표는 사회적 네트워크의 전반적인 구조와 특성을 이해하는 데 유용한 도구이다. 이는 연결성, 정보 흐름 및 협업을 개선하여 최종적으로 학습 및 성과 결과를 향상시킬 수 있다. 네트워크 지표를 사용함으로써 조직은 최적의 소셜 네트워크를 최적화하고 원하는 결과를 달성하는 데 유용한 정보를 얻을 수 있다.

종단 분석(time-series analysis)

시간 경과에 따른 네트워크 구조 및 특성의 변화를 연구하는 종단 분석은 강력한 접근 방법이다. 이 방법은 학습 및 성과 이니셔티브가 사회적 네트워크에 미치는 영향 및 네트워크 내에서 변화와 개선을 이끄는 요인에 대한 유용한 정보를 제공할 수 있다.[29]

시간 경과에 따른 네트워크 지표의 변화를 분석함으로써 조직은 학습 및 성과 이니셔티브가 조직 내 네트워크에 미치는 영향을 평가할 수 있다. 예를 들어,

28) Jan, S. K., Vlachopoulos, P., & Parsell, M. (2019). Social Network Analysis and Learning Communities in Higher Education Online Learning: A Systematic Literature Review. Online Learning, 23(1).

29) Kossinets, G., & Watts, D. J. (2009). Origins of homophily in an evolving social network. American Journal of Sociology, 115(2), 405–450.

새로운 협업 플랫폼이나 지식 공유 이니셔티브를 실행하는 경우, 종단 분석을 통해 연결성 및 정보 흐름의 개선과 관련된 밀도, 지름, 평균 경로 길이 또는 기타 지표의 변화 여부를 판단하는 데 필요한 정보를 제공한다.

또한, 종단 분석은 네트워크 내에서 변화와 개선을 이끌어내는 요인을 이해하는 데 유용한 정보를 제공한다. 예를 들어, 종단 분석을 통해 특정 팀이나 부서가 시간이 지남에 따라 점점 더 밀접하게 연결되는 것을 확인할 수 있다면, 그들이 보다 협업적으로 일하거나 지식을 보다 효과적으로 공유하고 있다는 사실을 정량적으로 계산할 수 있다. 이러한 변화에 기여하는 요인을 파악함으로써, 조직은 더욱 정밀하고 효과적인 개입을 디자인하는 데 유용한 정보로 활용한다.

전반적으로, 종단 분석은 시간이 지남에 따라 네트워크 구조와 속성의 변화를 이해하는 데 유용한 도구이며, 학습 및 성과 개선 프로그램이 조직 내 사회적 네트워크에 미치는 영향을 파악하는 데도 가치 있는 통찰력을 제공한다.[30] 이러한 변화를 추적하고 개선을 이끌어내는 요인을 파악함으로써, 조직은 연결성, 정보 흐름 및 협업을 향상시키기 위해 학습 및 성과 개선 프로그램을 최적화할 수 있다.

사회연결망분석과 학습분석학

사회연결망분석은 조직 연구, 정치적 네트워크, 온라인 소셜 네트워크 및 학습분석학 등 다양한 분야에서 점점 더 인기 있는 도구가 되어왔다. 특히 SNA와 학습분석학의 통합은 학습 환경 내 사회적 역학에 대한 통찰력을 얻기 위해 광범위하게 사용되고 있다.[31]

30) Jo, I. H. (2009). The effect of social network diagrams on a virtual network of practice: a Korean case. Asia Pacific Education Review, 10, 525－534.

31) Rienties, B., Toetenel, L., & Bryan, A. (2015, March). “Scaling up” learning design: impact of learning design activities on LMS behavior and performance. In Proceedings of the Fifth International Conference on Learning Analytics and Knowledge (pp. 315－319).

온라인 토론 포럼, 소셜 미디어 플랫폼 또는 협력적 학습 활동과 같은 학습 환경 내에서 사회적 네트워크의 구조와 역학을 분석함으로써 연구자와 인적자원 개발 전문가는 상호작용 및 협력의 패턴, 그리고 학습자 참여와 성취에 영향을 미칠 수 있는 요소를 규명할 수 있다. 협력 학습을 위한 토론방에서 누가 누구의 포스팅에 답글, 댓글을 달았는지를 인용 네트워크 형태로 분석하면 상호작용 활동을 이해하고 성과를 예측할 수 있다.[32)]

예를 들어, SNA는 학습 환경 내에서 영향력 있는 학습자나 다른 커뮤니티를 연결하고 정보 흐름을 촉진하는 "브로커"를 찾아내 준다. 브로커는 스스로 눈에 띌 정도의 고성과자 아닌 경우에라도 조직 전체의 성과를 내는 데 있어 결정적 역할을 하는 숨은 공로자이다. 전통적 개인 단위 분석학으로는 브로커를 찾아낼 수 없다.

또한 하위 그룹이나 패션을 형성하고 서로 상호작용하는 방식을 밝혀내는 데도 도움이 된다. 이러한 사회적 역학을 이해함으로써 인적자원개발 전문가는 협력, 지식과 정보 공유[33)] 및 학습자 참여를 촉진하는 개입을 설계할 수 있다.[34)]

또한, SNA와 학습분석학의 결합으로 연구자와 인적자원개발 전문가는 중도탈락 또는 성적 저하 위험이 있는 학습자를 규명할 수 있다. 학습자 성적 및 인구 통계 정보와 함께 사회적 네트워크 데이터를 분석함으로써 이러한 모델은 학습자 성공 또는 실패에 기여할 수 있는 사회적 요인에 대한 통찰력을 제공한다.

사회적 통합은 학습자 성공에 있어서 중요한 요소이며, 학습분석학에서의 SNA는 학습자 간의 사회적 통합 정도를 조사하는 데 유용하다. 사회적 통합은 학습자가 동료와 학습 커뮤니티에 대한 소속감과 연결감을 느끼는 정도를 나타낸다. 사회연결망분석은 학습자 간의 상호작용과 협력 패턴, 하위 그룹 형성, 상

32) Collins, R., & Gruzd, A. (2017). Learning within digital media: Investigating the relationships between student citation networks, assignment structures, and learning outcomes.

33) 조일현, 조남신. (2019). 사회적 자본이 지식공유에 미치는 영향. 글로벌경영연구, 31, 135-159.

34) Gruzd, A. A., & Haythornthwaite, C. (2008). Automated discovery and analysis of social networks from threaded discussions.

호작용 빈도 및 질, 특정 학습자의 영향력 정도 등을 파악하는 데 도움을 준다.[35] 이러한 패턴을 분석함으로써 연구자는 학습 환경 내에서의 사회적 통합 정도와 팀 성과 간의 인과적 관계의 증거를 찾을 수 있다.[36]

높은 수준의 사회적 통합은 학업 성취도, 이탈률, 전반적인 학습자 만족도와 연관되어 있다. 동료와 학습 커뮤니티에 연결된 느낌을 가지는 학습자는 더욱 집중력이 높아지며, 학습에 더욱 흥미를 느끼고, 더욱 열심히 공부하게 된다. SNA로 온라인 학습에서 몰입과 관여를 높여 중도탈락률을 감소시키는 효과가 여러 연구에서 확인되고 있다.[37]

학습분석학에서 SNA를 활용하면 인적자원개발 전문가는 학습 환경 내의 사회적 역학을 파악할 수 있으며, 이를 바탕으로 사회적 통합을 촉진하고 학습자의 성공을 지원하는 방안을 설계할 수 있다. 예를 들어, 인적자원개발 전문가는 학습자 간의 상호작용과 협력을 촉진하고, 학습자들이 그룹으로 일할 수 있는 기회를 제공하거나, 학습자들의 소속감과 참여도를 높이기 위한 사회적 지원 인터벤션을 개발할 수 있다.

또한 SNA에서 중요한 개념 중 하나는 사회적 자본이다. 이는 개인이 사회적 네트워크를 통해 접근할 수 있는 자원과 혜택, 즉 정보, 사회적 지원, 협력 기회 등을 말한다.[38] SNA는 학습 환경 내에서 잘 연결되어 있는 학습자, 즉 사회적 자본이 높은 학습자를 파악하는 데 도움이 된다.

그러나 사회적 자본은 학습 환경 내에서 불평등을 만들 수도 있으므로 자원이나 연결이 적은 학습자들은 불이익을 받을 수 있다. 따라서 인적자원개발 전문

35) 정남호 (2005). 컴퓨터지원협동학습 환경 하에서 네트워크 마이닝을 통한 학습자 상호작용 연구. 지능정보연구, 11(2), 17-29.

36) 조일현. (2010). 한국 R&D 팀 내 다양성과 성과 간의 영향: 사회연결망 분석 접근. 기업교육과 인재연구, 12, 25-39.

37) e.g.) Chen, B., Chang, Y. H., Ouyang, F., & Zhou, W. (2018). Fostering student engagement in online discussion through social learning analytics. The Internet and Higher Education, 37, 21-30.

38) Lin, N. (2002). Social capital: A theory of social structure and action (Vol. 19). Cambridge university press.

가들은 사회 통합을 촉진하고 모든 학습자들에게 지원을 제공하는 개입을 설계하는 것이 중요하다.39)

소속감은 학습 경험에서 중요한 역할을 하며 학습자들의 동기부여, 참여 및 지속성에 영향을 미친다. 학습분석학에서 SNA는 온라인 교육 환경에서 커뮤니티, 친구 그룹 또는 지원 네트워크의 형성에 대한 가치 있는 통찰력을 제공할 수 있다.

이러한 사회적 역학을 이해하면 인적자원개발 전문가들은 소속감을 촉진하고 지원적인 학습 환경을 조성하는 개입을 설계하는 데 도움이 된다. 학습자 집단은 사회적 자본이 만들어지기 전까지는 그저 "다수의 사람들(bunch of people)"에 불과하다. 학습자들이 팀으로 일하도록 유도하거나 학습자 간 상호작용과 협력 기회를 제공하거나 학습자의 관심사와 경험에 관한 토론을 주선함으로써, 인적자원개발 전문가들은 모든 학습자들에게 이익을 주는 보다 지원적이고 포괄적인 학습 환경을 조성할 수 있다.

SNA 분석 도구

SNA 전용 소프트웨어

네트워크 분석은 사회과학, 커뮤니케이션 연구, 협업 연구 등 다양한 분야에서 중요한 연구 분야가 되었다. 이러한 분석을 수행하기 위해 연구자와 실무자들은 네트워크 데이터를 분석하고 시각화하는 도구를 제공하는 다양한 소프트웨어 패키지에 의존한다. 이와 관련하여, 최근 몇 년 동안 Gephi, UCINET, Pajek, NetMiner, NodeXL 등 몇 가지 소프트웨어 패키지가 인기를 얻었다.

Gephi는 네트워크 분석 및 시각화를 위한 다양한 도구를 제공하는 오픈 소스 소프트웨어이다. 이 소프트웨어는 사회 연결망 분석, 커뮤니케이션 네트워크 분석 및 협업 네트워크 분석 등 다양한 분야에서 널리 사용된다. Gephi는 힘–

39) 조일현. (2009). 사회적 자본의 관계적 차원이 e–러닝 콘텐츠 개발 프로젝트팀의 지식창출과정에 미치는 영향. 직업능력개발연구, 12(2), 173–194.

방향 레이아웃, 계층 레이아웃, 원형 레이아웃 등 네트워크 데이터를 명확하고 정보 전달력 있게 시각화하기 위한 다양한 레이아웃 알고리즘을 제공한다. 이러한 소프트웨어는 모듈러리티(粒度) 기반 클러스터링, 계층적 클러스터링 및 K-평균 클러스터링과 같은 다양한 클러스터링 방법을 제공하여 네트워크 내의 하위 그룹 또는 커뮤니티를 규명하는 데 사용할 수 있다. 게다가 Gephi는 네트워크의 전반적인 구조와 특성을 평가하는 데 사용할 수 있는 다양한 네트워크 지표를 제공한다. 이러한 지표에는 연결 중심도, 매개 중심도, 근접 중심도 및 클러스터링 계수 등이 포함된다. Gephi는 또한 시간 경과에 따른 네트워크 구조와 특성의 변화를 연구하는 데 사용할 수 있는 동적 네트워크 시각화 기능도 제공한다.

UCINET는 네트워크 데이터를 분석하기 위한 다양한 도구를 제공하는 사회연결망분석용 소프트웨어 패키지이다. 이 소프트웨어는 캘리포니아 대학 얼바인 캠퍼스에서 개발되었으며, 다양한 분야에서 사회연결망분석에 대한 인기 있는 도구가 되었다. UCINET는 연결 중심도, 매개 중심도, 고유 벡터 중심도를 포함한 중심도 측정치의 다양한 지표를 제공하여 네트워크 내 중요한 노드를 규명하는 데 사용할 수 있다. 또한 밀도와 클러스터링 계수와 같은 응집성 측정치를 제공하여 네트워크 내 연결 정도를 평가할 수 있다. 또한 UCINET는 구조적 동등성을 분석하는 데 사용될 수 있다. 구조적 동등성은 네트워크 내 노드들이 다른 노드들과 비슷한 관계를 가지는 정도를 나타낸다. 이는 네트워크 내 하위 그룹이나 커뮤니티를 규명하는 데 유용할 수 있다. UCINET는 사회망, 통신망 및 기타 유형의 네트워크를 분석하는 데 사용될 수 있다. 이 소프트웨어는 사용자 친화적 인터페이스와 다양한 문서화가 제공되어 있어 사회연결망분석에 대한 경험이 다양한 연구자 및 실무자들이 비교적 쉽게 사용할 수 있다.

Pajek는 사회연결망분석과 시각화를 위한 소프트웨어 패키지로, 네트워크 데이터를 분석하고 시각화하기 위한 다양한 도구를 제공한다. 이 소프트웨어는 슬로베니아 류블랴나 대학에서 개발되었으며, 다양한 분야에서 사회연결망분석에 대한 인기 있는 도구가 되었다. Pajek는 연결 중심도, 근접 중심도, 매개 중심도와 같은 중심도 측정치를 포함한 다양한 네트워크 지표를 제공한다. 이 소프트웨어는 모듈러리티 기반 클러스터링, 계층적 클러스터링, K-평균 클러스터링과 같은 클러스터링 방법을 제공하여 네트워크 내 하위 그룹이나 커뮤니티를 규명하는 데 사용할 수 있다. 또한 Pajek는 권력 기반 레이아웃, 원형 레이아웃, 계층 레이아웃 등 다양한 레이아웃 알고리즘을 제공하여 네트워크 데이터를 명확하고 정보성 있게 시각화할 수 있다. 이 소프트웨어는 시간에 따른 네트워크 구조와 속성의 변화를 연구하는 데 사용할 수 있는 동적 네트워크 시각화도 제공한다. Pajek는 사회망, 통신망 및 기타 유형의 네트워크를 분석할 수 있으며, 사용자 친화적인 인터페이스와 상세한 문서를 제공하여 경험 수준이 다양한 연구자와 전문가들에게 접근성을 제공한다.

NetMiner는 사회연결망분석과 시각화를 위한 소프트웨어 패키지로, 네트워크 데이터를 분석하고 시각화하는 다양한 도구를 제공한다. 이 소프트웨어는 한국의 사이람 주식회사에서 개발되었으며, 다양한 분야에서 사회연결망분석을 위한 인기 있는 도구가 되어왔다. NetMiner는 연결 중심도, 매개 중심도, 고유 벡터 중심도와 같은 중심도 측정치를 비롯한 다양한 네트워크 메트릭을 제공한다. 또한 모듈러리티 기반 클러스터링, 계층적 클러스터링, K-평균 클러스터링과 같은 클러스터링 방법을 제공하여 네트워크 내 하위 그룹이나 커뮤니티를 규명하는 데 사용할 수 있다. 더불어, NetMiner는 힘 지향(power orientation) 레이아웃, 원형 레이아웃, 계층적 레이아웃과 같은 다양한 레이아웃 알고리즘을 제공하여 네트워크 데이터를 명확하고 정보성 있는 방식으로 시각화할 수 있다. 이 소프트웨어는 또한 시간 경과에 따른 네트워크 구조 및 속성의 변화를 연구하기 위해 동적 네트워크의 시각화도 가능한다. NetMiner는 사회망, 커뮤니케이션 네트워크 및 기타 유형의 네트워크를 분석할 수 있으며, 사용자 친화적인 인터페이스와 광범위한 문서화를 제공하여 다양한 경험 수준의 연구자와 실무자들에게 접근하기 쉽다.

노드XL은 마이크로소프트 엑셀용 오픈소스 템플릿으로, 사회연결망분석과 시각화를 위한 다양한 도구를 제공한다. 이는 소셜미디어연구재단에서 개발되었으며, 다양한 분야에서 사회연결망분석을 위한 인기 있는 도구가 되었다. 노드XL은 연결 중심도, 매개 중심도, 고유 벡터 중심도 등의 중심도 측정치를 포함한 다양한 네트워크 지표를 제공한다. 이 소프트웨어는 모듈러리티 기반 클러스터링, 계층적 클러스터링, K-평균 클러스터링 등의 클러스터링 방법도 제공하여 네트워크 내 하위 그룹이나 커뮤니티를 규명하는 데 사용할 수 있다. 또한, 노드XL은 힘-방향 레이아웃, 원형 레이아웃, 계층 레이아웃 등 다양한 레이아웃 알고리즘을 제공하여 네트워크 데이터를 명확하고 정보적인 방식으로 시각화할 수 있다. 이 소프트웨어는 동적 네트워크의 시각화도 가능하여 네트워크 구조와 특성의 변화를 연구하는 데 사용될 수 있다. 노드XL은 소셜 네트워크, 커뮤니케이션 네트워크 및 기타 유형의 네트워크를 분석하는 데 사용할 수 있으며, 사용자 친화적인 인터페이스와 광범위한 문서화를 제공하여 다양한 경험 수준의 사회연결망분석 연구자와 실무자들에게 접근성을 제공한다.

범용 소프트웨어

R

R은 강력한 분석 기능을 갖춘 다목적 언어로, 사회 연결망 분석을 수행하기 위한 여러 패키지를 제공한다. R은 네트워크 데이터를 분석하고 시각화하기 위한 다양한 도구를 제공하여, 학습분석학 프로젝트에서 사회연결망 분석을 수행하는 데 탁월한 선택지이다. 게다가 무료라서 대학 연구자와 학생들에게 인기가 높다.

숙련된 R 사용자는 이러한 패키지를 사용하여 네트워크 분석을 수행하거나 직접 분석 방법을 코딩하여 더 많은 유연성과 정확성을 달성할 수 있다. 이러한 패키지는 다양한 네트워크 유형, 예를 들어 사회연결망, 통신 네트워크 및 기타 유형의 네트워크를 분석하는 데 사용할 수 있는 다양한 네트워크 지표, 클러스터링 방법 및 레이아웃 알고리즘을 제공한다.

R 개발자 커뮤니티를 활용하면 초심자도 SNA를 비롯하여 다양한 분석 프로젝트를 위해 필요한 팁과 소스 코드를 제공 받아 고급 분석을 시도해 볼 수 있

다. 대표적인 R 커뮤니티는 CRAN(Comprehensive R Archive Network)이다. CRAN은 R 언어와 관련된 패키지와 도구들을 수집, 유지보수하고 배포하는 중앙 저장소이자, R 개발자들이 R 언어와 관련된 다양한 질문과 의견을 공유하고 논의할 수 있는 폭넓은 커뮤니티이다.

인기 있는 R 패키지로는 igraph, statnet, sna 및 network 등이 있다. 이 패키지들은 지수적 랜덤 그래프 모델, 잠재 공간 모델 및 확률적 블록 모델 등의 네트워크 모델 및 방법을 비롯한 넓은 범위의 도구를 제공한다.

- igraph: igraph는 네트워크 데이터를 분석하고 시각화하는 데에 다양한 도구를 제공하는 사회연결망분석을 위한 인기 있는 R 패키지이다. 사회망, 통신망 및 기타 유형의 네트워크를 포함하여 다양한 유형의 네트워크를 분석할 수 있는 다양한 네트워크 측정 항목, 클러스터링 방법 및 레이아웃 알고리즘을 제공한다.
- statnet: statnet은 네트워크 데이터를 분석하고 시각화하는 데에 다양한 도구를 제공하는 사회연결망분석을 위한 또 다른 인기 있는 R 패키지이다. 지수 분포 랜덤 그래프 모형, 잠재 공간 모형 및 확률 블록 모형을 비롯한 다양한 네트워크 모형 및 방법을 제공한다.
- sna: sna는 네트워크 데이터를 분석하고 시각화하는 데에 다양한 도구를 제공하는 사회연결망분석을 위한 R 패키지이다. 사회망, 통신망 및 기타 유형의 네트워크를 포함하여 다양한 유형의 네트워크를 분석할 수 있는 다양한 네트워크 측정 항목, 클러스터링 방법 및 레이아웃 알고리즘을 제공한다.
- network: network는 네트워크 데이터를 분석하고 시각화하는 데에 다양한 도구를 제공하는 사회연결망분석을 위한 R 패키지이다. 사회망, 통신망 및 기타 유형의 네트워크를 포함하여 다양한 유형의 네트워크를 분석할 수 있는 다양한 네트워크 측정 항목, 클러스터링 방법 및 레이아웃 알고리즘을 제공한다.

Python

파이썬에서는 SNA를 수행하기 위한 여러 패키지가 제공되고 있다. 가장 인기 있고 널리 사용되는 패키지 중 일부는 다음과 같다.

- NetworkX: NetworkX는 복잡한 네트워크를 생성, 조작 및 분석하기 위한 널리 사용되는 파이썬 라이브러리이다. 그래프를 표현하기 위한 다양한 데이터 구조와 네트워크 분석을 위한 다양한 알고리즘을 제공한다. NetworkX는 사용자 친화적이며 다재다능하며 대부분의 SNA 작업에 적합한다.
- igraph: igraph는 네트워크 분석 및 시각화를 위한 또 다른 강력한 파이썬 라이브러리이다. 성능 최적화되어 있으며 그래프 알고리즘, 그래프 생성 방법 및 네트워크 시각화 기능을 제공한다. igraph는 대규모 네트워크 분석 작업에 적합하며 Python 및 R 인터페이스를 모두 제공한다.
- Graph-Tool: Graph-Tool은 대규모 그래프의 효율적인 조작 및 분석을 위해 설계된 파이썬 라이브러리이다. C++로 구현되었으며 Python 인터페이스를 제공하며 대규모 네트워크에 대해 탁월한 성능을 제공한다. Graph-Tool은 그래프 분석을 위한 다양한 알고리즘과 데이터 구조를 제공한다.
- Snap.py: Snap.py 또는 SNAP for Python으로도 알려진 Snap.py는 Stanford Network Analysis Platform(SNAP)에 기반한 파이썬 라이브러리이다. Snap.py는 대규모 그래프 처리를 위해 설계되었으며 대용량 네트워크 분석을 위한 데이터 구조 및 알고리즘을 제공한다. 특히 Snap.py는 커뮤니티 감지, 클러스터링 및 중심도 측정을 위한 특수 알고리즘을 제공하여 사회연결망분석에 특히 적합한다.
- PyCaret: PyCaret는 SNA를 명시적으로 대상으로 하지는 않지만, 기계학습을 위한 사용하기 쉬운 고수준 라이브러리로 SNA 일부 측면을 수행하는 데 유용할 수 있는 비지도 학습 알고리즘을 제공한다.

이러한 패키지들은 기능, 성능 및 사용 편의성면에서 다양하므로, 분석 맥락에 따라 다른 SNA 요구 사항과 네트워크 규모에 가장 적합한 것을 선택하는 것이 중요하다.

SNA 분석의 통계적 특성 및 고려 사항

특징

사회연결망분석(SNA)은 개별적인 개체를 분리해서 분석하는 것이 아니라, 개체 간의 관계를 분석하는 것에 초점을 맞추어 독특한 특성을 갖고 있다. 이러한 특성들은 전통적인 모수적 통계학의 기본적 가정들을 위반한다. SNA가 이러한 가정들을 어떻게 위반하는지 살펴보겠다.

네트워크 데이터의 비정규성은 많은 모수적 통계 검정에서 의존하는 정규성 가정을 위반하게 만든다. 예를 들어, 네트워크 차수 분포는 종종 멱함수(冪函數, power function) 분포를 따르며, 이는 좌우 대칭인 정규분포와 달리 극단적 우편포(右偏布, right skewness)로 인해 L자 모양의 확률 밀도 분포 곡선을 나타낸다. 또한, 노드와 엣지와 같은 관측치들이 상호의존적이고 관계로 연결되어 있기 때문에 독립성 가정을 위반한다. 독립을 가정하는 전통적인 통계적 방법은 네트워크 데이터에 적용할 경우 부정확하거나 오해를 유발할 수 있다.

네트워크 데이터는 종종 클러스터, 클리크(clique), 그리고 커뮤니티와 같은 복잡한 구조를 갖고 있으며, 동질성 가정을 위반하고 네트워크 메트릭 및 통계 검정 분포에 영향을 미칠 수 있다. 사회연결망분석(SNA)은 대개 네트워크의 엣지를 통해 표현되는 개체 간의 관계에 초점을 둔다. 개별 개체에 집중하는 전통적인 통계적 방법은 엣지 수준의 추론에는 적합하지 않을 수 있다.

소셜 네트워크는 시간이 지남에 따라 변할 수 있으며, 정상성 가정을 위반하고 네트워크 지표 및 통계 검정의 분포에 영향을 미칠 수 있다. 이러한 전통적인 모수 가정의 위반에 대처하기 위해 SNA는 네트워크 데이터의 독특한 특성을 고려한 전문적인 통계적 방법을 사용한다. 이러한 방법에는 비모수적 접근 방식, 지수 무작위 그래프 모형(ERGMs) 및 Temporal 지수 무작위 그래프 모형(TERGMs)이

포함된다.[40)]

ERGMs는 네트워크 구조를 분석하기 위해 사용되는 통계 모델이다. 이들은 네트워크 구조에서 발생하는 관측치 간의 상관관계를 고려하여 관측치 간 의존성을 계산하여 전통적인 통계적 방법으로 모델링하기 어려운 복잡한 네트워크 구조를 분석하는 데 특히 유용하다. HRD에서 ERGMs를 사용하여 학습 커뮤니티에서의 사회적 역학을 탐구하고, 성공적인 협업과 학습에 기여하는 상호작용과 의사소통의 패턴을 파악할 수 있다.

TERGMs는 ERGMs의 확장으로, 소셜 네트워크의 시간적 동적을 고려한다. 이들은 특정 시점에서 네트워크를 관측할 확률을 모델링하며, 이전 시간점의 네트워크를 고려한다. TERGMs는 소셜 네트워크가 시간이 지남에 따라 어떻게 변하는지, 네트워크 구조가 확산 및 전파와 같은 사회적 과정에 어떻게 영향을 미치는지 등을 연구하는 데 특히 유용한다.

HRD 분야에서 TERGM은 전문적인 네트워크 분석 도구로 사용될 수 있다. TERGM을 활용하여 전문적인 네트워크의 진화를 시간에 따라 분석하고, 네트워크 구조와 학습 결과에 영향을 미치는 주요 사건이나 변화를 파악할 수 있다. 또한, TERGM을 사용하여 다양한 개입 또는 정책이 네트워크 구조와 동적에 미치는 영향을 모델링할 수 있다. HRD 전문가들은 TERGM을 사용하여 학습 커뮤니티 내에서 협업과 지식 공유를 촉진하는 다양한 전략의 효과를 평가하여, 목표 결과를 달성하기 위한 가장 효과적인 방법을 파악할 수 있다.

결론적으로, 사회연결망 분석은 관측치 간 상호 의존성, 복잡한 네트워크 구조 및 엣지 수준 추론과 같은 네트워크 데이터의 독특한 특성을 고려하기 위해 전문적인 통계적 방법이 필요하다. 이러한 전문적인 방법을 사용하면, 연구자들은 복잡한 사회 시스템의 정확하고 미묘한 이해를 제공하며, 사회적인 현상의 근본적인 동력과 관계를 파악할 수 있다.

---

40) Wasserman, S., & Faust, K. (1994). Social network analysis: Methods and applications.

Chapter

06

멀티모달 학습분석학

개요

가로등 효과

학습분석학은 학습 과정에서 생성되는 디지털 발자국, 또는 추적자(traces)를 분석하여 학습 동향을 이해하고 평가하며 전반적인 학습 경험을 향상시키기 위해 연구하는 분야이다. "Trace"라는 용어는 데이터 분석 분야에서 "추적자"로 번역된다. 이는 데이터 분석에서 일련의 이벤트, 행동 또는 활동에 대한 기록으로 사용되는 용어이다. 데이터 추적자는 일련의 이벤트나 행동에 대한 기록이므로, 이를 분석하면 해당 이벤트나 행동에 대한 정보를 얻을 수 있다.[1)]

데이터 분석에서 추적자는 대개 사용자의 활동에 대한 정보를 수집하는 데 사용된다. 예를 들어, 웹 사이트 방문 기록은 추적자 데이터를 사용하여 방문자의 클릭, 검색어, 이동 경로 등을 기록할 수 있다. 추적자 데이터를 분석하여 방문자의 행동 패턴을 이해하고, 해당 정보를 기반으로 웹 사이트 디자인이나 마케팅 전략을 조정하는 등의 응용이 가능하다.

또한, 추적자 데이터는 머신러닝 및 인공지능 분야에서도 활용된다. 추적자 데이터를 사용하여 모델을 학습하고, 해당 모델을 기반으로 추후에 새로운 데이터에 대한 예측을 수행할 수 있다. 학습 과정에서 생성되는 추적자는 학습자가 학습 과정에서 발생시키는 일련의 활동, 행동, 선택, 반응 및 응답 등의 데이터를 말한다. 이러한 데이터는 학습자가 학습 과정에서 취한 행동과 결정의 흔적으로, 학습자의 학습 행동 및 학습 흐름을 이해하는 데 중요한 역할을 한다.

학습분석학에서 추적자는 학습자의 학습 경험을 이해하고 분석하는 데 사용된다. 예를 들어, 학습자가 학습 과정에서 어떤 내용을 이해하지 못했을 때, 그것이 어떤 이유로 인해 발생했는지 추적자를 분석하여 파악할 수 있다. 또한, 학습자가 학습 과정에서 놓치거나 어려움을 겪은 내용을 찾고, 이를 개선하는 데도

1) Gray, G., & Bergner, Y. (2022). A practitioner's guide to measurement in learning analytics: Decisions, opportunities, and challenges. Handbook of learning analytics,, 20–28.

'활용된다. 저수준 추적자[2]는 학습자의 학습 경험을 더욱 개인화하고 맞춤형으로 만들 수 있도록 하기 위해 유용하다. 학습자의 학습 과정에서 생성되는 저수준 추적자 데이터를 수집하고 분석하여, 학습자의 강점과 약점, 학습 방식 및 선호도 등을 파악하고 이를 개인화된 학습 경로 및 교육 방법으로 전환할 수 있다.

초기에는 학습자가 디지털 학습 도구와 상호작용할 때 생성되는 추적자 자체에 초점을 맞추었으나, 이론과 분석 목적에 기반한 이러한 접근 방식은 학습 과정을 과도하게 단순화하거나 잘못 이해할 가능성이 있음을 학습분석학 연구자들은 곧 깨닫게 되었다. 디지털 도구가 사용되는 학습 환경에 대한 이러한 오류가 발생할 경우, 해결책을 찾기 쉬운 영역에서 해결책을 찾는 가로등 효과

---

2) 학습분석학에서 저수준 추적자(low－level tracer)는 일반적으로 데이터 수집, 모니터링 및 분석과 관련된 시스템에서 사용되는 도구나 구성 요소를 말한다. 저수준 추적자는 소프트웨어 또는 하드웨어 시스템의 세부 작동 방식을 추적하고 기록하는 데 사용되며, 성능 최적화, 문제 진단 및 해결, 시스템 상태 모니터링 등에 활용된다.
저수준 추적자(low－level tracker)와 고수준 추적자(high－level tracker)는 웹 사이트 사용자의 행동을 추적 및 분석하는 방법에 차이가 있다. 각 추적자 유형의 목적과 방식을 비교하면 아래와 같다.
저수준 추적자
목적: 웹사이트 사용자의 기본 행동 데이터를 수집한다. 이 데이터는 페이지뷰, 세션, 사용자의 클릭, 스크롤, 마우스 움직임 등을 포함할 수 있다.
방식: 특정 이벤트를 기록할 때마다 자바스크립트 코드를 실행하거나 웹 로그를 분석하여 데이터를 수집한다.
장점: 원시 데이터를 수집하므로 사용자의 행동을 상세하게 이해할 수 있다.
단점: 데이터가 방대하고 복잡하므로 분석에 시간과 노력이 필요하며, 특정 고객 행동에 초점을 맞추기 어려울 수 있다.
고수준 추적자
목적: 웹사이트 사용자의 전반적인 행동 트렌드와 패턴을 분석한다. 이를 통해 고객의 관심사와 웹사이트 성과에 대한 인사이트를 얻는다.
방식: 사용자의 행동 데이터를 요약, 정렬, 필터링하여 특정 지표(KPI)에 집중한다. 예를 들어, 전환율, 페이지별 사용자 참여도, 재방문율 등을 분석할 수 있다.
장점: 결과를 이해하기 쉬우며, 웹사이트의 성과와 목표에 초점을 맞춘 분석이 가능하다.
단점: 사용자의 구체적인 행동을 파악하기 어렵고, 원시 데이터에서 발생하는 특정 문제점을 감지하기 어려울 수 있다.
결론적으로, 저수준 추적자는 웹사이트 사용자의 상세한 행동 데이터를 수집하고 분석하는 데 사용되며, 고수준 추적자는 사용자의 전반적인 행동 트렌드와 패턴을 파악하는 데 사용된다. 멀티모달 학습분석학에서는 다양한 측정 대상으로부터 다양한 센서를 통해 매우 이질적인 척도, 주파수, 범위를 가진 원시 데이터를 추출하는 작업이 다른 학습분석학 접근과 다른 독특한 점이다. 따라서 이 챕터에서는 저수준 추적자를 강조한다.
디지털 페로몬은 고수준 추적자에 해당한다.

(streetlight effect)가 발생할 수 있다.[3] 가로등 효과란 어떤 문제나 상황에 대한 해결책을 찾을 때, 쉽게 접근 가능한 것들에만 주목하고, 중요한 부분을 간과하는 상황을 가리키는 말이다. 이 용어는 어떤 사람이 밤에 길을 걷다가 길가에 불이 켜져 있는 지역에서 동전을 잃어버렸을 때, 동전이 떨어진 정확한 위치보다는 빛이 잘 비추는 곳에서만 동전을 찾으려고 하는 것과 같은, 비합리적이지만 실제로 자주 일어나는 상황에서 유래되었다.

이러한 상황은 문제 해결에 있어서 일반적으로 연구나 문제 해결 과정에서 가지고 있는 데이터나 자원이 제한적인 상황에서 자주 나타난다. 이런 경우에는 쉽게 접근 가능한 부분에만 집중하는 것이 문제 해결에 있어서 전체적인 시각을 잃게 되는 원인이 될 수 있다. 최근 빅 데이터, 인공지능, 디지털 트랜스포메이션 열기가 HRD 분야에 확산되면서 LMS나 교육정보관리시스템을 갖춘 기업들이 축적된 대용량의 데이터로 학습분석 시스템을 개발하려고 시도하는 경우가 증가하고 있다. 데이터가 크다는 것이 곧 학습분석학이 HRD 용도에 맞도록 분석할 데이터가 있다는 의미는 아니다.[4] 그러다보니 기존 데이터 중에서 쓸만한 것을 골라 학습분석학 프로젝트를 수행하려는 경우가 많다. 이런 경우 학습분석학에 가로등 효과가 나타난다.

인공지능과 수퍼컴퓨터라 하더라도 학습분석학의 목적에 맞는 데이터가 없으면 의미 있는 결과를 산출할 수 없음은 명백하다. 이러한 문제를 해결하기 위해 학습분석학은 이론이나 경험에 기반한 분석을 우선적으로 진행하여 원하는 학습 동향을 나타내는 행동의 추적자를 독립적인 맥락에서 규명할 수 있도록 해야 한다.

---

3) Freedman, D. H. (2010). Why scientific studies are so often wrong: The streetlight effect. Discover Magazine, 26, 1–4.

4) Ifenthaler, D. (2015). Learning analytics: potentials and limitations. In Learning analytics (pp. 3–10). Springer, Cham.

정의

"멀티모달 학습분석학(Multimodal Learning Analytics)"은 다양한 유형의 데이터를 수집, 분석 및 시각화하여 학습자의 학습 경험과 성과를 평가하고 개선하는 분석 기술이다. 이는 학습자의 언어, 행동, 성격, 뇌파 및 생체 신호 등 다양한 모달리티(modality)[5]를 포함하는 데이터를 분석하여 적용된다. 멀티모달 학습분석학은 기존 학습분석학이 가진 문제를 이러한 문제를 해결하기 위해 학습 과정을 캡처하고 규명된 추적자를 추출하며 분석하여 행동적 지표를 감지하고 학습

5) 모달리티(Modality): 모달리티는 인간이나 시스템이 정보를 전달하거나 인식하는 데 사용하는 방법이나 채널을 의미한다. 인간의 경우, 시각, 청각, 촉각, 후각, 미각 등의 감각을 통해 정보를 인식하고 처리한다. 이러한 감각들은 각각의 모달리티로 볼 수 있다. 컴퓨터 시스템에서는 비디오, 오디오, 텍스트, 이미지 등의 데이터 형태가 각각의 모달리티로 간주된다.
멀티모달(Multimodal): 멀티모달은 두 개 이상의 다른 모달리티를 결합하여 사용하는 것을 의미한다. 멀티모달 접근 방식은 인간과 컴퓨터 시스템 모두에게 적용할 수 있다.
예를 들어, 인간의 경우 일상 대화에서 음성(청각)과 몸짓(시각)을 함께 사용하여 상대방과 의사소통을 한다. 이는 멀티모달 인터랙션의 예이다.
컴퓨터 시스템에서는 멀티모달 인터페이스를 통해 사용자와의 상호작용을 개선하거나, 여러 모달리티의 데이터를 함께 분석하여 더 정확한 결과를 도출하기도 한다. 예를 들어, 인공지능 시스템에서 이미지와 텍스트를 동시에 분석하여 결과를 개선하는 것이 멀티모달 접근의 한 예이다.
사이버물리시스템(Cyber−Physical Systems, CPS)에서 멀티모달리티는 여러 가지 센서와 데이터 입력을 사용하여 시스템이 더욱 정확하고 효율적으로 작동할 수 있도록 돕는 개념이다. CPS는 물리적 세계와 디지털 세계를 연결하는 복합 시스템으로, 실시간 정보를 수집, 처리, 분석하고 물리적인 프로세스에 영향을 주는 결정을 내린다.
멀티모달리티는 CPS에서 다음과 같은 방식으로 사용된다.
데이터 수집: CPS는 다양한 센서와 입력 장치를 통해 여러 모달리티의 데이터를 수집한다. 예를 들어, 온도 센서, 카메라, 마이크 등은 각각 온도, 이미지, 소리 등 다양한 모달리티의 데이터를 수집한다.
데이터 분석 및 처리: CPS는 수집된 다양한 모달리티의 데이터를 결합하여 분석 및 처리한다. 이를 통해 시스템은 더 정확한 인사이트를 얻을 수 있으며, 상호 보완적인 데이터로 인해 오류를 줄이고 성능을 향상시킬 수 있다.
의사결정 및 행동: CPS는 분석된 멀티모달 데이터를 기반으로 의사결정을 내리고 물리적인 프로세스에 영향을 주는 행동을 취한다. 예를 들어, 자율 주행 자동차는 카메라, 레이더, 소나 등의 다양한 센서를 통해 다양한 모달리티의 데이터를 수집하고 분석하여 정확한 주행 경로를 결정한다.
요약하면, CPS에서 멀티모달리티는 여러 모달리티의 데이터를 수집, 분석, 처리하여 시스템의 성능과 정확도를 향상시키는 데 도움을 준다. 이를 통해 CPS는 더욱 효율적이고 안전한 작동을 구현할 수 있다.

동향을 평가하여 참여자들에게 이해하기 쉬운 대처 가능한 피드백을 제공하기 위한 첨단 분야이다.[6)]

멀티모달 학습분석학은 다양한 학습 환경에서 발생하는 다양한 데이터 소스를 수집하고 분석하기 위해 다양한 의사소통 방식을 사용하는 새로운 분야이다. 이 접근 방식은 학습분석학에서 멀티모달 상호작용 분석(Multimodal Interaction Analysis)[7)]에 근간을 두고 있다. 멀티모달 상호작용 분석은 학습자와 테크놀로지 기반 HRD 시스템 간의 상호작용을 분석하고 이해하기 위한 기술로, 음성, 텍스트, 제스처 등 다양한 모달리티의 데이터를 통합 분석하여 학습자의 몰입 및 성과에 대한 패턴과 통찰력을 파악한다.

예를 들어, 멀티모달 상호작용 분석은 학습자들이 협업 작업을 수행하는 동안 발생하는 말과 제스처를 분석하여 적극적인 청취, 리더십, 주저하는 행동 등의 몰입 패턴을 파악할 수 있다. 이 정보를 활용하여 대상 학습자에게 맞춤형 피드백이나 개입을 제공하여 협업과 학습 결과를 개선할 수 있다. 또한, 멀티모달 상호작용 분석은 마우스 클릭, 키보드 입력 등을 통해 학습자들이 테크놀로지 기반 HRD 플랫폼과 상호작용하는 패턴을 분석하여 몰입과 성과 패턴을 파악하는 데 필요한 정보를 제공해 준다. 이 정보를 활용하여 콘텐츠와 인터페이스를 개인화하고 학습자의 특정한 요구와 선호도에 맞추어 적응형 학습 경험을 촉진할 수 있다.

멀티모달 학습분석학은 다양한 데이터 소스와 모달리티(예: 텍스트, 오디오, 비디오, 센서 데이터 등)를 결합하여 학습 과정을 보다 폭넓게 이해하는 종합적인 접근 방식을 취한다. 예를 들어, 멀티모달 학습분석학은 강의실에서 학습자와 교수자 간의 상호작용, 언어 및 비언어적 의사소통, 기술 사용 및 교보재의 공간 배

6) Ochoa, X., Lang, C., Siemens, G., Wise, A., Gasevic, D., & Merceron, A. (2022). Multimodal learning analytics－Rationale, process, examples, and direction. In The Handbook of Learning Analytics (pp. 54－65). Beaumont, Alberta, Canada: Soc. Learn. Analytics Res..

7) Norris, S. (2004). Analyzing multimodal interaction: A methodological framework. Routledge.

치 등을 분석하는 데 사용될 수 있다.

멀티모달 학습분석학은 다양한 데이터를 수집하여 학습 과정을 보다 완벽하게 이해하는 데 기여하고, 맞춤형 및 적응형 학습을 지원하는 등 전통적 학습분석학의 사각 지대에 놓여 있던 영역을 밝히는 데 기여한다. 그러나 멀티모달 학습분석학은 데이터 수집 및 분석을 위한 특수한 도구와 기술이 필요하며, 멀티모달 데이터 수집 및 사용에 대한 윤리적 고려 사항도 필요하다.

멀티모달 학습분석학 관련하여 아이트래커, EEG, HRV 장비를 활용하여 실험을 수행하는 데 필요한 실무 지식과 노하우, 세부 절차에 대해서는 이화여자대학교 에듀테크융합연구소가 발간한 "생리심리실험 실무서"를 참고하기 바란다.[8]

유형

아이트래킹

아이트래킹이란?

아이트래킹(eyetracking)은 개인이 어디를 보고 있는지, 안구 움직임의 순서와 정착 지속 시간 등을 측정하고 기록하는 연구 방법론이다.[9] 이 기술을 통해 시각적 주의, 인지 과정 및 사용성 등에 대한 통찰력을 얻을 수 있다. 아이트래킹은 심리학, 마케팅, 인간-컴퓨터 상호작용 및 언어학과 같은 분야에서 일반적으로 사용된다.[10]

아이트래킹은 사람이 자극(예: 화면 또는 객체)을 관찰할 때 눈 움직임과 시선 패턴을 측정하고 분석하는 데 사용되는 연구 방법이다. 인지 과정, 주의 및 시각 인식에 대한 귀중한 통찰력을 제공할 수 있다. 다음은 주요 아이트래킹 지표이다.

---

8) 에듀테크융합연구소 (2019). 생리심리실험 실무서. 박영스토리.

9) Huh, D., Kim, J. H., & Jo, I. H. (2019). A novel method to monitoring changes in cognitive load in video-based learning. Journal of Computer Assisted Learning, 35(6), 721-730.

10) Shin, S. (2022). A Systematic Review of Educational Research Using Eye-Tracking Data: based on the cognitive process framework. Journal of Educational Technology, 38(1), 109-148.

- **시선(gaze)**: 시선은 사람이 주어진 순간에 보고 있는 방향을 나타낸다. 아이트래킹 연구에서 시선 데이터는 일반적으로 화면이나 시각 장면에서 사용자의 시선 위치에 해당하는 x와 y 좌표의 연속으로 표현된다.
- **시선 고정(fixation)**: 시선 고정은 눈이 시각 필드의 특정 지점에서 쉬면서 뇌가 해당 위치의 정보를 처리하게 된다. 시선 고정은 일반적으로 200~300밀리초 지속되지만, 자극의 복잡성과 개인의 인지 처리에 따라 짧거나 길어질 수 있다. 특정 영역에서의 높은 시선 고정 지속 시간은 그 영역에 대한 높은 인지 부하 또는 관심을 나타낼 수 있다.
- **사카드(saccade)**: 사카드는 눈이 한 시선 고정점에서 다른 시선 고정점으로 뛰어넘을 때 발생하는 빠른 눈 움직임이다. 사카드는 가장 빠른 눈 움직임으로써 초당 여러 번 발생할 수 있다. 사카드는 일반적으로 발사(phasic), 즉 갑작스럽고 빠르게 일어나는 움직임이며, 이는 눈이 한 위치에서 다른 위치로 빠르게 "발사"되는 것처럼 보일 수 있다. 이는 사카드의 방향과 거리가 움직임이 시작되기 전에 결정된다는 것을 의미한다. 사카드의 빈도, 길이 및 방향은 사람이 시각 장면을 스캔하고 정보를 검색하기 위한 전략을 어떻게 사용하는지에 대한 정보를 제공할 수 있다.[11)]
- **동공 확대(pupil dilation)**: 동공 확대는 조명이나 인지 부하와 같은 다양한 요인에 대한 반응으로 동공 크기의 변화를 의미한다. 눈동자 추적 연구에서 동공 크기의 변화는 인지 처리, 정서적 흥분 또는 자극과의 참여 지표로 사용될 수 있다. 예를 들어, 동공 확대가 증가하면 인지 부하가 증가하거나, 정보 처리에 어려움이 있거나, 정서적 반응의 활성화로 추정할 수 있다.[12)]
- **스캔 패스(scan path)**: 스캔 패스는 개체가 자극을 관찰하는 동안 생성하

11) Jo, I. H. (2004). A Case Study on Job Analysis Utilizing Cluster Analysis and Community Analysis. The Journal of Korean Association of Computer Education, 7(1), 151－165.

12) 박혜정, 조일현. (2021). 컴퓨터 기반 문제풀이에서 학습자가 지각한 난이도와 학습자의 동공 반응 수준 비교. 컴퓨터교육학회 논문지, 24(1), 97－105.

는 시선 고정 위치와 사카드의 시퀀스를 나타낸다. 이것은 시각 장면을 통해 움직이는 시선의 경로를 찾아내는 데 활용된다.[13] 스캔 패스를 분석하면 개인이 정보를 처리하고 관련 세부 정보를 검색하기 위해 사용하는 전략에 대한 통찰력을 얻을 수 있다. 개인이나 그룹 간의 스캔 패스를 비교하면 주의, 시각적 검색 전략 및 인지 처리의 차이를 파악할 수 있다.[14]

이러한 메트릭은 심리학, 마케팅, 인간-컴퓨터 상호작용 및 사용성 연구와 같은 다양한 분야에서 시각 정보를 인식하고 상호작용하는 방법을 이해하기 위해 폭넓게 활용되고 있다.

학습분석학 적용

눈동자 추적 지표는 인적자원개발 환경에서 학습분석학에 효과적으로 적용되어 학습 과정의 다양한 측면을 개선하는데 활용된다. 시선 위치, 시선 고정 및 스캔 패스 데이터를 조사함으로써 교육 자료를 평가하고 학습자의 관심을 끄는 부분이나 간과된 부분을 확인할 수 있다. 이 정보는 핵심 내용이 강조되고 쉽게 접근할 수 있도록 자료의 설계와 레이아웃을 개선하는 데 유용하다.

인지 부하 평가는 눈동자 추적을 통해 자주 수행되는 활동이다. 동공 확장은 이 목적에 유용한 지표이다. 교육 과정 전체에 걸쳐 인지 부하를 모니터링함으로써 HRD 전문가들은 학습자가 어려워하는 영역을 확인하고 콘텐츠나 속도를 조정할 수 있다. 인지부하[15]는 에듀테크융합연구소에서 집중 연구해 왔던 심리

13) 정겨운. (2021). 웹 기반 문제해결 학습상황에서 문제해결 전략 유사도로 분류한 집단 간 선택적 주의, 인지부하 차이 및 결과예측.

14) 신윤미, 조일현. (2018). 동영상 학습에서의 학습자 동공 반응 분석. 학습자중심교과교육연구, 18, 21-41.

15) 인지부하이론(Cognitive Load Theory)은 학습과정에서 인지부하가 학습 성과와 어떤 관련이 있는지를 연구하는 이론이다. 이 이론은 정보 처리 관점에서 학습 과정을 살펴보고, 인지 부하를 최소화하고 기억을 최적화하는 방법을 제시한다.
인지부하에는 외재적 인지부하, 내재적 인지부하, 그리고 본유적 인지부하가 있다.
외재적 인지부하(Extraneous Cognitive Load)는 학습과정에서 학습자의 주의를 산만하게 하는 요인이다. 예를 들어, 적절하지 않은 동영상 시청, 분산된 텍스트, 무관한 이미지 등이 해당된다. 외재적 인지부하는 학습과 관련이 없는 요소로서 학습 성과에 부정적인 영향

적 구인이다.16)

눈동자 추적 데이터는 또한 학습 전략을 밝혀내어 학습자가 정보를 처리하고 관련 세부 사항을 검색하거나 복잡한 자료를 탐색하는 방법을 보여준다. 이 정보는 개별 학습 선호도와 더 잘 맞추기 위해 교육 자료와 교수 전략을 맞춤화

을 미친다.

내재적 인지부하(Intrinsic Cognitive Load)는 학습자가 학습과제를 수행하는 데 필요한 인지 부하이다. 새로운 개념, 통계 공식 등의 학습에서 내재적 인지부하가 발생할 수 있다. 이러한 인지 부하는 학습과 관련된 내용을 이해하는 데 필요한 요소로서 줄일 수도 줄여서도 안 된다.

본유적 인지부하(Germane Cognitive Load)는 학습자가 지식을 구축하고 효과적인 학습을 진행하기 위한 부하이다. 예를 들어, 문제 해결 능력, 스키마 형성 등의 능력을 향상시키는 부하이다. 본유적 인지부하는 학습자의 지식 구축과 문제 해결 능력 향상을 도모하기 위해 교수설계를 통해 촉진해야 한다.

16) e.g.) 박혜정, 김다솜, 조일현. (2019). 동영상 학습 환경에서 인지부하의 변화 및 학습성과와의 상관관계. 교육정보미디어연구, 25(4), 797-826.

노재희, 조일현. (2020). 컴퓨터 기반 문제풀이 환경에서 문제양식, 과제복합도 수준에 따른 인지부하의 측정과 학업성취도 간의 관계. 교육공학연구, 36(1), 137-161.

김정현, 조일현. (2019). 복합문제 풀이(complex problem solving) 상황에서 인지부하의 객관적 측정방법 탐색. 학습자중심교과교육연구, 19(15), 25-44.

김지현, 조일현. (2019). 아이트래킹 기술을 활용한 입체적 학습 과정 규명 및 학습성과 예측모형 개발. 한국교육공학회 학술대회발표자료집, 2019(1), 222-233.

정겨운, 김규원, 조일현. (2022). 콘텐츠 설계원리에 대한 학습유형별 학습자 인지적 상태 차이. 교육정보미디어연구, 28(1), 133-160.

이정은, 조일현. (2020). 텍스트 기반 멀티미디어 학습에서 시각적 단서와 학습자 메타인지 수준이 인지부하에 미치는 영향. 교육정보미디어연구, 26(3), 539-565.

이인혜, 정겨운, 조일현. (2021). 일반적 문제해결 전략에 대한 동영상 학습에서 시각적 단서와 사전지식 수준이 인지부하에 미치는 영향. 학습자중심교과교육연구, 21(11), 807-821.

박혜정, 정겨운, 조일현. (2021). 동적 시각 단서가 인지부하와 학습 성과에 미치는 영향: 공간능력 요인의 조절효과를 중심으로. 교육정보미디어연구, 27(4), 1485-1513.

조일현, 김정현. (2020). 동영상학습에서 학습동기, 인지부하, 학업성취간 관계 및 주의집중 수준의 객관적 측정. 학습자중심교과교육연구, 20(24), 571-588.

Huh, D., Kim, J. H., & Jo, I. H. (2019). A novel method to monitoring changes in cognitive load in video-based learning. Journal of Computer Assisted Learning, 35(6), 721-730.

Kim, J., & Jo, I. H. (2019). Feasibility and use of psychophysiological responses based on cognitive load theory. Australasian Journal of Educational Technology, 35(3).

Jo, I. H., & Kim, J. (2020). Verification of cognitive load theory with psychophysiological measures in complex problem-solving. The Asia-Pacific Education Researcher, 29, 417-429.

Park, H. J., & Jo, I. H. (2020). Correlation between the change of cognitive load and learning performance in video-based learning.

하는 데 사용할 수 있어 학습 성과를 최적화한다.

또한 시선 고정 지속 시간과 동공 확장과 같은 지표를 사용하여 교육 콘텐츠에 대한 학습자의 참여와 정서적 반응을 평가할 수 있다. 참여가 높거나 낮은 영역을 확인함으로써 HRD 전문가들은 학습자의 동기를 유지하고 학습 효과를 극대화하기 위해 콘텐츠를 수정할 수 있다.

눈동자 추적 지표를 퀴즈 점수나 작업 완료 시간과 같은 성과 측정과 연관시키면 시각적 주의와 학습 성과 간의 관계에 대한 통찰력을 제공할 수 있다. 이 정보는 이해력과 성과를 향상시키기 위해 추가 지원이나 자원이 필요한 영역을 확인하는 데 도움이 된다.

마지막으로, 아이트래킹 데이터를 사용하여 개개인의 시선 패턴, 시선 고정 지속 시간 및 스캔 경로를 기반으로 개인화된 학습 경험을 만들 수 있다. 콘텐츠와 교수 전략을 각 학습자의 독특한 시각적 및 인지 처리 패턴과 일치시켜 인적자원개발 전문가들은 학습 성과를 최적화하고 전체 교육 효과를 높일 수 있다.

이러한 아이트래킹 지표를 HRD 환경에서 활용하려면 아이트래킹 기술에 접근할 수 있어야 하며 데이터 해석에 대한 전문 지식이 필요하다. 사용자 상호작용 및 성과 측정과 같은 다른 학습분석학 데이터와 아이트래킹 지표를 결합하면 학습 과정에 대한 종합적인 이해를 제공하고 교육 및 개발 성과를 개선하기 위한 데이터 기반 의사결정을 가능케 한다.

분석 방법

시선 추적 분석을 수행하는 것은 여러 단계로 이루어지며, 실험 계획 및 설정부터 데이터 수집 및 분석까지 포함된다. 이전에 언급한 지표를 기반으로 한 눈동자 추적 분석을 수행하는 단계별 가이드는 다음과 같다.

- **연구 목표 정의**: 연구 목표를 명확히 설명하고 눈동자 추적 지표(시선 위치, 시선 고정, 사카드, 동공 확장 및 스캔 경로) 중 어떤 것이 연구 질문에 가장 적합한지 결정한다.
- **적합한 눈동자 추적 기술 선택**: 연구 요구, 예산 및 설정에 따라 적절한 눈동자 추적 장치를 선택한다. 화면 기반, 헤드 마운트 또는 안경 스타일 추

적기와 같은 다양한 종류의 눈동자 추적기가 있다. 선택은 이동성 수준, 사용할 자극 유형 및 원하는 정확도와 같은 요소에 따라 달라진다.

- **실험 설계 개발**: 자극 선택, 발표 순서 결정, 작업 지시 정의 및 필요한 경우 통제 조건 설정을 포함하는 체계적인 실험 설계를 수립한다.
- **눈동자 추적 환경 설정**: 연구에 적합한 눈동자 추적 환경을 보장한다. 이는 조명 조건을 조절하거나, 방해 요소를 최소화하고, 참가자에게 편안한 환경을 제공하도록 조치한다. 아이트래킹을 포함하여 심리생리 데이터 추출 시 의도하거나 예상하지 못한 물리적 및 사회적 환경에 의해 데이터가 오염되기 쉽다는 점을 고려해야 한다.
- **눈동자 추적기 보정(calibration)**: 실험 시작 전 각 참가자에 대해 눈동자 추적기를 교정한다. 사람마다 생리적 조건, 예컨대 동공의 크기와 모양 등이 조금씩 다르기 때문에 피험자가 바뀔 때마다 보정을 해 주어야 한다. 교정은 수집된 데이터의 정확성을 보장하는 데 있어 중요하다. 대부분의 눈동자 추적기는 참가자를 일련의 시선 고정점을 통해 안내하는 내장된 보정 루틴이 있다.
- **실험 진행**: 참가자가 작업 및 지침을 이해하고 있는지 확인하면서 실험을 안내한다. 실시간 눈동자 추적 데이터를 모니터링하여 적절한 데이터 수집을 보장하고 발생할 수 있는 문제를 해결한다.
- **원시 데이터 전처리**: 원시 아이트래킹 데이터를 정제하고 전문 알고리즘을 사용하여 눈 깜박임 또는 추적이 끊어지는 기간과 같은 노이즈를 제거하고 의미 있는 단위로 데이터를 분할한다. (예: 시선 고정 및 사카드)
- **데이터 분석**: 연구 목표에 따라 평균 시선 고정 지속 시간, 사카드 길이 또는 동공 확장과 같은 관련 아이트래킹 지표를 계산한다. 히트맵이나 시선 도표와 같은 시각화 기법을 사용하여 데이터를 시각적으로 나타내고 패턴을 탐색한다.
- **결과 해석**: 아이트래킹 지표를 연구 질문과 목표와 관련하여 분석한다. 통제 조건과 데이터를 비교하고 결과가 가설과 일치하거나 새로운 통찰력을

제공하는지 확인한다.

- **결과 보고**: 방법론, 데이터 분석 및 결과 해석을 포함하여 명확하고 포괄적인 방식으로 결과를 제시한다. 연구의 한계를 논의하고 미래 연구를 위한 분야를 제안한다.

아이트래킹 분석을 수행하는 것은 복잡할 수 있으며, 정확하고 의미 있는 결과를 보장하기 위해 전문 소프트웨어와 전문 지식이 필요할 수 있다. 프로세스의 각 단계를 신중하게 계획하고 실행함으로써, 다양한 연구 분야에서 가치 있는 통찰력을 얻기 위해 아이트래킹 지표를 성공적으로 적용할 수 있다.

트렌드

HRD 컨텍스트에서 학습분석학을 위한 아이트래킹의 미래는 기술 발전이 실험실을 넘어 실제 세계 환경에서의 보다 넓은 응용을 가능하게 함에 따라 매우 유망하다. 가격도 저렴해지고 성능도 개선되고 있다. 실험실에서 사용하는 고정형 기기 외에 고글형, VR/AR 기기에 내장된 아이트래커도 쏟아져 나오고 있다. 주요 추세와 발전은 다음과 같다.

아이트래킹 기술의 접근성과 가격 저하로 인해 HRD 프로그램에 대한 통합이 증가할 것이다. 이를 통해 학습 경험을 더 잘 이해하고 최적화하며, 조직이 데이터 기반 의사결정을 통해 교육 자료를 개선하고 더 맞춤화된 학습 환경을 만들 수 있다.

가상 및 증강 현실 플랫폼과의 통합은 몰입형, 상호작용하는 학습 경험을 만들 수 있게 한다. 현실적인 시뮬레이션과 시나리오에서 시선 패턴, 인지 부하, 참여도를 평가함으로써 훈련 효과와 성능을 향상시키기 위한 귀중한 통찰력을 제공해 준다.

아이트래킹 기술과 기계학습 알고리즘의 발전으로 아이트래킹 데이터의 실시간 분석이 점점 더 실현 가능성이 높아지고 있다. 이를 통해 학습자의 시선 패턴, 인지 부하 및 참여도에 따라 콘텐츠나 교수 전략을 조정하는 적응형 학습 시스템을 개발할 수 있다.

원격 및 비간섭적 아이트래킹 솔루션의 개발로 인해 원격 작업이나 온라인 학습 환경과 같은 보다 다양하고 자연스러운 환경에서 아이트래킹 데이터를 수집할 수 있다. 이를 통해 HRD 연구에서 아이트래킹의 응용 범위가 확대되며, 실제 직무현장의 맥락을 반영하여 학습 행동을 분석할 수 있다.

아이트래킹 데이터를 심박수, 피부 전도도와 같은 생리 센서, 행동 관찰 또는 디지털 플랫폼과의 사용자 상호작용과 같은 다른 데이터 소스와 결합하면 학습 과정에 대한 보다 포괄적인 이해를 제공한다.

이를 통해 학습 패턴의 더 깊은 분석과 더 효과적인 HRD 개입 방안 개발이 가능해질 것이다. 데이터 분석 분야의 발전에 따라 고급 데이터 분석 및 시각화 기술이 제공되게 되어, 아이트래킹 지표, 학습 행동, 성과 결과 간의 복잡한 패턴과 관계를 파악하게 되어 HRD 전문가들에게 소중한 통찰력을 제공할 것이다.

아이트래킹 기술이 HRD 환경에서 보다 널리 활용되게 되면, 윤리적 고려사항과 개인정보 보호에 대한 주의가 증가할 것이다. 이는 아이트래킹 데이터의 책임감 있는 수집, 저장 및 분석을 위한 명확한 지침과 모범 사례 개발이 필요하게 된다.

결론적으로, HRD 맥락에서의 학습분석학을 위한 아이트래킹 기술의 미래는 기술 발전에 의해 실제 세계 환경에 더 넓게 적용될 것이며, 이를 통해 HRD 전문가들이 학습 행동에 대한 더 깊은 통찰력을 얻고, 교육 효과를 향상시키고, 궁극적으로 학습 성과와 조직 성과를 높일 수 있다.

표정 인식

표정 인식이란?

얼굴 표정 분석은 눈 움직임, 입 위치, 눈썹 찡그림 등 다양한 얼굴 특징을 분석하여 특정 감정을 규명하는 기계학습 알고리즘과 컴퓨터 비전 기술을 사용하여 사람의 감정 상태를 감지하고 분석하는 기술이다. 이 기술은 심리학, 신경과학, 마케팅, 인간-컴퓨터 상호작용 등 다양한 분야에서 인간의 행동과 반응을 이해하기 위해 사용된다. 최근 몇 년 동안 학습분석학 분야에서도 학습 과정에서 학습자의 감정 경험을 이해하는 데 적용되었다.

얼굴 표정 분석은 학습 과정에서 학습자가 긍정적인 감정이나 부정적인 감정을 경험하고 있는지를 확인하는 데 사용할 수 있으며, 이 정보를 바탕으로 긍정적인 감정 상태를 증진하고 학습자의 전반적인 복지를 지원하기 위해 교수 전략을 맞춤화할 수 있다. 예를 들어 학습자가 혼란이나 좌절을 느끼고 있다면 인적자원개발 전문가들은 교육 자료를 수정하거나 추가 지원을 제공하여 학습자가 이러한 문제를 극복할 수 있도록 도와줄 수 있다.

그러나 얼굴 표정 분석은 민감한 데이터의 수집 및 사용과 관련된 중요한 윤리적, 개인 정보 보호 문제를 제기하기도 한다. 얼굴 표정 분석을 사용하는 기관은 개인의 사생활 보호 권리를 보호하기 위해 데이터 수집, 저장 및 사용에 대한 명확한 정책과 절차를 수립해야 한다. 또한, 얼굴 표정 분석이 감시와 조작의 가능성을 피하기 위해 책임 있고 투명하게 사용되도록 보장하는 것이 중요하다.[17]

전반적으로 얼굴 표정 분석은 인간의 행동과 반응을 이해하는 데 강력한 도구이며, 학습분석학에서의 적용은 학습 과정에서 학습자의 감정 경험에 대한 귀중한 통찰력을 제공할 수 있다.

학습분석학 적용

얼굴 표정 분석은 인적자원개발 맥락에서 학습분석학의 다양한 적용이 가능한다. 이에는 다음과 같은 것들이 포함된다.

- **훈련 효과 개선:** 얼굴 표정 분석을 통해 HRD 전문가들은 교육 프로그램 도중 직원들이 혼란스러워하거나 좌절하는 시점을 파악할 수 있다. 이 정보를 활용하여 교육 내용을 조절하거나 추가 지원을 제공함으로써 직원들이 교육 자료를 더 잘 이해하고 기억할 수 있도록 도와줄 수 있다.
- **직원 참여도 파악:** 얼굴 표정 분석을 통해 교육 프로그램이나 기타 학습 활

17) Emerson, A., Cloude, E. B., Azevedo, R., & Lester, J. (2020). Multimodal learning analytics for game-based learning. British Journal of Educational Technology, 51(5), 1505-1526.

동 중 직원 참여도를 확인할 수 있다. 시간이 지남에 따라 얼굴 표정의 변화를 감지함으로써 직원들이 관심을 잃어가는 시점을 파악하고, 대상을 맞춘 지원을 통해 직원들이 계속해서 관여할 수 있도록 할 수 있다.

- **훈련의 영향 평가**: 얼굴 표정 분석을 통해 교육 프로그램이 직원의 태도와 행동에 미치는 영향을 측정할 수 있다. 시간이 지남에 따라 얼굴 표정의 변화를 추적함으로써 교육 프로그램이 직원의 태도와 행동을 효과적으로 개선하는지 평가할 수 있다.
- **직원 복지 지원**: 얼굴 표정 분석을 통해 직원들이 스트레스나 좌절감과 같은 부정적인 감정을 겪고 있는지 파악할 수 있다. HRD 전문가들은 이 정보를 활용하여 직원들이 감정적인 복지를 관리할 수 있는 대상을 맞춘 지원과 자원을 제공할 수 있다.
- **개인화된 학습 경험 제공**: 얼굴 표정 분석을 통해 개별 직원의 필요와 선호에 기반한 개인화된 학습 경험을 제공할 수 있다. 얼굴 표정과 다른 생리적 반응의 변화를 추적함으로써 HRD 전문가들은 직원의 필요와 선호에 더 잘 부합하는 학습 경험을 조절할 수 있다.

분석 방법

데이터 수집 및 분석 방법론은 특정 연구 또는 응용 컨텍스트에 따라 다르지만, 일반적인 기법에는 다음과 같은 것들이 있다.

- **데이터 수집**: 얼굴 표정 분석을 위한 데이터는 비디오 녹화, 이미지 캡처 또는 센서와 같은 다양한 기법을 사용하여 수집할 수 있다. 비디오 녹화는 연구에서 가장 일반적으로 사용되는 기법 중 하나로, 특정 활동이나 작업을 수행하는 동안 사람의 얼굴을 캡처하는 데 사용된다. 이미지 캡처 또는 센서와 같은 다른 기법들도 실시간으로 얼굴 데이터를 수집하는 데 사용할 수 있다.
- **얼굴 랜드마크 감지**: 얼굴 랜드마크 감지는 눈, 코, 입의 위치와 같은 특정 얼굴 특징을 규명하고 추적하여 얼굴 표정을 감지하는 데 사용되는 기술이다. 이 기법은 기계학습 알고리즘을 사용하여 이러한 특징을 실시간으

로 규명하고 추적한다.

- **감정 감지**: 감정 감지는 얼굴 표정의 변화를 기반으로 특정 감정을 규명하는 데 사용되는 기술이다. 이 기법은 레이블이 지정된 얼굴 표정의 데이터 세트에 대해 교육된 기계학습 알고리즘을 사용하여 행복, 슬픔, 분노와 같은 특정 감정을 규명한다.
- **데이터 분석**: 얼굴 표정 분석을 위한 데이터 분석은 데이터 수집 단계에서 수집된 얼굴 데이터를 기계학습 알고리즘을 사용하여 분석하고 해석하는 것을 포함한다. 이는 특정 얼굴 표정이나 감정을 규명하거나, 시간에 따른 얼굴 표정의 변화를 추적하거나, 얼굴 표정과 심박수 변동성과 같은 기타 생리적 반응 간의 상관관계를 규명하는 것을 포함할 수 있다.
- **검증**: 검증은 얼굴 표정 분석 과정에서 중요한 단계로, 사용된 데이터 수집 및 분석 방법의 정확성과 신뢰성을 평가하는 것을 포함한다.

이것은 심박변이도 또는 자가보고 감정 경험과 같은 다른 생리적 반응과 얼굴 표정 분석 결과를 비교하여 결과가 정확하고 신뢰할 수 있는지 확인하는 것을 포함할 수 있다.

전반적으로, 얼굴 표정 분석을 위한 데이터 수집 및 분석 방법론은 특정 연구 또는 응용 분야와 연구 질문에 대한 신중한 고려가 필요하다. 또한 민감한 데이터의 수집 및 사용과 관련된 윤리적 및 개인 정보 보호 문제에 대한 주의 깊은 고려가 필요하다.

트렌드

얼굴 표정 분석은 빠르게 발전하고 있는 기술로 인적자원개발 분야에서 다양한 잠재적 응용이 가능한다. HRD에서 얼굴 표정 분석의 미래적용 추세는 다음과 같다.

- **가상 현실 교육**: 가상 현실(VR)은 교육 및 직원 개발에 점점 인기를 얻고 있는 첨단 기술이다. 얼굴 표정 분석은 VR 기술과 통합되어 더 몰입감 있는 학습 경험을 제공할 수 있다. 얼굴 표정의 변화를 추적함으로써 HRD

전문가들은 직원들이 교육에 어떻게 반응하고 있는지 더 잘 이해할 수 있으며, 교육 내용이나 전달 방법을 조정할 수 있다.

- **실시간 피드백**: 실시간 피드백은 직원 교육 및 개발에 중요한 도구이다. 얼굴 표정 분석을 사용하여 직원들의 얼굴 표정에 따른 실시간 피드백을 제공하고, 그들이 감정적 반응을 이해하고 그에 따라 행동을 조정할 수 있도록 돕는다.
- **평가**: 얼굴 표정 분석은 HRD 프로그램 및 이니셔티브의 효과를 평가하는 데 사용할 수 있다. 시간이 지남에 따른 얼굴 표정의 변화를 추적함으로써 HRD 전문가들은 이러한 프로그램이 직원 태도 및 행동에 미치는 영향을 측정하고, 그에 따라 조정할 수 있다.
- **원격 작업**: 코로나19 대유행은 원격 작업이라는 추세를 가속화시켰으며, 이러한 추세는 앞으로도 계속될 것으로 예상된다. 얼굴 표정 분석은 원격 작업을 지원하기 위해 HRD 전문가들에게 직원들의 감정적 경험에 대한 통찰력을 제공하고 원격 팀 구성원 간 보다 효과적인 의사소통 및 협업을 지원한다.
- **다양성, 공정성, 포용성**: 얼굴 표정 분석은 직장에서 다양성, 공정성, 포용성 노력을 지원하는 데 사용될 수도 있다. 얼굴 표정의 변화를 추적하여 HRD 전문가는 다양한 배경을 가진 직원들이 불편하거나 무관심해 보일 때 이를 규명하고 관련 지원을 제공하여 이러한 문제를 해결할 수 있다.

전반적으로, 얼굴 표정 분석은 HRD 분야에서 많은 잠재적인 응용 분야가 있는 유망한 기술이다. 이 기술이 계속 발전함에 따라, 미래에는 직원들의 교육, 발전 및 웰빙에 점점 더 중요한 역할을 할 것으로 예상된다.

제스처 인식

제스처 인식이란?

제스처 인식(Gesture Recognition)은 손 제스처, 몸의 움직임, 얼굴 표정과 같은 인간의 동작을 해석하여 기계가 읽을 수 있는 데이터로 변환하는 과정이다.

제스처 인식 기술은 센서, 카메라 및 머신 러닝 알고리즘을 사용하여 인간의 움직임을 감지하고 해석하여 컴퓨터가 더욱 자연스럽고 직관적으로 인간과 상호작용할 수 있게 한다.[18)]

제스처 인식 기술은 학습분석학 분야에서 여러 응용 가능성을 가지며, 학습자가 참여하고 있는지 여부를 파악하고 그룹 활동의 진행 상황을 추적하며, 실제 작업에서 학습자의 성과를 평가하는 데 사용될 수 있다. 제스처 인식 기술은 또한 학습자에게 실시간 피드백을 제공하여 학습자가 자신의 행동을 조정하고 학습 성과를 개선할 수 있도록 도와준다.[19)]

일부 제스처 인식 기술의 예시로는 다음과 같다.

- **카메라 기반 시스템**: 이러한 시스템은 학습자의 움직임을 캡처하기 위해 카메라를 사용하며 머신 러닝 알고리즘을 사용하여 해석한다. 예를 들어, Microsoft의 Kinect 시스템은 카메라와 적외선 센서를 사용하여 학습자의 몸의 움직임을 추적하고 기계가 읽을 수 있는 데이터로 변환한다.
- **웨어러블 기기**: 스마트 워치나 피트니스 추적기와 같은 웨어러블 기기를 사용하여 학습자의 움직임을 추적하고 머신 러닝 알고리즘을 사용하여 해석할 수도 있다. 예를 들어, 학습자가 기술을 연습하는 동안 웨어러블 기기가 학습자의 손 제스처를 추적하고 성능에 대한 실시간 피드백을 제공할 수 있다.
- **햅틱 기기**: 햅틱 기기는 촉각을 통해 학습자에게 피드백을 제공하여 가상 개체와 더욱 자연스러운 방식으로 상호작용할 수 있게 한다. 예를 들어, 햅틱 디바이스는 가상 물체를 잡는 감각을 모방하여 학습자들이 더 현실적인 환경에서 기술을 연습할 수 있게 한다. 제스처 인식과 같이 학습분석

18) Stevenson, M., Bower, M., Falloon, G., Forbes, A., & Hatzigianni, M. (2019). By design: Professional learning ecologies to develop primary school teachers' makerspaces pedagogical capabilities. British Journal of Educational Technology, 50(3), 1260–1274.

19) Junokas. M. J., Lindgren, R., Kang, J., & Morphew, J. W. (2018). Enhancing multimodal learning through personalized gesture recognition. Journal of Computer Assister Learning, 34(4), 350–357.

학에서 사용되는 모든 기술은 개인 정보 보호, 편견, 윤리 및 정확성과 관련된 중요한 문제와 관련이 있다.

이러한 기술을 사용하는 조직은 학습자의 개인 정보 보호 권리를 보호하기 위해 데이터 수집, 저장 및 사용에 대한 명확한 정책과 절차를 수립해야 한다. 또한 이러한 기술의 사용이 투명하고 윤리적 원칙과 일치하는지 확인하여 학습자가 과도한 모니터링이나 조작을 받지 않도록 해야 한다. 마지막으로, 사용되는 데이터 분석 기술이 문제와 연구 질문에 적합하며 기술이 검증되고 신뢰성이 있어야 한다.

학습분석학 적용

제스처 인식 기술은 학습자의 신체 움직임과 제스처를 분석하여 인지, 감정 및 동기 부여 상태를 파악하는 데에 활용될 수 있다. 이 기술은 학습분석학에 유용한 데이터를 제공하며 보다 효과적인 학습 개입을 지원할 수 있다.

HRD 분야에서 제스처 인식 기술은 다음과 같은 방법으로 활용될 수 있다.

- **몸의 자세 분석**: 제스처 인식 기술은 학습자의 몸의 자세와 움직임을 분석하여 학습자의 참여와 동기 부여 수준을 추론할 수 있다. 예를 들어, 굽은 자세나 폐쇄적인 몸 자세를 보이는 학습자는 참여하지 않거나 흥미를 잃었을 수 있다. 반면 앞으로 기울어지고 눈을 마주치는 학습자는 보다 참여하고 동기부여를 느낄 가능성이 있다.
- **손과 팔 제스처 분석**: 제스처 인식 기술은 학습자의 손과 팔 제스처를 분석하여 질문을 하기 위해 손을 들거나 이해를 나타내기 위해 끄덕이는 등 특정 행동이나 반응을 규명할 수 있다. 이 정보는 교육 전략을 맞추고 학습자에게 특정 지원을 제공하는 데 사용될 수 있다.[20]

20) Lung. K. (2007). The importance of gaze and gesture in interactive multimodal explanation. Language Resources and Evaluation, 41, 289–303.

- **얼굴 표정 분석:** 제스처 인식 기술은 또한 학습자의 얼굴 표정을 분석하여 혼란, 좌절 또는 흥분과 같은 감정 상태를 파악할 수 있다. 이 정보는 교육 전략을 조정하고 학습자에게 감정적인 지원을 제공하는 데 사용될 수 있다.
- **피드백 및 평가:** 제스처 인식 기술은 학습자의 신체 움직임과 제스처를 기반으로 실시간 피드백 및 평가를 제공하는 데 사용될 수 있다. 예를 들어, 학습자는 자세, 손 제스처 또는 얼굴 표정에 대한 피드백을 받아 의사소통 및 대인 관계 기술을 개선할 수 있다.

제스처 인식 기술은 HRD 환경에서 많은 잠재적인 응용 분야가 있지만, 데이터 개인 정보 보호, 정확성, 윤리적 사용과 관련된 문제와 고민도 있다. 조직은 제스처 인식 기술의 사용이 윤리적 원칙과 일치하고 학습자의 개인 정보 보호 권리가 보호되도록 보장해야 한다. 또한 기술의 타당성과 신뢰성을 고려하고 해당 문제와 연구 질문에 적합한 데이터 분석 기술을 사용해야 한다.

분석 방법

HRD 분석에서 제스처 인식은 학습 과정에서 학습자의 행동과 반응을 이해하기 위해 손 제스처, 머리 움직임 및 몸의 자세 등 다양한 신체 움직임에 대한 데이터 수집을 포함한다. 제스처 인식을 위한 데이터 수집 및 분석 방법론은 특정 연구나 응용 분야에 따라 다르지만, 일반적으로 사용되는 대표적 방법론은 다음과 같다.

- **웨어러블 센서:** 스마트워치나 모션 트래커와 같은 웨어러블 센서를 사용하여 학습 과정에서 다양한 신체 움직임에 대한 데이터를 수집할 수 있다. 이러한 센서는 손 제스처, 머리 움직임 및 몸의 자세를 추적하여 이러한 움직임과 학습자의 행동과 반응 사이의 패턴이나 관계를 파악할 수 있다.
- **비디오 녹화:** 학습자들의 학습 과정 중 비디오 녹화를 분석하여 신체 움직임과 학습자의 행동과 반응 사이의 패턴이나 관계를 파악할 수 있다. 이러한 녹화는 수동적으로 코딩하거나 기계학습 알고리즘을 사용하여 특정 신

체 움직임과 행동을 규명할 수 있다.

- **모션 캡처 기술**: 모션 캡처 기술은 카메라나 센서를 사용하여 학습자의 몸의 움직임을 실시간으로 추적하는 기술이다. 이러한 기술은 학습 과정에서 학습자의 신체 움직임과 자세에 대한 자세한 데이터를 제공할 수 있다.
- **기계학습 알고리즘**: 기계학습 알고리즘은 학습자의 신체 움직임 데이터를 분석하여 패턴이나 관계를 규명할 수 있다. 이러한 알고리즘은 과거의 신체 움직임 패턴을 기반으로 미래의 행동이나 성과를 예측하는 데에도 사용될 수 있다.

트렌드

제스처 인식 기술은 인적자원개발을 포함한 다양한 산업을 변화시킬 잠재력이 있다. 이 기술이 발전함에 따라 제스처 인식의 여러 미래 추세가 HRD에 많은 영향을 미칠 것으로 예상된다.

특히 직원 교육 개선이 눈에 띄는 분야이다. 제스처 인식은 스킬 개발에 대한 실용적인 접근 방식을 제공하여 교육 프로그램을 보다 상호작용적이고 흥미롭게 만들 수 있다. 또한 직원이 추가 교육이 필요한 영역을 파악하는 데 도움이 될 수 있어 전체적인 효율성과 효과성을 향상시킨다.

가상 회의와 협업 또한 제스처 인식 기술의 도움을 받을 수 있다. 이 기술은 참가자들이 천리안 거리에 떨어져 있어도 자연스러운 몸짓과 제스처를 사용하여 아이디어를 전달하고 더 효과적으로 협업할 수 있게 하여 커뮤니케이션을 강화한다.

제스처 인식 기술의 또 다른 잠재적 이점은 개선된 접근성이다. 귀가 먹거나 청각 장애가 있는 사람들에게 목소리가 없는 의사소통을 가능하게 하는 등 장애가 있는 직원들에게 지원을 제공함으로써 보다 포용적인 직장을 만들 수 있다. 또한 이 기술은 서로 다른 언어를 사용하는 직원들 간의 의사소통을 용이하게 한다.[21)]

---

21) Ochoa, X., & Dominguez, F. (2020). Controlled evaluation of a multimodal system to

제스처 인식은 실시간으로 직원의 성과를 모니터링하는 데 사용될 수도 있다. 생산성에 영향을 미칠 수 있는 피로나 스트레스의 징후를 규명함으로써 HRD 전문가들은 직원의 건강을 도울 수 있다.

학습의 게임화는 제스처 인식 기술의 또 다른 잠재적 응용 분야이다. 학습 및 개발 프로그램을 보다 매력적이고 재미있게 만들어 직원들의 동기부여와 만족도를 높일 수 있으며, 결국 이는 더 높은 재직률로 이어질 것이다.

채용 및 입사과정에서 제스처 인식 기술은 연약한 기술과 의사소통 능력의 더 정확한 평가를 가능하게 함으로써 프로세스를 간소화할 수 있다. 게다가 이 기술은 새로운 직원들을 위한 입사 과정을 더 매력적이고 상호작용적으로 만들어 개선할 수 있다. 최근 국내에서도 신입사원 채용 면접에 이 기술이 폭넓게 활용되고 있다.

향상된 작업장 안전도 제스처 인식의 또 다른 잠재적 혜택으로, 직원들이 기계를 조작하거나 신체적으로 힘든 작업을 수행해야 하는 산업에서 특히 중요하다. 직원의 움직임을 모니터링하고 실시간 피드백을 제공함으로써 기술은 사고나 부상을 예방하는 데 도움이 될 수 있다.

마지막으로, 제스처 인식은 증강 현실(AR), 가상 현실(VR), 인공 지능(AI)과 같은 다른 첨단 기술과 통합되어 인적자원개발 프로세스를 더욱 향상시킬 것으로 예상된다. 제스처 인식 기술이 계속 발전함에 따라 HRD에서의 응용 분야가 성장하고 점점 더 정교해질 것이며, 이로 인해 더 효율적이고 매력적이며 접근하기 쉬운 작업장이 될 것이다.

심리생리 분석(psychophysiological analysis)

심리생리 분석이란?

심리생리학적 분석은 심리 과정과 생리적 반응 사이의 관계를 연구하는 것을 의미한다. 즉, 정신 및 감정 상태가 신체의 물리적 기능에 어떻게 영향을 미

improve oral presentation skills in a real learning setting. British Journal of Educational Technology, 51(5), 1615–1630.

치는지, 반대로 어떻게 영향을 받는지를 조사한다. 이 학문 간 연구 분야는 심리학, 생리학, 신경과학의 원칙을 포함한다.[22)]

심리생리학적 분석에서는 심리 과정과 관련된 생리적 반응을 측정하고 해석하기 위한 다양한 방법이 사용된다. 일반적인 방법은 다음과 같다.

- **심박변이도(HRV, Heart rate variability)**: HRV는 연속하는 심장 박동 사이의 시간 변동이다. 이를 통해 개인의 감정 상태와 스트레스 수준에 대한 통찰력을 얻을 수 있다. 일반적으로 HRV가 높을수록 감정 조절과 전체 건강에 좋다.
- **전자 뇌파검사(EEG, Electro-encephalogram)**: EEG는 뇌파 패턴을 기록하여 뇌의 전기 활동을 측정한다. 이를 통해 인지 과정, 감정 상태 및 뇌 기능에 대한 귀중한 정보를 얻을 수 있다.
- **갈바닉 피부 반응(GSR, Galvanic skin response)**: GSR은 피부 전도도로 알려져 있으며, 땀샘 활동에 따라 변할 수 있는 피부의 전기 전도도를 측정한다. 감정 흥분이나 스트레스를 나타내는 지표로 자주 사용된다.
- **동공 확대**: 사람의 동공 크기는 감정 흥분, 인지 부하 또는 주의와 관련하여 변할 수 있다. 이러한 변화를 모니터링하여 연구자들은 개인의 심리 상태에 대한 통찰력을 얻을 수 있다.
- **얼굴 근전도 검사(EMG, Electromyography)**: 얼굴 EMG는 얼굴 근육의 전기 활동을 측정하여 미묘한 감정 표현과 반응에 대한 통찰력을 제공한다.
- **혈압과 심박수**: 이러한 생리적 측정도 감정 흥분, 스트레스 및 기타 심리 상태를 나타낼 수 있다.

심리생리학적 분석에서는 심리 과정과 관련된 생리적 반응을 측정하고 해석하기 위해 다양한 방법이 개발되었다. 이러한 방법에는 심박변이도(Heart Rate

22) Jo. I. H., & Kim, J. (2020). Verification of cognitive load theory with psychophysiological measures in complex problem−solving. The Asia−Pacific Education Researcher, 29, 417−429.

Variability, HRV), 전자 뇌파검사(Electro-encephalography, EEG), 갈바닉 피부반응(Galvanic Skin Response, GSR), 동공 확장, 얼굴 근전도(Facial Electromyography, EMG), 혈압 및 심박수가 포함된다. 이러한 기술들로 인해 감정 상태, 스트레스 수준, 인지 과정 및 뇌 기능을 이전에 없던 방식으로 조사할 수 있게 되었다.[23]

심리생리학적 분석은 임상심리학, 스포츠 심리학, 인간-컴퓨터 상호작용, 마케팅 및 소비자 연구, 그리고 신경과학 연구와 같은 다양한 분야에서 다양한 응용이 가능한다. 임상심리학에서 심리생리학적 측정은 불안, 우울증 또는 외상 후 스트레스 장애(Post-Traumatic Stress Disorder, PTSD)와 같은 정신 질환의 생물학적 기초를 확인하고 이해하는 데 도움이 될 수 있다. 이러한 이해는 더 효과적인 치료법과 중재 방법으로 이어질 수 있다.

학습분석학 적용

인적자원개발에서 학습분석학에 심리생리학적 분석을 적용하는 것은 직원 교육, 기술 개발 및 전반적인 성과 향상을 위한 흥미로운 기회를 제공한다. 학습 활동 중 심리 과정과 생리적 반응 간의 관계를 연구함으로써 HRD 전문가들은 프로그램의 효과성에 대한 중요한 통찰력을 얻고 직원들의 요구에 더 잘 부합할 수 있도록 이를 조정할 수 있다.

다음은 HRD에서 학습분석학에 심리생리학적 분석이 적용될 수 있는 몇 가지 방법이다.

- **인지 부하 평가**: 인지 부하는 새로운 정보를 처리하고 유지하는 데 필요한 정신적 노력을 의미한다. EEG, 동공 확장 또는 심박 변동성과 같은 심리생리학적 측정을 사용하여 HRD 전문가들은 교육 과정 동안 학습자가 경험하는 인지 부하를 평가할 수 있다. 이 정보는 직원들이 지나치게 압도되거나 자극이 부족하지 않도록 교육 자료의 설계와 전달을 최적화하는 데 도움이 된다.

23) Kim, J., & Jo, I. H. (2019). Feasibility and use of psychophysiological responses based on cognitive load theory. Australasian Journal of Educational Technology, 35(3).

- **참여와 동기 부여 측정**: 심리생리학적 분석은 학습 활동 중 직원의 참여와 동기 부여를 측정하는 데 사용될 수 있다. 예를 들어, 심박수, 피부 전도도 또는 안면 EMG의 변화는 감정적 흥분과 참여를 나타낼 수 있다. 이러한 반응을 모니터링하여 HRD 전문가들은 직원들에게 가장 참여력이 높은 교육 방법을 파악하고 프로그램을 그에 따라 조정할 수 있다.
- **학습 장애물 규명**: 심리생리학적 분석은 스트레스, 불안 또는 주의력 결핍과 같은 학습 장애물을 규명하는 데 도움이 될 수 있다. 이러한 문제를 해결함으로써 HRD 전문가들은 직원들의 성공을 촉진하는 더 지원적이고 적절한 학습 환경을 조성할 수 있다.
- **훈련 개입의 효과 평가**: 심리생리학적 분석을 통해 훈련 개입 전후의 인지 과정 및 감정 상태의 변화를 측정함으로써, 훈련 개입의 효과에 대한 객관적인 데이터를 제공할 수 있다. 이를 통해 HRD 전문가들은 프로그램의 영향을 판단하고 미래의 훈련 노력을 개선하기 위해 데이터 기반의 결정을 내릴 수 있다.
- **개인화된 학습 경험 제공**: 심리생리학적 데이터를 사용하여 HRD 전문가들은 개별 직원의 독특한 요구에 맞는 학습 경험을 제공할 수 있다. 예를 들어, 직원들이 어려움을 겪고 있는 영역을 파악하고 성과 향상을 위해 대상을 지원할 수 있다. 이러한 개인화된 학습 접근법은 정보의 더 나은 유지 및 전반적인 성능 향상을 이끌어낼 수 있다.
- **신기술과 함께 학습 경험 향상**: 심리생리학적 분석은 가상현실(VR), 증강 현실(AR), 인공 지능(AI)과 같은 첨단 기술과 통합되어 현대 노동 인구의 요구에 더 적합한 몰입형, 흥미로운, 개인화된 학습 경험을 만들 수 있다.

요약하면, 심리생리학적 분석을 HRD의 학습분석학에 적용하는 것은 직원의 학습 및 발전을 이해하고 개선하기 위한 혁신적인 방법을 제공한다. 이 학문간 분야를 프로그램에 통합함으로써 HRD 전문가들은 직원의 성장과 성공을 지원하는 더 효과적이고 매력적인 학습 경험을 만들 수 있다.

분석 방법

심리생리학적 분석을 위한 데이터 수집 기술과 분석 방법론은 심리 과정과 관련된 생리적 반응을 측정하고 해석하기 위한 다양한 기술과 도구를 포함한다. 여기에서는 심리생리학적 분석에 사용되는 주요 데이터 수집 기술과 관련 분석 방법론에 대해 간략히 설명하겠다.[24)]

- **뇌전도(EEG)**: 뇌전도는 두피에 전극을 부착하여 뇌의 전기 활동을 측정하는 비침습적 방법이다. 데이터 분석은 다양한 인지 상태 또는 감정 반응과 관련된 특정 뇌파 패턴과 주파수를 규명하는 것을 포함한다. 스펙트럼 분석, 이벤트 관련 전위(ERPs), 그리고 응집 분석과 같은 기술이 뇌전도 데이터를 검토하는 데 사용될 수 있다.
- **심박변이도(HRV)**: HRV는 연속하는 심장 박동 사이의 시간 간격 변화를 측정한다. 데이터는 심전도(ECG) 또는 광플레시스모그래피(PPG) 센서를 사용하여 수집할 수 있다. HRV 데이터 분석은 일반적으로 시간 영역 및 주파수 영역 방법을 포함하며, 이는 교감신경계와 부교감신경계 간의 균형을 결정하고 감정 조절 및 스트레스 수준에 대한 통찰력을 제공한다.
- **갈바닉 피부반응(GSR)**: GSR은 땀샘 활동에 따라 변하는 피부의 전기 전도도를 측정한다. 데이터는 손가락, 손바닥, 또는 다른 높은 땀샘 밀도를 가진 부위에 전극을 부착하여 수집할 수 있다. GSR 데이터 분석은 특정 자극이나 감정 상태에 대한 전도도 변화의 진폭과 주파수를 평가하는 것을 포함한다.
- **동공 확장**: 동공 확장은 동공계측법 또는 아이트래킹 기술을 사용하여 측정할 수 있다. 데이터 분석은 일반적으로 인지 부하, 감정 흥분 또는 주의에 대한 반응으로 동공 크기의 변화를 검사하는 것을 포함한다. 기준 동공 지름, 최대 확대 및 수축 지연 시간은 분석에 사용되는 일반적인 지표이다.

---

24) Huh, D., Kim, J. H., & Jo, I. H. (2019). A novel method to monitoring changes in cognitive load in video-based learning. Journal of Computer Assisted Learning, 35(6), 721-730.

- **얼굴 근전도(EMG)**: 얼굴 근전도는 얼굴 근육의 전기 활동을 측정하여 미묘한 감정 표현과 반응에 대한 통찰력을 제공한다. 특정 얼굴 근육 그룹에 전극을 부착하여 데이터를 수집한다. 분석은 특정 자극이나 감정 상태에 대한 반응으로 근육 활동의 진폭과 주파수를 평가하는 것을 포함한다.
- **혈압 및 심박수**: 혈압과 심박수는 오실로메트릭 방법, 청진법 또는 지속적 비침습 모니터링 장치와 같은 다양한 기술을 사용하여 측정할 수 있다. 데이터 분석은 감정 흥분, 스트레스 또는 다른 심리 상태에 대한 반응으로 혈압과 심박수의 변화를 검사하는 것을 포함한다.

이러한 데이터 수집 기술 외에도 고급 통계 및 기계학습 기술(예: 회귀 분석, 군집 분석 또는 신경망)을 사용하여 수집된 데이터를 분석하고 생리 반응과 심리 과정 간의 패턴 또는 관계를 규명할 수 있다.

연구를 신중하게 설계하고 혼잡 변수를 통제하며 수집된 데이터의 타당성과 신뢰성을 보장하는 것이 중요하다. 다중 심리생리학적 측정을 결합하면 심리 과정과 생리 반응 간의 관계에 대한 보다 포괄적인 이해를 제공할 수 있다. 기술이 계속 발전함에 따라 심리생리학적 분석에서 데이터 수집 방법과 분석 기술은 점점 더 정교해질 것으로 예상되며, 신체와 마음의 연결에 대한 더 깊은 통찰력을 제공할 것이다.

트렌드

미래에는 심리생리학적 분석이 인적자원개발 분야의 학습분석학에서 중요한 역할을 할 것으로 예상된다. 조직이 개인화된 학습 경험, 데이터 기반 접근법 및 직원 복지에 점점 더 집중함에 따라 심리생리학적 분석은 학습과 성과에서 개인 차이를 이해하는 데 도움이 될 것이다. 주목해야 할 주요 추세는 다음과 같다.[25)]

25) Kohn, K., & Booth, S. (2019). HRD and the Fourth Industrial Revolution: Developing and enhancing workplace learning in an age of automation. Advances in Developing Human Resources, 21(1), 90－102.

- **웨어러블 기술의 통합**: 스마트워치와 피트니스 트래커와 같은 웨어러블 기기가 HRD 프로그램에 더욱 통합되어 심박수, 피부 전도도, 아이트래킹과 같은 생리 데이터를 모니터링할 것이다. 이를 통해 조직은 학습 활동 중 직원의 참여도, 스트레스 수준 및 인지 부하를 더 잘 이해하고, 그에 따라 개입과 교육을 맞춤화할 수 있다.
- **고급 기계학습 및 인공지능**: 기계학습 및 인공지능 알고리즘이 계속 발전함에 따라 심리생리학적 데이터의 더 정확한 분석이 가능해질 것이다. 이를 통해 개인 학습에서 패턴과 추세를 규명할 수 있는 더 나은 예측 모델이 만들어져 HRD 전문가들이 더욱 목표를 잘 정하고 효과적인 교육 프로그램을 개발할 수 있다.
- **전반적인 건강과 정신 건강**: 직장에서의 정신 건강 및 복지에 대한 인식이 증가함에 따라 심리생리학적 분석은 직원의 스트레스, 번아웃 및 이탈 요인을 파악하는 데 중요한 역할을 할 것이다.[26] HRD 전문가들은 이 정보를 사용하여 회복력과 건강을 증진하는 개입을 설계할 수 있다. 형식교육 맥락에서 이뤄지는 일반적 학습분석학의 범위를 넘어서는 경우이지만, 폭넓은 연령대에 걸쳐 다양한 생체 조건을 가진 성인 직장인을 대상응로 하는 HRD 맥락에서는 중요한 정보로 활용할 수 있다.
- **실시간 모니터링 및 피드백**: 웨어러블 기기와 센서가 더욱 정교해지면서 HRD 전문가들은 직원의 심리생리적 반응을 실시간으로 추적할 수 있게 될 것이다. 즉각적인 피드백과 학습 자료의 조정이 가능해져 더 효율적이고 효과적인 학습 경험이 이루어질 것이다.
- **다학제간 협력**: 인적자원개발에서 심리생리학 분석의 미래는 신경과학, 심리학, 데이터 과학과 같은 다양한 분야의 전문가들이 협력하는 것에 의존할 것이다. 이러한 다학제적 접근은 학습 및 성과와 관련된 생리적, 인

26) World Health Organization. (2019). Global action plan on physical activity 2018–2030: more active people for a healthier world. World Health Organization.

지적 및 감정적 과정 사이의 복잡한 관계를 더 깊이 이해하는 데 이를 것이다.

멀티모달 분석 절차

멀티모달 학습분석학은 다양한 출처로부터 데이터를 수집, 처리 및 통합하여 학습 과정에 대한 종합적인 이해를 얻는 접근 방식이다. 멀티모달 학습분석학에는 데이터 수집, 이러한 흔적의 처리 및 통합, 실제 학습 환경에서의 인간 행동 연구와 같은 세 가지 주요 프로세스를 제안한다.

멀티모달 학습분석학의 첫 번째 단계는 데이터 수집으로, 텍스트, 오디오, 비디오 및 센서 데이터와 같은 다양한 출처로부터 데이터를 수집하여 학습 과정의 다양한 측면을 포착한다. 웨어러블 기기, 아이트래킹기기, 모션 센서, 마이크, 카메라 등의 센서가 데이터 수집에 사용된다. 이 종합적인 접근 방식은 학습자의 경험, 행동 및 상호작용에 대한 더 깊은 이해를 가능하게 하여 더 효과적이고 개인화된 학습 개입을 실현한다.

그러나 이러한 센서와 데이터 수집 방법의 사용은 데이터 개인 정보 보호, 동의를 얻고 책임감 있는 데이터 사용을 보장하기 위해 해결해야 할 윤리적 및 개인 정보 보호 문제를 야기한다.

멀티모달 학습분석학의 두 번째 과정은 자동화된 알고리즘과 기계학습 기술을 사용하여 다양한 데이터 흔적을 처리하고 통합하는 것이다. 이를 통해 대량의 데이터를 분석할 수 있으며, 수집된 정보에서 의미 있는 통찰력을 추출할 수 있다. 자연어 처리, 컴퓨터 비전 및 기계학습 기술은 초기 코딩에 사용된다. 초기 코딩은 데이터를 분류 및 라벨링하는 과정이다.

자연어 처리(NLP)는 학습자의 작성 과제, 채팅 로그 또는 포럼 토론과 같은 텍스트 기반 데이터를 분석하는 데 사용된다. 컴퓨터 비전 기술은 시각 데이터를 처리하는 데 사용되며, 기계학습 알고리즘은 여러 모달로부터의 대규모 및 복잡한 데이터 세트를 처리하고 분석하는 데 적용할 수 있다. 이러한 자동화된 기술의 멀티모달 학습분석학 통합을 통해 다양한 출처와 모달에서 대량의 데이터를 효율적이고 정확하게 분석할 수 있어 학습 과정과 학습자 행동에 대한 더 깊은 이해를 가능하게 한다. 최근 열풍을 일으키고 있는 ChatGPT가 보여주는 성능을 고려하면 향후 자연어 처리 인공지능을 학습분석학에 연계함으로써 그동안 잘 다루지 못해 사람의 손에 맡겨 두었던 대량의 질적 데이터의 처리가 자동화될 것이다. 학습자 간 상호작용의 내용, 교수자의 피드백 메시지 생성, 콘텐츠 내용의 분석 및 수정, 인지적 및 정서적 뉘앙스의 감지 등 자연어 처리 기술이 가져올 학습분석학 상의 혁신은 가히 혁명적일 것이다.

멀티모달 학습분석학의 세 번째 과정은 실제 학습 환경에서의 인간 행동을 조사하는 것에 초점을 맞추며, 이를 통해 다양한 학습 맥락에서 개인이 다른 사람, 기술 및 주변 환경과 어떻게 상호작용하는지에 대한 더 깊은 이해를 제공한다. 이 과정은 데이터 수집, 데이터 분석, 통찰력 생성, 개입 개발, 평가 및 반복을 포함한다.

실제 학습 환경에서 인간 행동을 연구하고 데이터를 분석하여 패턴과 추세를 규명함으로써, 멀티모달 학습분석학은 학습 결과를 향상시킬 수 있는 근거 기반 개입을 개발하는 연구자와 전문가를 지원한다. 이 접근 방식은 학습 과정의 복잡성을 이해하는 데 도움이 될 뿐만 아니라 개별 학습자의 필요와 선호에 맞춘 더 참여적이고 개인화된 효과적인 학습 경험을 만드는 데도 지원한다.

결론적으로, 멀티모달 학습분석학은 다양한 출처로부터의 데이터를 수집, 처리 및 통합함으로써 학습 과정에 대한 더 깊은 이해를 가능하게 하는 포괄적인 접근 방식이다. 데이터 수집 및 처리와 관련된 윤리적 및 개인 정보 보호 문제는 신뢰를 유지하고 멀티모달 학습분석학의 윤리적 적용을 촉진하기 위해 해결되어야 한다.[27] 자동화된 기술을 사용함으로써 멀티모달 학습분석학은 대량의

---

27) Rienties, B., Toetenel, L., & Bryan, A. (2015, March). "Scaling up" learning design: impact of learning design activities on LMS behavior and performance. In Proceedings of the Fifth International Conference on Learning Analytics and Knowledge (pp. 315–319).

데이터를 효율적이고 정확하게 분석할 수 있게 하여 학습 결과를 향상시킬 수 있는 근거 기반 개입을 제공한다.

멀티모달 학습분석학의 차별성과 확장성

차별성(distincetiveness)

멀티모달 학습분석학은 학습 과정을 이해하는 데 있어 전통적인 학습분석학 방식과 여러 가지 핵심적인 차이를 가지고 있는 비교적 새로운 접근 방식이다. 멀티모달 학습분석학은 학습자의 인지, 감정 및 사회적 경험과 관련된 데이터를 분석하고 해석하는 데 있어 더 포괄적이고 다양한 접근 방식을 제공한다.

멀티모달 학습분석학의 주요 장점 중 하나는 기업 근무 환경 내에 빠르게 확산되고 있는 저렴한 고해상도, 고주파수 센서를 사용하여 실시간으로 다양한 데이터를 수집할 수 있다는 것이다. 이는 텍스트, 오디오, 비디오, 생리 및 행동 데이터를 포함한다. 여러 원천에서 데이터를 수집함으로써 멀티모달 학습분석학은 종종 단일 모달성이나 데이터 원천에 초점을 맞추는 전통적인 학습분석학 방식에 비해 학습자의 경험에 대한 더 완전하고 미묘한 풍경을 묘사해 줄 것이다.

또한 멀티모달 학습분석학은 자동화된 알고리즘과 기계학습 기술을 활용하여 복잡하고 다양한 데이터 세트를 처리하고 분석한다. 이러한 고급 방법을 통해 연구자와 전문가들은 전통적인 학습분석학 방법을 사용하여 분명하지 않은 패턴, 추세 및 관계를 파악할 수 있다. 이로 인해 학습 과정에 대한 이해가 향상되며, 인적자원개발 전문가들은 학습자들의 학습 성과를 향상시키기 위해 더 효과적인 개입 및 지원 시스템을 개발할 수 있다.

멀티모달 학습분석학의 또 다른 장점은 그 맥락성이다. 멀티모달 학습분석학은 개별 학습자에서 대형 강의실, 심지어 온라인이나 혼합 학습 환경에 이르기까지 다양한 학습 맥락에 적용할 수 있도록 설계되어 있다. 이러한 적응력은 멀티모달 학습분석학이 다양한 교육 환경에서 효과적으로 적용될 수 있도록 보장하며, 다양한 학문에서 학습 과정을 이해하는 데 유용한 도구로 만든다.

또한 멀티모달 학습분석학은 특정 과목 영역이나 학습 맥락에 국한되지 않아 복잡한 학습 상황의 뉘앙스를 포착하는 데 특히 적합한다. 다양한 출처와 모달리티의 데이터를 결합함으로써, 멀티모달 학습분석학은 학습분석학에 대한 보다 전체적이고 적응력 있는 접근 방식을 제공하며, 이를 통해 연구자와 인적자원 개발 전문가들은 보다 효과적인 개입과 지원 시스템을 개발할 수 있다. 결국 다양한 교육 맥락에서 학습자들에게 향상된 학습 성과와 경험을 제공한다.

요컨대, 멀티모달 학습분석학은 학습 과정을 이해하는 데 독특하고 강력한 접근 방식을 제공한다. 다양한 데이터 원본, 고급 분석 기술, 그리고 확장 가능한 디자인을 통합함으로써 멀티모달 학습분석학은 전통적인 방식에 비해 학습분석학에 대한 보다 포괄적이고 다양한 접근 방식을 제공한다. 이 향상된 관점은 연구자와 인적자원개발 전문가들이 보다 효과적인 개입 및 지원 시스템을 개발할 수 있게 해주어 결국 다양한 교육 맥락에서 학습자들에게 개선된 학습 성과와 경험을 제공하는 데 도움이 된다.

확장성(scalability)

사이버물리 시스템(CPS)의 출현으로 아날로그와 디지털 환경이 통합되면서,[28] 멀티모달 학습분석학은 점차 학습분석학의 핵심 영역으로 자리 잡고 있다. 멀티모달 학습분석학의 다양한 활용 가능성은 물리적 공간과 디지털 공간의 경계가 점점 흐릿해지는 교육 환경의 변화에 적응할 수 있게 해준다. 멀티모달 학습분석학은 다양한 데이터 소스와 모달리티를 포함하여 하이브리드 설정에서 학습자의 경험에 대한 종합적인 그림을 제공한다. 멀티모달 학습분석학이 사이버물리 시스템과 계속해서 발전하고 통합됨에 따라 몇 가지 영역에서 성장할 잠재력이 있다.

실시간 분석은 멀티모달 학습분석학이 사이버물리 시스템과 결합하여 큰 발전을 이룰 수 있는 한 영역이다. 실시간 데이터 수집 및 분석을 통해 인적자원개

28) Hein, A., Schreieck, M., Riasanow, T., Setzke, D. S., Wiesche, M., Böhm, M., & Krcmar, H. (2020). Digital platform ecosystems. Electronic Markets, 30, 87–98.

발 전문가들은 즉시 교수 전략을 조정하고 학습자에게 적시에 개인화된 피드백을 제공할 수 있다. 이러한 접근 방식은 학습 경험을 향상시키고 교수 전략의 효과성을 높일 수 있다.

멀티모달 학습분석학은 또한 공식적이고 비공식적인 설정, 물리적 공간과 디지털 공간 사이에서 원활하게 전환되는 디지털 트랜스포메이션 학습 경험을 창출할 수 있다. 이러한 접근 방식은 학습자에게 유연하고 개인화된 학습 경험을 제공하고 그들의 개별 학습 요구에 적응할 수 있도록 한다.

멀티모달 학습분석학의 도전 과제

멀티모달 학습분석학, 즉 눈동자 추적, 얼굴 인식, 제스처 인식 및 심리생리학적 분석과 같은 기술의 인적자원개발 및 교육에의 통합은 학습 경험의 설계와 평가 방식을 혁명적으로 바꾸어 놓을 것이다. 동시에 그만큼 흥미로운 기회와 함께 중요한 도전 과제가 제기되고 있다. 이제 기술적, 이론적 및 윤리적 영역으로 나누어 멀티모달 학습분석학의 미래 기회와 도전 과제를 살펴보고자 한다.

기술적 이슈

멀티모달 학습분석학은 그 탄생과 성장의 자양분을 최첨단 기술 발전으로부터 얻고 있다. 이러한 기술은 인적자원개발 전문가와 HRD 전문가가 학습자의 요구, 선호도 및 진행 상황에 대한 더 깊은 이해를 얻을 수 있도록 도와주어 보다 효과적이고 매력적인 학습 프로그램을 설계하는 데 활용할 수 있다.

그러나 멀티모달 학습분석학을 구현할 때 극복해야 할 여러 기술적 도전 과제가 있다. 눈동자 추적, 얼굴 인식, 제스처 인식 및 심리생리학적 분석과 같은 다양한 데이터 소스를 통합하는 것은 데이터 분석을 위한 복잡한 알고리즘 개발을 필요로 한다. 이 작업은 인프라, 전문 지식 및 교육에 상당한 투자를 필요로 하는 작업이다.

더욱이 다른 시스템 및 장치 간의 호환성과 상호 운용성은 추가적인 도전

과제를 제기한다. 다양한 도구와 플랫폼이 데이터를 수집, 저장 및 분석하기 위해 원활하게 함께 작동할 수 있도록 하는 것은 멀티모달 학습분석학의 성공적인 구현에 중요하다. 이러한 문제를 해결하려면 데이터 형식, 통신 프로토콜 및 시스템 아키텍처와 관련된 문제를 처리해야 하며, 이는 복잡하고 컴퓨팅 자원 집약적인 과정이다.

이러한 도전을 극복하기 위해서는 조직이 필요한 인프라와 전문지식에 투자할 의지가 있어야 한다. 교육 및 HRD 분야의 연구자, 기술 제공자 및 전문가들 간의 협력이 멀티모달 학습분석학의 힘을 효과적으로 활용할 수 있는 견고하고 효율적인 솔루션을 개발하는 데 필수적이다. 또한, 조직은 이러한 기술을 도입할 때 장기적인 혜택과 잠재적인 투자 수익을 신중하게 고려해야 하며, 비용을 학습 성과와 교육 및 발전 프로그램의 전반적인 효과성 향상 가능성과 비교해야 한다.

이론적 이슈

멀티모달 학습분석학은 눈동자 추적, 얼굴 인식, 제스처 인식 및 심리생리 측정과 같은 다양한 모달리티에서 데이터를 분석하여 학습 과정에 대한 이해를 풍부하게 만들어 주는 종합적인 접근 방식으로서 연구자와 실천가로 하여금 인지, 감정 및 사회적 차원의 학습에 대한 더 깊은 통찰력을 얻을 수 있게 해주어 보다 효과적인 교수 설계 원칙 및 교수법 개발에 기여할 수 있다.

그러나 멀티모달 학습분석학을 사용하면 여러 이론적 도전 과제가 발생한다. 여러 소스에서 얻은 데이터의 해석은 복잡할 수 있으며, 다른 모달리티는 서로 상충 또는 보완재 정보를 제공할 수 있다. 예를 들어, 눈동자 추적 데이터는 학습자가 주의를 기울이고 있음을 나타낼 수 있지만, 심리생리 측정은 학습자가 스트레스나 불편함을 경험하고 있음을 나타낼 수 있다. 이런 경우, 데이터를 정확하게 해석하고 적절한 조치를 결정하는 것이 어려울 수 있다.

이러한 복잡성을 처리할 수 있는 포괄적인 이론적 프레임워크 개발은 교육 및 HRD 환경에서 멀티모달 데이터의 해석 및 적용을 안내하는 데 중요하다. 이를 위해 심리학, 신경과학, 교육, 인간-컴퓨터 상호작용과 같은 다양한 분야의 지식을 통합하여 학습 과정과 다양한 모달리티가 학습 경험에 미치는 역할에 대한 일관되고 심도 깊은 이론적 이해를 형성해야 한다.

멀티모달 학습분석학의 빠르게 변화하는 현실에 발맞추기 위해 이론적 틀의 연구와 반복적 개선이 필수적이다. 새로운 기술과 방법들이 등장함에 따라 연구자와 전문가들은 학습 과정과 다양한 모달리티의 역할에 대한 이해를 지속적으로 재평가하고 업데이트해야 하며, 이를 통해 멀티모달 학습분석학의 적용이 탄탄한 이론적 기반에 기초할 수 있도록 해야 한다.

이 도전 과제에 대처하는 한 가지 방법은 다양한 분야의 연구자와 전문가들 사이에서 긴밀한 협력을 촉진하는 것이다. 다양한 학문에서 전문 지식과 관점을 결합함으로써 학습 과정에 대한 더 세밀한 이해를 개발하고 멀티모달 학습분석학을 교육 및 HRD 관행에 통합하는 학제간 융합을 통해 효과적인 이론적 기반을 새롭게 구축할 수 있을 것이다. 에듀테크융합연구소라는 이름을 지을 때 연구소의 정체성을 '융합'이라는 키워드로 담아내려 했던 이유이기도 하다.

윤리적 이슈

멀티모달 학습분석학은 그것과 함께 따르는 윤리적 도전을 간과해서는 안 된다. 얼굴 표정, 제스처, 생리적 반응 등과 같은 민감한 데이터의 수집과 분석은 개인 정보의 프라이버시, 동의, 그리고 잠재적인 불법 사용에 대한 중요한 우려를 제기한다.

프라이버시는 멀티모달 학습분석학에서 기본적인 우려 사항이다. 데이터 수집은 개인의 친밀한 정보를 포착하는 것을 포함하므로, 당사자의 부지불식간에 수집된 비간섭적 정보는 개인들이 비공개로 유지하고자 하는 감정, 인지 상태, 그리고 개인적 특성을 드러낼 수 있다. 따라서 사용자의 신원을 보호하고 민감한 데이터가 안전하게 저장되고 처리되도록 견고한 프라이버시 조치를 구현하는 것이 중요하다.

동의는 멀티모달 학습분석학에서 또 다른 중요한 문제이다. 사용자는 수집되는 데이터의 성격, 그것이 사용될 목적, 그리고 데이터가 어떻게 저장되고 공유될지에 대해 완전히 숙지해야 한다. 동의를 얻는 것은 개인들이 이러한 데이터 수집에 참여함에 따른 영향을 인식하고, 조건에 동의하지 않는 경우 선택할 수 있는 기회가 무엇인지를 알도록 하는 것이 목적이다.

멀티모달 학습분석학을 통해 수집된 개인 정보의 잠재적인 오용 가능성은 무시할 수 없다. 민감한 데이터 사용으로 인한 의도하지 않은 결과가 발생할 수 있으며, 이는 차별, 낙인화 및 불공정한 프로파일링을 포함한다. 또한, 데이터가 무단으로 접근되거나 처음 의도된 것 이외의 목적으로 사용되는 위험이 있다. 예를 들면, 타깃 마케팅이나 감시이다. 이러한 위험을 최소화하기 위해, 멀티모달 데이터의 수집, 분석 및 사용을 관리하는 엄격한 지침과 규정을 수립해야 한다.

이러한 윤리적 도전을 해결하기 위해 연구자와 전문가들은 개인의 프라이버시와 동의 권리를 보호하는 것을 우선시하는 윤리 지침을 준수해야 한다. 이는 데이터 수집 및 사용에 대한 투명한 커뮤니케이션과 함께 강력한 보안 조치를 시행함으로써 이루어질 수 있다. 또한, 멀티모달 학습 분석의 윤리적 함의에 대한 대화를 지속함으로써 책임 있는 관행을 촉진하고 남용을 예방해야 한다.

에필로그

4차 산업혁명과 학습분석학의 역할

제4차 산업혁명은 물리적, 디지털, 생물학적 기술의 융합을 특징으로 하는 것으로, 조직의 기능 및 근로자와의 상호작용 방식을 변화시켰다. 사이버물리 시스템(CPS)과 기그 노동자(gig workers)의 시대에 인적자원개발 기능은 기업 조직 내에서뿐만 아니라 사회 전반에 걸쳐 확장된 역할을 수행해야 한다.[1] HRD는 사람들의 잠재력을 개발하고 강화함으로써 4차 산업혁명이 가져온 기회를 포용하고 도전 과제를 해결하는 유연하고 적응력이 뛰어난 포용적 사회를 구축하는 데 도움을 줄 수 있어야 한다.

산업 분야에서 사이버물리 시스템의 증가는 전통적인 근무 형태를 무너뜨리면서 조직이 더 유연하고 기술 중심의 작업 모델을 채택하도록 만든다. 따라서 HRD는 전통적인 기업 교육운영자에서 혁신과 변화를 주도하는 전략적 파트너로 이동할 기회를 얻었다. 4차 산업혁명 시대에 HRD는 디지털 기술 개발, 평생 학습 문화 조성 및 조직 내에서 기민함(agility)의 증진에 중점을 두어야 한다. 이는 직원들이 새로운 기술을 습득하고 급변하는 업무 환경에 적응하고 새로운 기술을 수용하도록 돕는 것을 포함한다.

기그 노동자의 부상은 다양한 배경의 분산 된 인력을 관리해야 하는 HRD의 책임을 더욱 확대시켰다. 기그 노동자는 단기 근무 계약과 전문 기술을 특징으로 한다. HRD는 이러한 근로자를 끌어들이고 참여시키고 유지하는 전략을 개발해야 하며, 그들이 조직의 비전과 가치에 연결되게 해야 한다. 이는 기그 노동자의 독특한 기여를 인정하고 보상하면서 성장과 발전의 기회를 제공하는 포용성과 협력의 문화를 조성하는 것을 포함한다.

4차 산업혁명 시대에 있어 HRD의 역할은 조직의 경계를 넘어 더 넓은 사회에까지 확장된다. 인간의 잠재력 개발을 지원함으로써 HRD는 커뮤니티가 직면한 기술 격차와 실업 문제를 해결하는 데 도움이 될 수 있다. 교육 기관, 비영리

1) Drahokoupil, J., & Fabo, B. (2016). The platform economy and the disruption of the employment relationship. ETUI Research Paper–Policy Brief, 5.

단체 및 정부 기관과 협력하여 개인별로 맞춤화된 대상 지향적인 교육 프로그램, 현장 실습 및 멘토링 활동을 만들 수 있다. 이를 통해 HRD는 개인들이 4차 산업 혁명 인력에서 번창할 수 있는 능력과 지식을 갖추도록 도울 수 있으며 사회적 복지를 향상시킬 수 있다.

또한 HRD는 조직 내부와 더 큰 사회에서 윤리적이고 지속 가능한 경영 방식을 촉진해야 한다. 이는 새로운 기술의 도입이 사회 책임, 환경 지속 가능성 및 인권 존중의 원칙에 따라 이루어지도록 보장하는 것을 포함한다. 윤리적 의사 결정 문화를 조성함으로써 HRD는 4차 산업혁명이 사회에 미치는 잠재된 부정적 영향을 완화하는 중요한 역할을 할 수 있다. 이러한 영향에는 직업 이동, 디지털 차별 및 개인정보 침해와 같은 문제가 포함된다.

마지막으로, HRD는 직장과 사회 전반에 걸쳐 다양성, 평등 및 포용성을 촉진해야 한다. 이는 성별, 인종 또는 배경에 상관없이 모든 사람에게 평등한 기회를 제공하는 체계적인 편견을 해결하고, 정책 및 관행을 개발하는 것을 포함한다. 다양성과 포용성을 선도함으로써 HRD는 더욱 공정한 사회를 만들고, 동시에 4차 산업혁명 시대에 혁신과 성장을 이끌어 낼 인간 자본의 전체 잠재력을 발휘할 수 있다.

HRD 전문가의 준비

인적자원개발 전문가들이 제4차 산업 혁명의 도전과 기회를 탐색하면서, 그들은 급속하게 변화하는 이 풍경에 대비하기 위해 적극적인 조치를 취해야 한다. 개인적이고 전문적인 발전에 초점을 맞추고 기술 발전을 따라잡으며 협력을 촉진하고 윤리적 리더십을 받아들임으로써 HRD 전문가들은 제4차 산업혁명 시대에 제시되는 도전과 기회를 효과적으로 대처할 수 있다.

먼저 HRD 전문가들은 자신의 개인적이고 전문적인 발전에 투자해야 한다. 이는 급변하는 업무 환경에서 중요한 것으로 지속적인 학습과 업그레이드를 포함한다. 전문 개발 프로그램, 워크샵 및 업계 회의에 참여함으로써 HRD 전문가들은 제4차 산업혁명 시대에 효과적인 HRD 전략을 개발하고 실행하기 위해 필요한 지식과 기술을 습득할 수 있다. 또한, 그들은 현대 직장의 복잡성을 탐색하는 데 중요한 감성 지능, 적응성 및 비판적 사고와 같은 자신의 소프트 스킬을 개발해야 한다.

지속적인 학습을 통해 기술 발전을 따라잡는 것은 조직과 개인의 성과향상을 위한 기술의 잠재적 영향을 이해하는 데 있어 HRD 전문가들에게 필수적이다. 인공 지능, 로봇 공학 및 데이터 분석과 같은 첨단 기술에 익숙해지면 HRD 전문가들은 미래 직업 역할에 필요한 기술과 역량을 더 잘 예측하고 그에 따른 교육 프로그램을 설계할 수 있다. 이러한 적극적인 접근 방식은 HRD 전문가들이 변경되는 업무 환경에 조직과 직원들이 적응하고 기술 발전에 따른 기회를 활용할 수 있도록 도울 것이다.

4차 산업혁명 시대의 도전과 기회에 대비하기 위해 협력을 촉진하고 강력한 네트워크를 구축하는 것이 인적자원개발 전문가들에게 또 다른 중요한 과제이다. 교육 기관, 정부 기관 및 산업 협력사와 같은 다양한 부문의 이해관계자들과 협력함으로써 HRD 전문가들은 모범 사례, 첨단 추세 및 잠재적 시너지에 대한 인사이트를 얻을 수 있다. 이러한 연결은 자원과 지식 공유를 촉진하여 HRD 전문가들이 보다 효과적이고 혁신적인 HRD 전략을 개발하는 데 도움이 된다.

윤리적 리더십을 수용하는 것은 4차 산업혁명 시대에 발생하는 윤리적 딜레마와 사회적 책임을 다루기 위해 HRD 전문가들에게 중요하다. 강력한 도덕적 나침반을 개발하고 윤리적 기업 행위를 주도함으로써 HRD 전문가들은 성장과 성공을 사회적 책임과 환경 지속 가능성과 균형 있게 유지할 수 있다. 이는 다양성, 공정성 및 포괄성 증진뿐만 아니라 기술 및 데이터의 책임 있는 사용을 옹호하는 것을 포함한다.

요컨대, HRD 전문가들은 변화에 빠르게 적응하고 기회를 붙잡을 수 있도록 전진적이고 유연한 마음가짐을 취해야 한다. 이는 새로운 아이디어에 개방적이고 실험을 수용하며 실패에서 배우는 것을 포함한다. 혁신과 회복력의 문화를 촉진함으로써 HRD 전문가들은 자신과 그들의 조직을 4차 산업혁명 시대의 도전과 기회에 효과적으로 대비할 수 있도록 한다.

HRD와 교육공학의 연계

교육공학 전문가와의 협력은 HRD 전문가들이 개인, 기업 및 사회 영역에서 학습분석학의 잠재력을 최대한 활용할 수 있도록 도와준다. HRD 전문가들과 교육공학 전문가들이 함께 협력함으로써, 이들은 HRD 맥락에서 학습분석학의 이론, 연구, 방법론 및 설계 및 개발을 향상시킬 수 있는 지식과 전문성을 결합할 수 있다.

이론

교육공학 전문가와의 협력은 심리학, 신경과학, 교육 및 인간-컴퓨터 상호작용과 같은 다양한 간학문적 지식에서 착안하여 HRD 전문가들이 학습 과정과 그것의 여러 차원을 포함하여 더 포괄적인 이해를 개발할 수 있도록 함으로써 HRD의 이론적 기초를 강화시킬 수 있다.

이 향상된 이해는 기업 환경에서 학습자의 다양한 요구에 더 적합한 더 효과적인 교수 설계 원칙 및 교수법을 개발하는 데 이어진다. 개별 학습 스타일, 인지 능력, 정서 상태 및 사회 역학과 같은 요소를 고려함으로써 HRD 전문가들은 더 매력적이고 개인화되며 영향력 있는 학습 경험을 창출할 수 있다.

예를 들어, 교육공학이 학습분석학 연구 과정에서 심리학과 신경과학에서 얻은 통찰력은 HRD 전문가들이 학습의 기저에 흐르는 인지 과정, 예를 들어 주의, 기억 및 문제 해결을 더 잘 이해하는 데 도움이 될 수 있다. 이 지식은 인지 과정을 효과적으로 지원하는 교수 자료 및 학습 활동을 설계하는 데 사용될 수 있으며, 이로 인해 학습 성과가 향상된다.

마찬가지로 인간-컴퓨터 상호작용에서 얻은 통찰력은 사용자 친화적이고 직관적인 디지털 학습 환경의 설계에 도움이 될 수 있다. 이를 통해 학습자들이 기술적인 장벽에 방해받지 않고 학습 자료를 쉽게 탐색하고 상호작용할 수 있다.

이는 학습자의 참여도를 높이고 더 효과적인 학습 경험을 제공할 것이다.

교육공학자가 학교 교육 분야에서 얻은 통찰력은 HRD 전문가들이 학습과 기술 개발을 촉진하는 데 효과적인 것으로 입증된 근거 기반의 교수법을 확인하고 채택하는 데 도움이 될 수 있다. 이러한 방법론을 기업 맥락에 적용함으로써 HRD 전문가들은 학습 개입의 질과 효과성을 향상시킬 것이다.

결론적으로, 교육공학 전문가와의 협업은 HRD 실천의 이론적 기초를 크게 풍부하게 만들어, 기업 환경에서의 다양한 학습자들의 요구에 맞춘 더 효과적인 교수 설계 원칙과 교수법 개발을 이끌어낼 것이다. 다양한 분야의 통찰력을 통합함으로써 HRD 전문가들은 참여도가 높고 개인 맞춤형이며 파급력 있는 학습 경험을 만들어, 궁극적으로 개선된 학습 결과와 조직 성과를 이룩할 수 있다.

연구

HRD 전문가와 학계의 교육공학 연구자 간 협력은 학습분석학 분야의 연구를 발전시키는 데 결정적인 역할을 할 것이다. 이러한 전문가들이 힘을 합하면, 기업 학습 환경에서의 독특한 도전과 기회를 다루기 위해 새로운 연구 질문, 방법론 및 기술을 탐구하는 데 그들의 전문 지식과 관점이 기여하게 될 것이다.

이러한 협력의 주요 이점 중 하나는 HRD 맥락에서 학습분석학의 첨단 추세와 참신한 응용 프로그램을 규명할 수 있는 능력이다. 학계의 교육공학 연구자들은 종종 최신 연구 결과, 도구 및 기술에 접근할 수 있으며, 이는 학습 및 개발에서 혁신의 최전선에 머물고자 하는 HRD 전문가들에게 강력한 무기가 될 것이다.

함께 일함으로써 HRD 전문가들과 교육공학 연구자들은 연구의 공백을 해소하고 학습분석학이 직원 참여, 학습 성과 및 전반적인 성과에 미치는 영향을 더 잘 이해하기 위해 새로운 방법론을 개발할 수 있다. 그들의 전문 지식을 활용하여 이러한 전문가들은 기업 학습 개입을 개선하기 위한 실용적인 통찰력을 제공하는 엄격한 연구를 수행할 수 있다.

또한 HRD 전문가와 교육공학 연구자 간의 협력을 통해 학습분석학에 대한 새로운 접근 방식을 개발할 수 있다. 예를 들어, 인공 지능, 머신 러닝 및 데이터

마이닝 기법을 사용하여 멀티모달 학습 데이터의 패턴과 추세를 규명하고, 더 효과적인 학습 경험 설계를 가능하게 하는 연구가 가능해진다.

요컨대 인적자원개발 전문가와 교육공학 연구자들이 학계에서 협력하는 것은 학습분석학 분야의 연구를 발전시키기 위해 필수적이다. 이들 전문가들이 함께 작업하면서 새로운 연구 질문, 방법론 및 기술을 탐구하고, 떠오르는 추세를 파악하며, 연구 격차를 해소하고, 학습분석학이 직원 참여, 학습 성과 및 전반적인 성과에 미치는 영향을 이해하는 새로운 접근 방식을 개발할 수 있다. 이러한 협력적 노력은 궁극적으로 기업 환경에서 보다 효과적이고 혁신적인 학습 개입을 이끌어 낼 수 있다.

방법론

교육공학 전문가들은 학습분석학 및 ADDIE와 같은 교육 시스템 설계 분야에서 광범위한 경험을 가지고 있어, 인적자원개발 분야에 방법론적 통찰력을 제공할 수 있는 좋은 위치에 있다. 이러한 전문가들은 시간이 지남에 따라 데이터 수집, 분석, 해석 기술을 연마하여, LMS 로그 데이터, 소셜 네트워크 분석의 그래프 데이터, NLP 대화 데이터, 멀티모달 분석의 심리생리학적 데이터 등을 학습 개입에 통합하려는 인적자원개발 전문가들에게 소중한 파트너가 될 것이다.

학습분석학에서 경험을 쌓은 교육공학 전문가와 협력함으로써, 인적자원개발 전문가들은 다양한 차원의 데이터를 수집, 분석, 해석하는 데 있어서 적절한 방법론적 지식을 활용할 수 있다. 이러한 전문가들은 가장 적절한 데이터 소스를 선택하고, 효과적인 데이터 수집 절차를 설계하며, 데이터 품질과 신뢰성을 보장하는 데 기여할 것이다.

또한, 데이터 분석 기술, 알고리즘, 도구에 대한 전문 지식을 통해 인적자원개발 전문가들은 작업 환경과 학습 환경에서 수집한 실제 맥락 데이터로부터 의미 있는 통찰력을 추출하는 데 더 견고하고 신뢰할 수 있는 방법을 개발할 수 있다. 데이터 해석의 복잡성을 해결하고 여러 출처의 데이터를 삼각 측량(triangulate)하여 더 정확하고 세분화된 결론에 도달하는 방법과 데이터의 편향 및 혼동 요인을 고려하는 방법에 대한 지침을 만드는 데도 협력이 필요하다.

데이터 분석에 대한 가치 있는 통찰력을 제공하는 것 외에도, 교육공학 연구자들은 HRD 전문가들이 학습 개입의 효과를 평가하는 데 있어 더 엄격한 평가 프레임워크를 개발하는 데 도움을 줄 수 있다. 심리측정 원리, 측정 이론 및 검증 기법에 대한 지식을 바탕으로 이러한 연구자들은 HRD 전문가들이 적절한 평가 도구를 선택하고, 평가 연구를 설계하며, 의미있고 실행 가능한 방식으로 결과를 해석하는 데 도움이 될 것이다.

경험이 풍부한 교육공학 전문가들과 협력함으로써, HRD 전문가들은 학습 개입의 영향을 측정하고 개선 영역을 규명하는 데 있어 더 효과적인 방법론을 개발할 수 있다. 이로 인해 데이터 기반의 의사결정 프로세스가 가능해져 HRD 전문가들이 경험적 증거에 기반하여 학습 개입을 지속적으로 개선하고 발전시킬 수 있다.

설계

학습분석학이 소기의 성과를 발휘하려면 체제설계 접근(systems design approach)을 따를 필요가 있다. 교육 목표를 먼저 설정하고 이 목표를 달성할 수 있도록 교수학습 전략, 콘텐츠, 학습 자원을 설계할 때 학습분석 시스템 설계가 함께 통합적으로 설계되어야 한다는 것이 교수체제설계 접근이다. 교수체제설계와 학습관리시스템(Learning Management System, LMS), 학습분석학 시스템(Learning Analytics System, LAS)이 따로 추진될 경우 앞서 멀티모달 학습분석을 설명할 때 지적된 가로등 효과 문제가 필연적으로 발생한다.

교수학습체제 설계자와 HRD 전문가가 추구하는 공통 목표는 개인의 학습과 조직의 성과 향상이다. 전통적으로 LMS 설계자와 개발자의 목표는 시스템의 안정적, 효율적 운용이었다. 서로 다른 목표를 가진 두 시스템이 설계 단계에서부터 단일한 융합 시스템으로 설계하기 위해 긴밀하게 협업하지 않는다면 아무리 LMS에 많은 데이터가 쌓인다 해도 학습분석학이 분석할 만한 데이터는 그곳에 없을 것이다. 또한 데이터가 쌓여 이를 분석했다 하더라도 정작 이 분석 결과를 피드백해 줄 첨단 교수학습모형이 설계되어 있지 않다면 아무 쓸모가 없을 것이다. 교수학습모형－LMS－학습분석학이 삼위일체를 이루도록 하기 위해서는 HRD와 교육공학이 최초 설계 단계에서부터 협업할 필요가 있다.

교육공학의 설계 접근법은 교수체제설계(Instructional Systems Design, ISD)이다. ADDIE는 대표적인 교수체제설계 추진 모델이다. 과거 교수체제설계자는 LMS를 주어진 환경으로 보았고, 따라서 설계의 대상으로 여기지 않았다. 로그 데이터, 네트워크 데이터, 멀티모달 데이터, 텍스트 데이터는 누군가 자동적으로 만들어 준비해 주는 것이 아니다. 따라서 4차 산업혁명 시대의 테크놀로지로 증강된 첨단 LMS, LMS로부터 필요한 데이터를 공급 받아 분석하고 처방을 제시하는 학습분석학을 통해 HRD를 혁신하려는 의지와 전략을 가진 HRD 전문가와 교수체제설계 전문가의 협력적 설계와 개발의 대상이 되었다. "Garbage In, Garbage Out"은 빅 데이터와 인공지능 시대에도 여전히 유효한 분석학적 원칙이다.

교수설계 전문가와의 협력은 빅 데이터, 네트워크 그래프 데이터, 텍스트 데이터 및 HRD 환경에서의 멀티모달 데이터의 힘을 이용한 학습분석학 솔루션의 효과적인 설계 및 개발에 필수적이다. HRD 전문가와 교육공학 전문가들이 함께 협력하여 특정 직장 학습 요구에 가장 적합한 학습분석학 도구 및 접근 방식을 규명하고, 개별 직원, 기업 및 보다 넓은 사회의 다양한 요구에 맞춤형 학습 프로그램을 개발할 수 있다.

교수설계 전문가들은 사용자 중심 설계, 학습 이론 및 교수법 등 분야에서 풍부한 지식과 전문성을 가지고 학습분석학 솔루션의 개발에 기여한다. HRD 전문가와 교육공학 전문가와 협력하여 학습분석학 솔루션을 교육 목표와 연계시키고, 학습자의 요구를 충족시키며, 효과적인 학습 경험을 제공할 수 있도록 한다.

또한 교수설계 전문가들은 학습 이론과 교수법에서 얻은 통찰력을 활용하여 더욱 흥미롭고 효과적인 학습 경험을 설계하는 데 도움을 줄 수 있다. 예를 들어, 게임화, 사회적 학습 또는 기타 혁신적인 교수법 접근 방식을 활용하여 학습자의 참여와 동기를 높일 수 있다.

게다가, 교수설계 전문가들은 다양한 학습자들이 접근하고 사용할 수 있도록 학습분석학 솔루션을 설계하는 데 도움을 줄 수 있다. 보편적 설계 원칙과 접근성을 적용함으로써, 학습분석학 솔루션을 포괄적으로 만들어 다양한 요구와 능력을 가진 학습자들이 사용할 수 있도록 할 수 있다.

협업을 통한 교수설계 전문가들과의 협력은 HRD 전문가들과 교육공학 전문가들이 학습분석학 솔루션에서 개선 및 최적화할 수 있는 영역을 확인하는 데 도움이 된다. 교수설계 전문가들은 사용성 테스트 및 사용자 조사를 수행하여 학습자들이 어려움을 겪을 수 있는 영역이나 학습 경험의 효과를 향상시킬 수 있는 개선 사항을 찾아낼 수 있다.

결론적으로, 교수설계 전문가들과의 협력은 HRD 환경에서 빅 데이터와 멀티모달 데이터를 활용한 학습분석학 솔루션의 효과적인 설계와 개발에 필수적이다. HRD 전문가들, 교육공학 전문가들, 그리고 교수설계 전문가들이 함께 일함으로써, 특정 직장 학습 요구에 가장 적합한 학습분석학 도구와 접근법을 확인하고 개별 직원, 기업, 그리고 넓은 사회의 다양한 요구에 맞춤형 학습 프로그램을 개발할 수 있다.

새로운 다짐: 인간성의 옹호

몰아세움에 대한 저항

하이데거는 기술의 본질과 인간 존재에 미치는 영향에 대해 탐구하는 철학적 수필 "기술에 관한 질문(The Question Concerning Technology/Die Frage nach der Technik)"[2]에서 기술이 단지 도구가 아니라, 세계를 드러내고 세계와 인간 간의 관계를 이해하는 방식이라고 파악했다. 그는 전통 기술과 현대 기술의 두 가지 유형을 구분하면서 전통 기술은 공예에 뿌리를 두고 있으며 인간과 자연 간의 조화로운 관계를 포함하는 반면, 현대 기술은 효율성과 통제에 의해 주도되는 자연의 지배와 조작을 특징으로 한다고 논변하고 있다.

2) Heidegger, M. (1977). The question concerning technology. New York, 214.

하이데거 논변에 있어 핵심적인 개념은 현대 기술의 "몰아세움"(Gestell)이다. "몰아세움"은 현대 기술이 세계에 특정한 시각을 강요하고, 모든 것을 이용하고 통제할 수 있는 자원으로 축소한다는 것을 의미한다. 이로 인해 도구, 기술, 사물의 진정한 본질에 대한 이해가 왜곡되어 결국 세계와 우리 자신과의 소외로 이어질 것을 우려한다. 하이데거는 현대 기술의 위험이 세계를 드러내는 지배적 방식이 되는 경향에 있다고 생각한다. 이를 상쇄하기 위해, 그는 진실을 드러내고 숨기는 기술의 잠재력을 인식함으로써 기술에 대해 경이로움과 함께 개방적 태도로 접근함으로써, 우리가 세계와 자신과의 더 균형 잡힌 진정한 관계를 찾을 수 있을 것이라고 제안한다.

하이데거의 우려 어린 지적을 수용하면서 학습분석학이라는 기술이 HRD 전문가들을 부지불식간에 몰아세우는 경계해야 할 지점들을 지목할 필요가 있다.

첫째, 복잡하고 미묘한 학습 현상을 데이터로 축소해 버릴 때 나타나는 위험이다. 학습 분석학은 개인을 단순한 데이터 포인트로 축소하여, 인간 발전과 경험의 전체적인 본질을 이해하는 것보다 양적 지표에 초점을 맞출 필요가 있다.

둘째, 효율성과 통제의 과도한 강조이다. 데이터에 의해 주도되는 HRD 관행은 개인의 요구, 창의성 및 개인적 성장보다 효율성과 통제에 우선순위를 두어 인간 발전에 대한 보다 일관되고 기계적인 접근 방식을 취할 수 있다.

셋째, 인간 간 연결의 상실이다. 학습분석학이 인적 자원을 이해하고 관리하는 지배적인 방법이 되면서 HRD 전문가들은 학습자나 직원과의 개인적 연결을 잃고 알고리즘과 데이터 기반 결정에 더 의존하게 될 수 있다.

넷째, 편협한 관점이다. 학습분석학, 특히 인공지능에 기반하는 학습분석학은 HRD 전문가들이 학습분석학의 관점만으로 인재 개발을 바라보게 하여, 인간 발전에 대한 보다 포괄적인 이해에 기여하는 다른 중요한 측면과 접근법을 간과하도록 몰아세울 수 있다.

학습분석학의 잠재적 위험을 인식하면서 동시에 그 가능성을 극대화하기 위해 HRD 전문가가 지켜야 할 핵심 원칙들은 다음과 같다.

첫째, 인간 중심의 접근 방식을 택한다. 인간의 발전과 복지를 HRD 관행의 핵심으로 삼아야 한다. 학습분석학은 인간의 잠재력을 지원하고 향상시키는 도구로 활용되어야 하며, HRD의 전체 과정을 지배하거나 주도하는 역할은 아니다.

둘째, 전체적 이해(holistic understanding)를 추구한다. 인간 발전과 경험의 질적 측면을 고려하여, 양적 데이터 외에도 학습자와 그들의 요구에 대한 종합적 이해를 얻기 위해 학습분석학을 다양한 방법 중 하나로 활용해야 한다.

셋째, 윤리적 고려를 우선한다. 데이터 사용 시 개인 정보 보호, 투명성 및 책임이 보장되어야 한다. 알고리즘의 잠재적 편향을 해결하고, 학습 분석에 대한 의존과 관련된 위험을 인식하며 적절한 조치를 취해야 한다.

넷째, 다양한 관점을 장려하고 수용한다. 미래 사회에 대비하기 위해 인간 발전에 대한 다양한 관점과 접근 방식의 문화를 발전시켜야 한다. 학습분석학에만 의존하지 말고, 대면적 상호작용, 관찰 및 피드백과 같은 대체 방법과 이해 방법을 통합해야 한다.

다섯째, 비판적 성찰을 지속한다. 학습분석학의 사용과 HRD 관행에 미치는 영향을 정기적으로 평가하고, 전제와 가정에 대해 비판적으로 의문을 제기해야 한다.

마지막으로, 지속적인 학습과 적응을 실천한다. 학습분석과 관련 기술의 최신 동향을 지속적으로 파악하고, 필요에 따라 HRD 관행을 조정하여 빠르게 변화하는 환경에 적응해 나가야 한다.

이러한 노력을 기울임으로써 HRD 전문가들은 학습분석학이 가하는 몰아세움과 다그침 현상으로 인한 잠재적인 부정적 영향을 완화하고 인재 개발에 대한 균형 잡힌 인간 중심 접근 방식을 유지할 수 있을 것이다.

운명론, 결정론, 그리고 전망론

운명론(fatalism), 결정론(determinism), 그리고 전망론(prospectivism)은 모두 미래에 대한 이해와 예측에 대한 철학적 관점을 제공하지만, 세 이론은 근본적으로 미래와 그 실현을 바라보는 다른 관점을 제공한다.

운명론은 미래의 사건이 불가피하게 정해져 있다는 생각이다. 어떤 행동을 선택하든, 무엇을 하든 결과는 이미 결정되어 있으며 변경할 수 없다는 것이 특징이다. 운명론의 전형적인 예는 고대 그리스의 비극, “오이디푸스”에서 볼 수 있다. 이 이야기에서 오이디푸스는 자신이 결국 친부를 살해하고 친모와 결혼하게 될 것이라는 예언을 듣는다. 오이디푸스는 이 운명을 피하려고 노력하지만, 결국 예언은 이루어지고야 만다. 이 예시는 무엇이든지 불가피한 운명에 의해 결정되며 우리의 선택이나 행동으로는 바꿀 수 없다는 운명론의 관점을 잘 보여준다.

결정론은 모든 사건이 과거의 원인에 의해 결정된다는 생각이다. 즉, 모든 사건은 원인과 결과의 연쇄에서 발생하며, 이론적으로 과거의 상태를 완전히 알고 있다면 미래를 예측할 수 있을 것이라는 생각이다. 이를 ‘라플라스의 악마’라는 개념으로 설명하는데, 이는 19세기 프랑스의 수학자 피에르-시몽 라플라스가 제안한 뉴턴적 사고 방식의 극단적 형태이다. 라플라스는 만약 어떤 초지능체, 즉 악마(demon)가 현재의 모든 입자의 위치와 속도를 정확히 알고 있다면, 그것은 물리학의 법칙을 이용하여 미래와 과거를 완벽하게 예측할 수 있을 것이라고 주장했다. 이는 모든 사건이 원인과 결과의 연쇄로 결정되며, 이론적으로는 예측 가능하다는 결정론의 관점을 보여준다.

전망론은 철학적 관점으로서, 운명론이나 결정론과는 달리 미래를 엄격하게 사전 결정되거나 고정된 것으로 보지 않는다. 대신 전망론은 현재의 선택과 행동에 기반한 가능성의 범위로 미래를 형성할 수 있다고 제안한다. 운명론은 모든 사건이 예정되고 피할 수 없다고 주장하며, 결정론은 모든 사건이 이전 사건에 의해 인과적으로 결정된다고 주장하는 반면, 전망론은 더 유연한 시각을 제공한다. 이는 미래가 이미 정해진 것이 아니라, 오히려 광범위한 전망의 필드로서, 현재의 행동과 결정에 의해 영향을 받을 수 있는 여러 가지 가능성을 제시한다.

전망론의 간단한 예는 직업 선택의 맥락에서 볼 수 있다. 대학에서 무엇을 공부할지 결정하는 학생이 있다면, 운명론적인 관점에서는 그들의 직업 경로가 이미 사전에 결정되어 있다고 제안할 수 있고, 결정론적인 관점에서는 그들의 직업 경로가 과거의 경험이나 유전적 경향에 의해 엄격하게 형성될 것이라고 제안할 수 있다. 반면에 전망론적 관점은 학생이 가질 수 있는 다양한 직업 경로가 있으며, 공부할 주제를 선택함으로써 이들 경로 중 어느 것이 현실이 될지에 상당한 영향을 미칠 수 있다고 주장한다.

다시 말해, 전망론은 우리가 현재에서 하는 선택에 따라 미래의 결과를 영향을 줄 수 있는 능력을 가지고 있다고 주장하는 것으로, 이는 자유 의지의 개념과 우리의 결정이 미래를 형성할 수 있다는 생각과 일치한다. 전망하는 인간은 과거–현재–미래를 스스로 걸어 왔고 걷고 있으며 걸어갈 수 있다고 믿는 주체적 인간이자, 진정한 지능이다.[3)]

HR은 경제 활동에 필요한 자원이기 이전에 지능적 주체로서 자신과 조직의 미래를 전망하는 호모 프로스펙투스이다. 과거 자신의 직업적 미래를 스스로 결정할 수 없다고 생각했던 시절이 있었다. 무산자로서 자본에 대해 대항할 힘이 없던 산업화 시대, 인간은 스스로를 생산 과정에서 소모되고 마는 자원으로 여겼던 적이 있었다. 그에게 미래는 아무리 노력해도 바꿀 수 없는 운명으로 여겨졌다.

빅 데이터 시대를 맞아 HR의 미래는 바뀌고 있다. 그의 행동, 내적 심리 상태, 심지어 얼굴 표정과 제스처까지 디지털 흔적으로 기록되고 예측 통계 알고리즘으로 분석되는 시대는 인간으로 하여금 과거에 의해 미래가 결정된다는 결정론적 철학을 암묵적으로 강요한다. 과거 성적, 스펙이 대학생의 취업을, 업무 실적, 경력이 재직자의 직업적 안정성과 생계를 결정하는 결정론은 빅 데이터와 인공지능 테크놀로지에 의해 더욱 강고해지고 있다.

HRD에게 학습분석학은 과거를 분석적으로 성찰하되, 미래는 스스로 결정할 수 있도록 돕는 테크놀로지로 진화하고 있다. 호모 프로스펙투스로 하여금 자신과 조직의 미래를 전망하고, 선취하고, 창조하는 주체적 존재로서 스스로를 승인하고 격려하는 인간을 향하는 테크놀로지가 되도록 학습분석학을 설계하고 길들여야 할 책임과 권한은 HRDer의 손에 쥐어져 있다. 테크놀로지 발전에 의해 인공지능은 라플라스의 악마적 성격에 가까워져갈 것이다. 그러나 그것은 결코 한 치 앞의 미래도 전망할 수 없을 것이다. 인간만이 주체로서 각자의 미래를 전

3) Seligman, M. E., Railton, P., Baumeister, R. F., & Sripada, C. (2016). Homo prospectus. Oxford University Press.

망할 수 있다.

비대칭적 人-機 협력

“언젠가 인간이 인공지능을 이길 수 없게 될 날이 올 것이다. 그러나 그날에도 인공지능은 인공지능과 함께 일하는 인간을 결코 이길 수 없을 것이다.” 미국의 컴퓨터 과학자, 기업가 그리고 테슬라와 스페이스X의 창립자인 일론 머스크(Elon Musk)가 한 말이다. 일론 머스크는 인공지능의 발전을 깊이 고찰하며, 인간과 인공지능이 협력하여 함께 일하는 미래에 대한 긍정적인 전망을 제시하였다. 그의 관점에 따르면, 인간은 인공지능을 활용해 더 나은 결과를 도출하고, 인공지능도 인간과 협력해 더 큰 가치를 창출할 것이다. 이 견해는 제4차 산업혁명 시대를 맞는 인적자원개발 전문가들이 깊이 새겨야 할 신조(Credo)가 되어야 한다.

이 신조를 실현하기 위해 인적자원개발 전문가들은 인간 중심의 가치를 강조하면서 학습분석학을 현장에서 효과적이고 전략적으로 통합하는 방안을 개발하고 추진해야 한다. 인적자원개발 전문가들은 공감력, 비판적 사고, 창의성, 그리고 감성 지능과 같은 인간 고유의 능력을 강화하는 데 주력해야 할 것이다. 전망하는 인간을 옹호하는 학습분석학 연구와 실천은 이제 막 시작되었다.

학습분석학은 인적자원개발 전문가들이 이러한 도전적이고 흥미진진한 임무를 완수하는 데 강력한 협력자가 되어줄 것이다. 학습분석학으로 무장한 HRD는 인간-기계 협력 시스템에서 전망하는 인간의 비대칭적 우위를 편파적으로 옹호함으로써 개인, 조직, 나아가 사회의 진보에 기여할 수 있을 것이다.

찾아보기

기타

조일현

Florida State Univ. 교육공학 박사
연세대학교 교육학석사
서울대학교 농경제학과 경제학사
(현) 이화여자대학교 교육공학과 교수, 에듀테크융합연구소 소장
(전) 이화여자대학교 교수학습개발원장, 인재개발원 원장, 한국기업교육학회 회장, ㈜크레듀 이사
삼성인력개발원, 삼성국제경영연구소 과장

HRD와 학습분석학

초판발행 2023년 6월 10일

지은이 조일현
펴낸이 노 현

편 집 전채린
기획/마케팅 허승훈
표지디자인 이영경
제 작 고철민·조영환

펴낸곳 ㈜ 피와이메이트
서울특별시 금천구 가산디지털2로 53, 210호(가산동, 한라시그마밸리)
등록 2014. 2. 12. 제2018-000080호
전 화 02)733-6771
f a x 02)736-4818
e-mail pys@pybook.co.kr
homepage www.pybook.co.kr
ISBN 979-11-6519-429-1 93370

정 가 17,000원